A.T. KEARNEY

A.T. カーニー 監修
パートナー **栗谷 仁** 編著
PARTNER HITOSHI KURIYA

最強の
コスト
削減

いかなる経営環境でも利益を創出する
経営体質への変革

東洋経済新報社

● ── はじめに

　高度成長期に始まったモノが売れる時代は、薄利多売でも売上ボリュームをいかに増やすかが中心テーマであった。「安く仕入れて高く売る」構造、言い換えれば、利益が出る体質を求めるよりも、「安定してモノが供給できる」体制が重要であった。企業としては、「従業員の雇用を守り」なるべく「自前で」実行する企業組織、外部サプライヤーとの関係では、「納入業者との信頼関係・長期リレーション」を最重視する風土・慣習が生まれた。
　そして時代は、顧客ニーズの多様化・消費者側の商品情報量の増大・購入チャネルのマルチ化の時代を迎え、他社に無い独自性・差別化が企業の成功要件となり、製品の付加価値による差別化競争の時代へと突入した。このような経営・競争環境の変化を通して、ボリュームを追求しなくても利益の出る体質への転換が不可欠となり、日本企業における非効率な経営体質は大きく改善してきた。すなわち「コストを低減しつつ、商品の付加価値を向上してより高く売る」という利益を生み出すための体質に転換してきたことは事実であると言える。
　しかし、多くの企業の収益拡大・競争力強化についてご支援してきたA.T.カーニーの経験から見ると、日本企業はまだまだ多くの非効率性を内在していると言える。企業側でも自覚症状を持っている場合が多いが、「しがらみ」や「方法論不在」で改革のアクションが手付かずの領域が存在しているのも事実である。本書では特に、その中でも大半の企業にとって残された領域である「間接材コスト」に焦点をあててコスト削減の要諦・ポイントを説明したい。

　間接材コストとは、製造原材料費以外のありとあらゆるモノ・サービスの外部からの購入コストであり、比較的短期間に大幅なコスト削減を実現し、収益改善につなげることが可能なコストである。企業のコストに占める割合が大きく、削減余地も大きく見込めるので、間接材コストを削減し、継続的にコストを低減し続ける仕組みを作り込むことは企業のコスト競争力強化に不可欠と言える。本書では、そのコスト削減のアプローチについて、幾多の

プロジェクトを通して得られたA.T.カーニーの経験・知見を基に、具体的に解説していきたい。

　未曾有の世界的な経済危機を体験し、モノが売れない時代となる中、企業に内在する非効率性の是正は喫緊の課題であり、日本企業の競争力強化に不可欠である。本書では「コスト削減」の要諦・ポイントを説明していくが、目指すところは、無駄なコストを削減し、それにより創出された経営資源を付加価値分野・成長分野に再投入することであり、企業の効率性・生産性向上による競争力強化のためのコスト削減が本来的な趣旨である。
　世界経済が再び上向くステージにおいても日本企業が直面するのは、依然として少子化による日本市場の縮小傾向と、それゆえに、よりグローバルスケールでの競争激化の時代であることには変わりが無い。今後の時代を生き抜いていくためには内在する非効率性を極力排除し、より生産性の高い体質への根本的な転換が不可避であり、本書がその一助となれば幸いである。
　A.T.カーニーのオペレーショングループは企業の収益力強化のためのプロジェクトを数多く手掛けており、特に、本書で焦点をあてている「間接材コストの削減」においては、グローバルで数百、日本でも70を超えるプロジェクトを実行してきている。これらのプロジェクトを通して実際に得られた知見・方法論をご説明する。したがって、本書での説明は机上の論理ではなく、過去に幾多のプロジェクトで実際に経験し、成功してきた結果の記述であり、実現可能な内容である。

　本書では、最初に、「間接材コスト」削減のインパクトと大きな効果が期待できる理由についての説明をし、さらに、実際にコスト削減を行なうときに必要な「視点・要諦」を説明する。
　中盤以降では、具体的なコスト削減費目として、印刷費・諸費・物流費・施設管理費・IT費用・メディア広告費など代表的な間接材の費目をピックアップしてそれぞれのコスト削減のアプローチのポイントを説明する。各費目の削減のアプローチにおいては、単に交渉によってコスト削減を図る戦術論だけではなく、サプライヤーの業界構造やコスト構造の見方と、それによるコスト削減アプローチのポイントなど、コスト削減方法をなるべく構造

的・理論的に捉えるべく努力をしている。また、従来方法論がわかり難く、内容がブラックボックス化しやすい施設管理費用やIT費用などの業務委託費関連の削減方法の解説や、企業の聖域として方法論がわかり難いメディアコストの適正化についてもアプローチの説明を行なっており、現実の企業活動のモノ・サービスの購入においてコストインパクトの大きい費用カテゴリーの多くをカバーしていると考える。

　終盤では、コスト削減の実行においてボトルネックになりがちな「コストセンター子会社からの調達」におけるコスト削減と経営管理の考え方や、経費だけではなく、設備投資まで視点を広げた場合のコスト削減のポイントについても言及している。

　コスト削減といっても、サプライヤーの価格を無理やり下げる方法論ではなく、あくまでも目指すべきは、サプライヤーが必要な利益を享受した上で「市場価格」での購入を通しての割高購入の是正であり、サプライヤーとは継続的な信頼関係の構築をベースとするものである。加えて、サプライヤーサイドだけでなく、自分自身の必要性の見直しを通したユーザー側のマネジメントによるコスト削減も重視している。「市場価格」での購入によるサプライヤーとのWin-Winの関係でのコスト削減、「調達慣習の変革」によるコスト削減をテーマとしており、一過性ではなく、継続的なコスト効率化体質の構築がゴールである。

　また、間接材コストは、原材料費以外の企業が購入しているあらゆるモノ・サービスのコストであるので、その関係者はさまざまな部門に跨ることとなる。したがって、本書は、特定部門の関係者によらず多くの方々のご参考になれると確信している。もちろん、削減コストのインパクトの大きさやリーダーシップの重要性から、企業経営にかかわる方々の参考となることは言うまでもない。

　本書を通して、利益を生む経営体質への変革と企業収益の向上に少しでも寄与できれば大変幸甚である。

2009年3月

栗谷　仁

最強のコスト削減　目次

はじめに…1

第1章　大幅なコスト削減が可能な領域「間接材コスト」…11

§1● 残された領域「間接材コスト」…12
　間接材コストとは何か？／なぜ残された領域なのか／
　費用カテゴリー別の割高原因
§2● なぜ短期間で大きなコスト削減が可能なのか…19
　間接材は金額規模が大きい／人件費の2倍に近いインパクト／
　12〜14%のコスト削減が可能／短期間で大きな削減効果

第2章　間接材コスト削減アプローチの全体像と要諦…25

§1● ステップ1）コストデータの整備…27
§2● ステップ2）削減アプローチ・余地の特定…28
　品目特性の把握／削減アプローチの特定と削減余地の定量化／
　取り組み対象費目の優先順位付け
§3● ステップ3）交渉・削減の実施…40
§4● ステップ4）定着化…43
§5● アプローチの要諦総括…44

第3章 【費用項目別アプローチ①】 印刷費 …47

- §1 ● 印刷費において陥りがちな罠 …48
  全社レベルでの管理不在／交渉が不十分／効果が一時的／
  スペックや量が過剰
- §2 ● 業界分析 …50
  業界構造／市場トレンド
- §3 ● コスト構造・ドライバー分析 …52
  基本的なコスト構造／価格決定のメカニズム
- §4 ● コスト削減のフレームワーク …55
  サプライヤーマネジメント／ユーザーマネジメント
- §5 ● 実行上のポイント …56
  事前の現状把握／効果的な提案依頼書（RFP）の作成／コンペの設計／
  中長期の視点も忘れずに

第4章 【費用項目別アプローチ②】 諸費 …59

- §1 ● 諸費において陥りがちな罠 …60
  一時的・精神論的なケチケチ運動に終始／過剰スペック／
  交渉が不十分
- §2 ● 業界分析 …62
  業界構造／市場トレンド
- §3 ● コスト構造・ドライバー分析 …65
  コピー／オートリース
- §4 ● コスト削減のフレームワーク …68
  サプライヤーマネジメント／ユーザーマネジメント

§5 ◉ 実行上のポイント…69
交渉窓口の集約／リース期間の考慮／客観性・納得性の担保／
早期決着を目指す

第5章 【費用項目別アプローチ③】物流費…71

§1 ◉ 物流コストにおいて陥りがちな罠…73
業務のブラックボックス化／切り替えの手間／発注の分散／多重構造
§2 ◉ 業界分析…76
業界構造／市場トレンド
§3 ◉ コスト構造・ドライバー分析…79
§4 ◉ コスト削減のフレームワーク…81
サプライヤーマネジメント／ユーザーマネジメント

第6章 ［費用項目別アプローチ④］施設管理費…85

§1 ◉ 施設管理全般のコストについて…86
陥りがちな罠／施設管理において発生する委託費の分類／
事業特性によって異なる重要視されるポイント／業界構造／
施設管理に共通するコストドライバー／
施設管理全体に共通するコスト削減の切り口
§2 ◉ 清掃費用におけるコスト削減…92
清掃費用において陥りがちな罠／業界構造／
清掃費用のコスト構造・ドライバー分析／
清掃費用のコスト削減フレームワーク／
清掃における適正利益の考え方／
ケース：全国展開型サービス業における清掃費用の削減

§3 ◉ **警備費用におけるコスト削減**…99
　　警備費用において陥りがちな罠／業界構造／
　　警備費用のコスト構造・ドライバー分析／
　　警備費用のコスト削減フレームワーク／
　　ケース：メーカーにおける警備費用の削減
§4 ◉ **設備管理費におけるコスト削減**…104
　　設備管理費において陥りがちな罠／業界構造／
　　設備管理費のコスト構造・ドライバー分析／
　　設備管理費のコスト削減フレームワーク／
　　ケース：メーカーにおける設備管理費の削減

第7章　[費用項目別アプローチ⑤]
IT費用…111

§1 ◉ **ITの調達において陥りがちな罠**…113
　　ブラックボックス化／比較困難／聖域化／丸投げ／切り替えの手間
§2 ◉ **ITのコスト構造**…115
　　"ヒト"の費用／"モノ"の費用
§3 ◉ **ITコスト適正化のフレームワーク**…117
　　ユーザーマネジメント／サプライヤーマネジメント
§4 ◉ **削減実施のケース**…123
　　ケース1：開発費削減（"ヒト"の費用－"工数"削減）／
　　ケース2：ハード費用削減（"モノ"の費用）／
　　ケース3：機器保守費用削減（"ヒト"の費用、"モノ"の費用の組み合わせ）
§5 ◉ **ITコスト削減を継続的に実行する上でのポイント**…130
　　自らのスキルを上げる／情報を集め蓄積する／
　　必要な投資だけを行なう体制にする

第8章 [費用項目別アプローチ⑥] メディア広告費 …135

- §1 ● メディア広告の調達において陥りがちな罠…136
  聖域化／過剰な出稿／サービスと対価のねじれ／
  広告代理店への丸投げ
- §2 ● 業界分析…139
  業界構造／取引形態／市場規模・トレンド
- §3 ● コスト構造・ドライバー分析…143
  基本的なコスト構造／価格決定のメカニズム
- §4 ● コスト適正化のフレームワーク…147
  サプライヤーマネジメント／ユーザーマネジメント
- §5 ● 実行上のポイント…150
  広告代理店とのWin-Winな関係作りを目指す／
  代理店政策の見直しとの組み合わせ／
  マーケティングの全体プロセスや体制の再構築も視野に入れた検討

第9章 コスト削減プロセスにおいて求められるリーダーシップとプロジェクト運営 …153

- §1 ● プロジェクト体制構築ステップ…154
  リーダーに求められるプロファイル／チームの組成方法／
  チームの運営方法
- §2 ● 削減余地の特定ステップ…157
  経営陣による宣言／削減余地を明確化することの徹底／
  現場の視察だけではなく自ら分析を実践する／
  過去の取り組みと現場が感じている限界レベルの把握／
  組織長の現場の掌握状況の把握／
  委託先の状況認識と関係の把握／相見積もり取得体制の構築

§3 ◉ 交渉ステップ …162
交渉段階での担当者のリード／交渉に必要な時間のコントロール／
分析結果に対する理解の醸成／経営層への圧力への対応

第10章 コストセンター子会社への対応 …167

§1 ◉ コストセンター子会社活用のメリット・デメリット …168
§2 ◉ コストセンター子会社の評価と扱い方 …171
コストセンター子会社評価の考え方／割高要因とその対応
§3 ◉ 割高体質にメスを入れる …175
外部からの調達コストの適正化／マージン（利益）部分の適正化／
内製費の適正化
§4 ◉ コストセンター子会社のガバナンス …182
管理会計の高度化／ミッションの明確化／
ガバナンスを強化するための体制作り

第11章 設備投資コスト適正化への適用 …189

§1 ◉ 設備投資コスト適正化の考え方 …191
設備投資の各プロセス
§2 ◉ 設備投資各プロセスのコスト抑制策 …193
「①設備投資の必要性の事前チェックプロセス」におけるコスト抑制／
「②設備投資の基本方針策定プロセス」でのコスト抑制／
「③個別投資計画の策定プロセス」でのコスト抑制／
「④個別投資案件の評価・絞り込みプロセス」でのコスト抑制／
「⑤個別投資案件の実行プロセス」でのコスト抑制／

第12章 カウンターソーシング …209

- §1 ● 調達活動の高度化とカウンターソーシング …210
  求められる製品情報における変化／プロセスにおける変化／
  ヒトに関する変化
- §2 ● カウンターソーシングにおける三つのアプローチ …213
  受動的アプローチ（短期防衛的な取り組み）／
  強化的アプローチ（中期体質強化の取り組み）／
  先見的アプローチ（戦略的再構築の取り組み）
- §3 ● 調達材の特徴とカウンターソーシングの考え方 …216
  汎用的な製品に対するカウンターソーシング／
  市場比較が行ないにくい製品に対するカウンターソーシング
- §4 ● カウンターソーシング：
  受動的アプローチ（短期防衛的な取り組み）…219
  顧客の調達効率化への取り組みを予見する／
  顧客の調達ニーズとソーシング戦略を理解する／
  顧客が求める提供価値や競合との相対的地位を分析する／
  顧客に対してクリエイティブかつ柔軟なオプションを策定する／
  交渉戦略を構築し、実行する／円滑な実行を保証する
- §5 ● カウンターソーシング：
  強化的アプローチ（中期体質強化の取り組み）…223
  サプライヤーへの三つの期待／サプライヤーとしての四つの取り組み
- §6 ● カウンターソーシング：
  先見的アプローチ（戦略的再構築の取り組み）…227
- §7 ● まとめ …231

　　結び …233
　　執筆協力 …237

カバーデザイン／竹内　雄二

第1章 大幅なコスト削減が可能な領域「間接材コスト」

　多くの企業ではまだまだ非効率なコストを内在している。企業側でも自覚症状がある場合が多いが「しがらみ」「聖域」「方法論の欠如」など、読者の企業においても改革のアクションが手付かずの領域が思い当たるのではないだろうか。そのような中でも、多くの企業にとって共通し、変革のインパクトが大きい「残された領域」として「間接材コスト」に焦点をあてて、本書ではそのコスト削減方法を解説していく。

　間接材コストとは、製造原材料費以外のありとあらゆるモノ・サービスの購入コストであり、そのコストインパクトは大変大きい。また、多様なコストの集合体であるため専門の統括管理部門が不在であり、聖域視されているコストも存在する。費目によっては、ブラックボックス化していたり、個別性が強く代替サプライヤーを見つけにくいために癒着が起こりやすかったり、さまざまな理由により手が付いていない費目の集合体でもある。しかし他方、手付かずであるがゆえに、改革の意思を持ち、効果的な方法論を導入すれば、コスト削減によって得られる果実も大きい。

　まずは、この間接材の内容・特性とそのコスト削減による想定インパクトの大きさについての解説から本書を進めたい。

Section 1 残された領域「間接材コスト」

●──間接材コストとは何か?

　残された領域とは製造原材料費以外のあらゆるモノ・サービスの調達コストである。一般に「調達」というとメーカーにおける原材料費を思い浮かべるが、実は、企業運営においては、ありとあらゆるモノ・サービスを外部から購入しており、それぞれの購入コストを積み上げてみると大変大きなコストとなっている。本書では、これらのコストを総称して「間接材」コストと呼ぶが、「間接材」コストこそ大幅なコスト削減が可能な残された領域なのである。

　また、間接材の多くは企業の業種にかかわらず同様のコスト項目が発生している。たとえば、事務用品・コピー・自動車他各種リース・プリンタートナー・引越し・交通費などの諸費をはじめとして、宅配・チャーター便などの物流費、清掃・警備・ビル管理・各種設備保守・廃棄物処理などの施設関連費、カタログ・チラシ・宣伝広告などの販促費、IT保守・ネットワークなどのIT関連費やその他各種業務委託費など企業運営のベースとなる多くの部分は各社共通で外部から調達しているモノ・サービスであり、経理の費目上は販売管理費に含まれる。加えて、製造原価などの直接費的なコストの中でも、たとえば、メーカーにおける製品梱包費や工場の施設維持にかかわる費用（清掃・設備保守ほか）や、サービス業がビジネスに直結する業務を外部に委託している場合の業務委託費など企業の原価項目にも多くの「間接材」コストが含まれており、積み上げていくとそのコストインパクトは非常に大きなものとなる。

　この「間接材」コストの削減は企業の収益力・コスト競争力に直結していると言っても過言ではない（**図表1-1**）。実際、この「間接材」コストの削減に取り組んで大きな成果をあげている企業と、そうでない企業とではコス

図表1-1 | 間接材

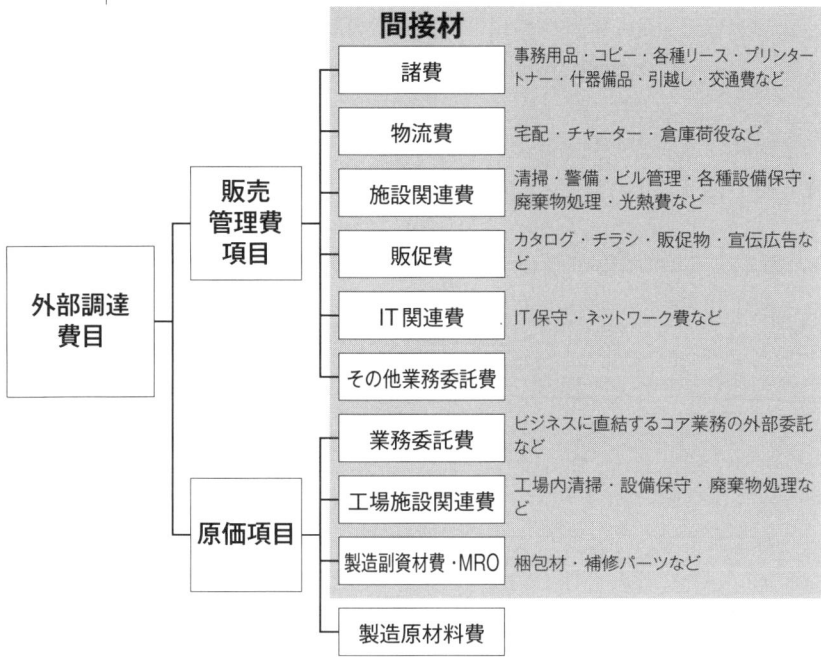

出所：A.T.カーニー

ト競争力において大きな差が生じている。原材料費のコスト削減や業務効率化の追求など、筋肉質の企業体質作りを推進している企業でも、この「間接材」コストへの取り組みが遅れているケースは多い。「間接材」コストに対する具体的なコスト削減の推進は企業のコスト競争力強化の観点から非常に大きなポイントとなる。

●──なぜ残された領域なのか

これら間接材のコストは大幅なコスト削減が狙える残された領域と言える。企業において外部から購入しているコストの削減と言えば製造原材料費の調

達コスト削減をまず発想すると思うが、これら原材料費は専門の購買部門によって、すでに長年にわたってコスト削減の取り組みを実施してきているケースが多い。それに比べれば「間接材」の削減は後手に回っている場合が大半ではないだろうか。実際に間接材のコスト削減を実行してみると「短期間で、且つ、大幅なコスト削減」が実現できることに驚くこととなる。

間接材のコスト削減余地が大きい主な理由としては以下のような内容が考えられる。

1）組織的な取り組みの遅れ（間接材の専門管理部門の不在）

一般に間接材のコストを統括的に管理している専門部門は存在しない。また、存在していたとしても、原材料費の調達を管理する購買部門に比べればその管理レベル（範囲・水準）ははなはだしく不十分な場合が多い。各部門でバラバラに発注しているケースや、事務関連や施設関連費用は総務部門で管理していたとしても、販促・マーケティングに関するコストは営業費用の範疇でとても管理の及ばないコストとなっているなどが端的な例である。また、管理水準においても、管理する以上「誰から」「いくらで（単価）」「どれだけ（数量）」「どのような条件で」購入しているかを把握していなければ管理したことにはならないが、これらの基本的な項目を押さえていないケースが目立つ。

読者の企業においても、いくつかの間接材について「購入単価」の把握状況を確認してみれば、その管理水準の低さを推察できるだろう。たとえ部分的には把握していても、全社での単価を理解している人・部門は存在しないのではないだろうか。

2）コスト高を生む調達慣習（馴れ合い・聖域化）

前述したような厳しい管理体制の不在は、すなわち馴れ合いの調達関係を生み出す。定常的に購入しているモノ・サービスについては、サプライヤーとの関係が深まり、使い勝手が良く便利であるという理由から新規サプライヤーを利用しようとする動機が欠如していく。その結果、競争原理が働かず、いつのまにかコスト高になっているという状況が生ずる。このような状況下で購買担当者に、サプライヤーに対する競争環境をもっと醸成すべきではな

いかと申し入れると、必ず、「品質上、現状のサプライヤーを変えたくない」という返事が返ってくるが、コストと品質の両面を担当者が十分検討しているかは疑わしい。

　また、間接材コストの「聖域化」が見られる場合も多い。代表的な例で見れば、サプライヤーが当該企業の顧客である場合があげられる。そのサプライヤーにコスト削減の申し入れをすることによって、売上が減るのではないかと恐れて弱腰になり高値での購入を継続している例はよく見受けられる。このような場合、聖域視せずに「はたして経済合理性から見てどうか？」「客観的に考えて本当に売上がダウンするか？」を経営レベルで検討してみることが重要である。

　コストの割高分はそのまま当社利益の損失分であり、販売の結果得られている利益とこの損失利益との比較をまずすべきである。また、よく考えてみれば、サプライヤーは他の納入先からも厳しくコスト削減要求を受けているはずであり、コスト削減の申し入れをしたからといって本当に売上ダウンが生じるとは考え難いのではないだろうか。このようなケースでは、営業部門が声を大にして、サプライヤーとの交渉を阻止しようとするポリティクスが働きやすいので、インパクトの大きな費用項目については、現場任せにせず、経営レベルの判断が重要となってくる。

　もう一つの代表例は販促・マーケティングコストの聖域化である。売上と直結している費用であり、コスト削減はすなわち売上の低下につながりかねないとして、聖域視している企業が多い。売上貢献に直結している営業関連部門の費用であることから、管理部門としてもタッチができないケースが大半ではないだろうか。

　しかし、現実には販促・マーケティングコストは非効率の温床になりやすい。競争環境欠如の中でのサプライヤーからの割高購入に加えて、必要以上の過剰な支出などがよく見受けられる。費用の支出状況をブラックボックス化せず透明化を図るだけでも大きくコストが下がる可能性が高い。

3）テクニカルな問題（コスト削減アプローチが不明）

　間接材のコスト削減アプローチについての理解が不足している企業も多い。間接材はその種類も多岐にわたるので、アプローチについての認識が欠如し

がちであり、そのような中で、調達データの整備不足や非効率な調達慣習と相まって、間接材のコスト削減が手付かずになっているケースがよく見受けられる。コスト削減活動を過去に行なっている場合でも、一律1割カットなどという乱暴なコスト削減指示になっているのではないだろうか。そのような場合は、一時的にコストを削減してもすぐにリバウンドを起こして、コストはもとの割高になっている可能性が高い。しかし、裏を返せば、適切なアプローチさえ知れば、大幅なコスト削減は可能であり、一過性のコスト削減に終わらず、継続してコスト改善を続ける企業体に脱皮することも実現可能である。

　間接材の削減アプローチを大きな流れで考えれば、市場価格（市場のベストプライス）との比較によって削減余地を把握し、削減効果の大きなコスト費目から交渉戦略を検討して削減交渉を実行することが必要である。また、交渉アプローチ的にも競争原理が働く費目については、競争環境の醸成をいかに作り出していくかがポイントとなる。一方、業者代替性の低い、個別性の高い費目については、コスト要素の分解と積み上げ（原価推計）によって、理論上の「あるべき価格」（擬似的市場価格）を算出してそれとの差異を測定することによって削減余地を割り出し、業者ロジックの矛盾を明らかにする作業が必要となってくる。

　これらの具体的なアプローチについては、後述の費用項目毎のアプローチにおいてより詳しく解説したいと思うが、適切なアプローチを学ぶことによって、大きな削減効果が期待できる。

4）コスト削減に対するインセンティブの欠如

　通常、間接材に対するコスト削減意識は低い。「コストを削減しても褒められないが、間接材が不足すればしかられる」ために、間接材のコスト削減努力が遅れているケースが見られる。製造原材料費については、そのコスト削減は企業の利益創出のために不可欠であるという意識を誰しも持っているが、間接材となると脇が甘くなる。

　間接材のコスト削減も企業のコスト競争力強化において不可欠なものであることをまず経営者が認識し、社員の業績評価などの評価項目に取り入れるなど、動機付けを図ることが求められる。お金での報酬でなくとも、アワー

ドとして優秀社員を表彰するなどのアクションをとるだけでも、社員の間接材に対する意識は変革する。コスト削減を一過性のものとしないためにも、社員の意識・風土変革は重要である。間接材のコスト削減に対する社員のインセンティブの低さからコストが割高となっている場合も多いと言える。

5) 経営認識の誤り

特に、子会社経営における認識の誤りから間接材のコストが割高になっている場合がある。日本的グループ経営においては、下請け的子会社を保有している企業が多い。そのような場合、よく聞かれるのが「連結で考えれば同じだから子会社からの購入価格が割高で、子会社がその分利益を出しても良いではないか」という言葉である。子会社の対内取引価格が割高で許されるのであれば、子会社はコスト競争力向上に対する努力を払う必要が無くなり、結果としてグループ全体でのコスト競争力は低下する。また、対内に対しては割高として利益を得て、対外ビジネスは赤字を垂れ流すなどの状況を作り出しかねず、子会社取引は割高でも許されるというのは大きな誤りである。

しかし、現実にはこのような状況に陥っている企業は驚くほど多く、子会社に対する経営管理の甘さがコストの高止まりを醸成していると言える。

●──費用カテゴリー別の割高原因

ここで、費用カテゴリー別に間接材の割高原因を検討してみる（**図表 1-2**）。
販促・宣伝費の場合には、コスト削減が売上減につながるのではないかという恐れから聖域化しやすく、またコスト削減アプローチも通常認識不足であり、コスト管理部門も不在の場合が多い。物流費については、主にコスト削減アプローチの欠如が割高の主原因であろう。IT関連と施設関連費用については、既存のサプライヤーの代替性が難しいためにコスト削減の取り組みが遅れがちであり、削減のアプローチも難易度が高い。さらに管理部門についてもコストという観点からのサプライヤー管理については不十分な場合が多い。諸費については、費用項目が多種・多様になるためにアプローチがしっかり認識できていない場合が多い。子会社については、密接な人間関係のために聖域化しやすい上に、連結だから割高でも許されるという経営認識

図表1-2　費用カテゴリー別間接材割高原因

出所：A.T.カーニー

の誤りから割高である場合が多いと言える。

　このように費用カテゴリー別に割高の根本原因を知って対応方法を考えることがコスト削減の出発点として有効である。たとえば聖域化しているような場合については、テクニカルなアプローチについての検討を加える前に、そもそも経営としてのスタンスを明確化することが大変重要となる。また、コスト管理部門が不在であることは、すなわち、たとえコスト削減を実現しても将来にわたっての管理部門がなく、早晩、コストがリバウンドする可能性が高いことを意味する。このような費用カテゴリーの場合は、コストの削減とともにコスト管理組織（または機能）の作り込みをすることによって、初めて永続的なコスト削減が可能となるのである。

Section 2 なぜ短期間で大きなコスト削減が可能なのか

●──間接材は金額規模が大きい

　間接材はさまざまな費用項目から構成されているが、それらを積み上げた総額は非常に大きい。売上から営業利益を引いたコストを企業における「総コスト」と定義し、総コストから売上原価・人件費・減価償却費などを引いた残りを間接材コストと見ることができる。

　図表1-3は東京証券取引所が分類する売上上位業種をベースに主要産業を選定し、さらにそれぞれの産業の売上上位5社を抽出した合計50社の平均である。間接材コストは総コストの10%以上を占める大きなコストであることが理解できる。ここでは便宜的に売上原価に含まれる間接材は控除しているが、現実にはこれらのコストも間接材コストとして上乗せされるので、間接材コストの総額は大変大きな額となる。

　また、間接材コストの比率は産業によって違いがある（**図表1-4**）。それぞれの産業によって間接材コストの比率と大きなウエートを占める費用項目は異なってくる。たとえば、情報・通信企業はITやインフラ管理費などのメンテナンスにかかるコストが大きく、費目的には業務委託費の比率が大きい。BtoCメーカーでは一般に消費者の購買喚起のための販促広告費と商品輸送にかかる物流費の占める割合が高い。一方、BtoBメーカーになると、顧客が企業であるので、マス広告などは必要なくなるため、販促宣伝関連の費用は少なくなるが、物流費は大きなコストとして残る。

　自社のコスト構造を十分理解して、間接材コストの比重を知り、金額の大きい費目に焦点をあててコスト削減を図ることが重要である。

図表1-3 総コストに対する間接材コストの比率

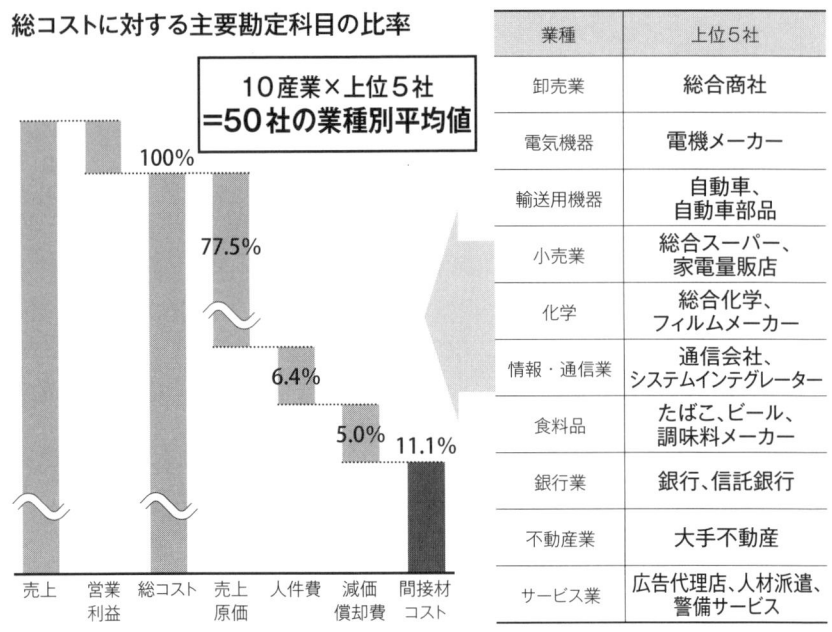

出所:各社有価証券報告書よりA.T.カーニー試算

●——人件費の2倍に近いインパクト

　企業がコスト削減策を検討する場合、原価項目以外では、間接人件費に着目する場合が多い。本社や事業間接業務の人件費は確かに大きな費用項目ではあるが、果たして間接材コストに比べてどの程度のインパクトがあるのだろうか。

　間接材コストと間接業務の人件費を比較してみたのが**図表1-5**である。結果的には、間接材コストは人件費の1.7倍の金額規模があることが判明した。間接材のコストを10%削減することは間接人員を17%削減することに

図表1-4　主要産業別上位5社平均の間接材コスト比率

(2007年)

産業	間接材比率	産業	間接材比率
情報・通信業	23.6%	小売業	9.5%
電気機器	15.2%	サービス業	6.7%
食料品	14.4%	輸送用機器	6.4%
銀行業	12.6%	卸売業	6.0%
化学	12.4%	不動産業	4.1%

出所：各社有価証券報告書より A.T.カーニー試算

図表1-5　間接材コスト対人件費

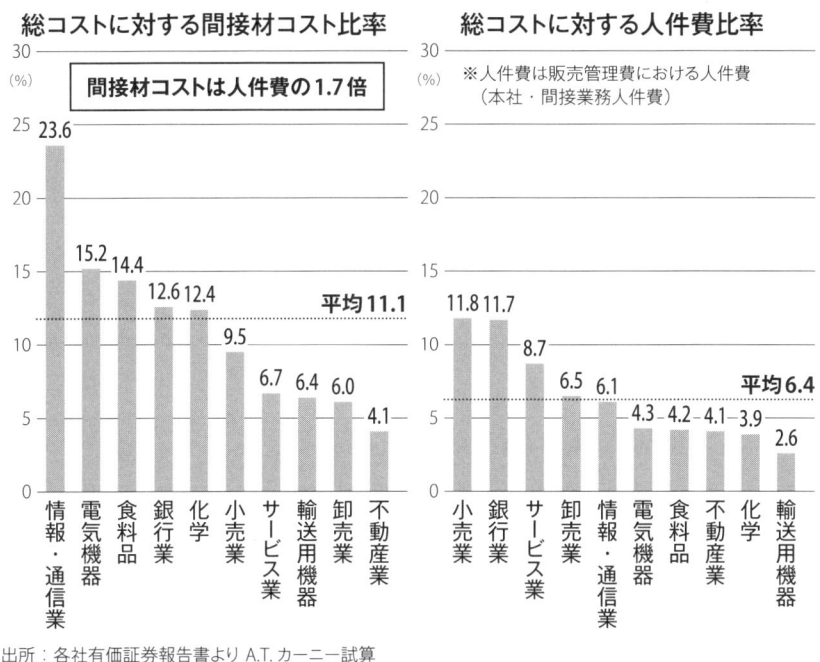

出所：各社有価証券報告書より A.T.カーニー試算

匹敵するのである。人件費の場合は、言うまでもなく、従業員の雇用の喪失という痛みを伴う。早期退職金などの一時的費用も発生する。これに比べれば、外部からの購入価格を市場価格まで低減する努力は、はるかに痛みが少ない。コスト削減の検討においては、外部へ支払っている間接材コストの削減をまず第一番に検討すべきである。

◉──12〜14%のコスト削減が可能

既に述べたように間接材コストの領域は、聖域化しやすい・アプローチが欠如している・専門のコスト管理部門が不在である・経営認識の誤り（特に子会社からの購入）・コスト削減へのインセンティブが欠如しているなど、複合した問題があるためにコスト削減余地は大きく、本格的な取り組みと適切なアプローチの導入により大きなコスト削減インパクトが期待できる。

図表1-6はA.T.カーニーにおける70を超えるプロジェクト実績である。この結果から見ると、コスト削減取り組み対象額に対して、平均で、13%のコスト削減余地を見出している。これは前述の間接部門人件費を22%削減することに匹敵する大きなコスト削減インパクトを意味する。事業会社では12%、金融機関では14%の削減と、若干事業会社よりも金融機関の方が削減余地は大きい。

また、プロジェクトを実行した事業会社は、メーカーに加え、不動産関連企業、物流企業、通信関連企業、小売企業、放送出版関連企業、その他各種サービス企業など、多様な業種が含まれており、間接材コストの削減は業種を問わず大きなインパクトが期待できることがわかる。

◉──短期間で大きな削減効果

間接材の調達コストの削減の場合、多くの費目では4カ月〜半年程度でコスト削減は完了する。このように短期間でコスト削減が可能になる理由は、製造原材料費におけるコスト削減のようにビジネスのコアとなる製品の設計段階に遡らなくてもよく、現状の「調達慣習の変革」がポイントとなるからである。

図表1-6　プロジェクト実績に見る間接材コスト削減効果

A.T. カーニーの日本におけるストラテジック・ソーシング（主に間接材の調達）実績（1995年～2008年7月）

業種	企業数	延ベプロジェクト期間	対象金額①	削減試算額②	削減率（②÷①）
事業会社 ・メーカー　・通信関連企業 ・不動産業　・小売企業 ・物流企業　・その他サービス業　他	29社	154カ月	15,400億円	1,830億円	12%
銀行 ・大手銀行　・第二地銀 ・第一地銀　・その他	41社	165カ月	11,240億円	1,610億円	14%
その他金融機関 ・生保　・証券 ・損保　・その他	8社	47カ月	4,100億円	560億円	14%
合計	**78社**				**全体平均 13%**

出所：A.T.カーニー

　図表1-7は、間接材に限らず原材料費まで含めて考えた場合のコスト削減アプローチをコンセプトレベルで表現したものであるが、間接材の調達コストの削減においては、ダイヤモンドの左側に説明のあるボリューム発注や、市場価格とのベンチマーク、原価推計などによる単価の引き下げで十分なコスト削減規模を実現できる場合が多い。もちろん、競争力のあるサプライヤーの選定と関係構築などは重要とはなるが、原材料費に見られるように、設計部門と共同でのコスト削減のための設計仕様の見直しなどは必要ない。間接材においても、単価の引き下げに加えてもう一段のコスト低減を図る場合には、たとえば発注している仕様の見直しなども有効ではあるが、設計部門も巻き込んだ製品自体の仕様変更に比べればはるかに楽である。

　間接材は、費用規模は大きいが、ビジネスのコアとなる製品に直接与えるインパクトは大きくないので比較的短期間でのコスト削減が可能となる。しかし、他方、「調達慣習の変革」を伴うために、現場だけで日頃の業務の延長線上でコスト削減努力をしてもなかなか実現しないという側面も持っている。

図表1-7　コスト削減アプローチのコンセプト

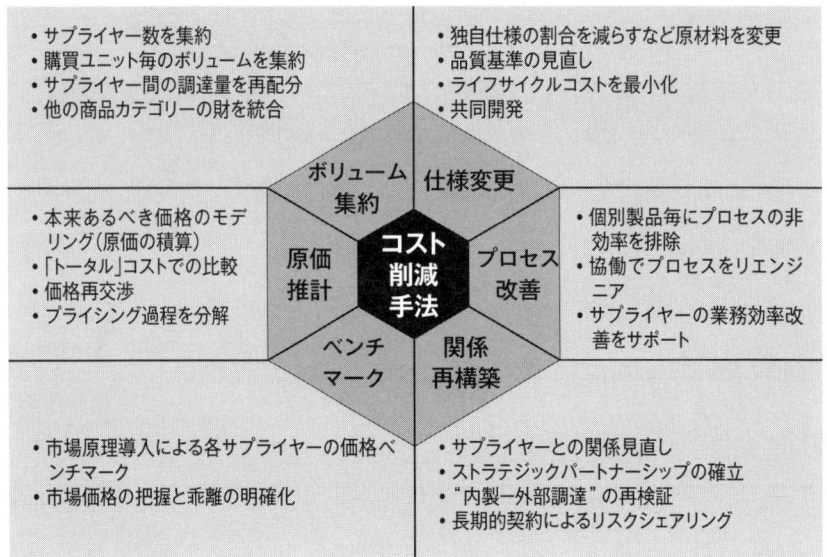

注：グローバルソーシングも上記アプローチに加えられ得るが調達エリアの拡大の視点であり、コンセプトレベルの方法論の説明が求められる本章においては、上記ダイアモンドから省いている。
出所：A.T.カーニー

　今までのサプライヤーとの関係を見直し、競争原理を導入して市場価格を判断基準とし、サプライヤーの価格構造の内訳を理解して原価推計によるあるべき価格との比較を行ない、従来のように個別部門別発注ではなく、集中化によるボリュームディスカウントを狙う、などが必要となる。短期でのコスト削減が可能である反面、従来の調達慣習の抜本的変革が求められると言える。

第2章 間接材コスト削減アプローチの全体像と要諦

　これまでに、間接材コスト削減の必要性やインパクトの大きさについて述べてきたが、本章では、具体的に読者が間接材のコスト削減を行なうにあたり、どのようなアプローチで進めていけばよいのかを詳しく見ていきたい。

　全体としてのアプローチの流れを見てみると、大きく四つのステップの実行が必要となる。まず、最初のステップが「コストデータの整備」である。このステップでは、対象としている間接材コストを適切に分解・整理し、コスト削減を検討する単位を定める。コストデータの整備をしっかり行なわないと、コスト削減の検討に「抜け」「漏れ」や重複が発生し、検討の網羅性、効率性が失われることとなるので、実は非常に重要なステップである。

　次に取り組むのが「削減余地・アプローチの特定」である。ここでは、各費用項目の実コストや価格構成を分析するとともに、サプライヤーの業界構造を知ることで、どの程度の削減余地を見込むことが可能なのか、あるいは、どの程度の削減を目指すのかという目標設定を行なうと共に、目標達成のために、どのような交渉戦略があるのかを検討する。

　ここまでで削減の余地・アプローチが定まったところで、「交渉・削減の実行」に着手する。経験豊富な読者であれば、日々ご苦労されていると思うが、ビジネスにおける価格交渉は常にハードであり、その進め方も周到な用意が必要である。サプライヤーはあらゆるバイヤーから常に価格引下げ圧力を受けており、値下げ要求への対応策などは当然準備されている、と考える

図表2-1　間接材コスト削減のアプローチステップ

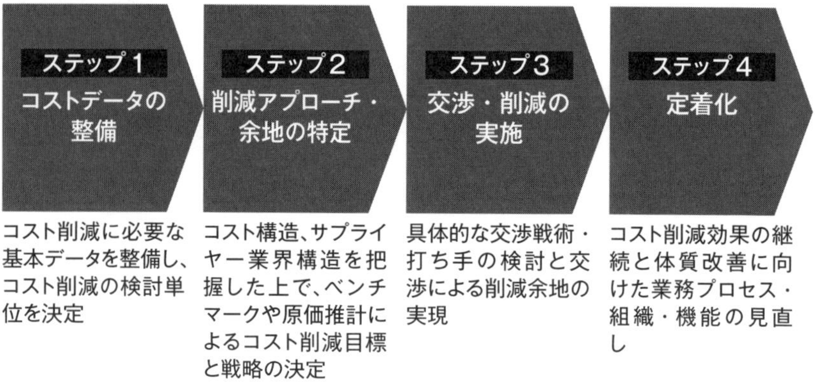

ステップ1	ステップ2	ステップ3	ステップ4
コストデータの整備	削減アプローチ・余地の特定	交渉・削減の実施	定着化
コスト削減に必要な基本データを整備し、コスト削減の検討単位を決定	コスト構造、サプライヤー業界構造を把握した上で、ベンチマークや原価推計によるコスト削減目標と戦略の決定	具体的な交渉戦術・打ち手の検討と交渉による削減余地の実現	コスト削減効果の継続と体質改善に向けた業務プロセス・組織・機能の見直し

出所：A.T.カーニー

べきである。したがって交渉のステップにおいて、自らのバーゲニングパワーを最大限に活かし、サプライヤーとの交渉を有利に進めるための具体的な戦略・シナリオを持つことが重要となる。交渉シナリオを持たず素手で交渉に臨んでいては、コスト削減余地はただの絵に描いた餅で終わってしまうし、残念ながら、そのようなケースは枚挙に暇が無い。

　ここまでを首尾よく行なえれば、所期した間接材コストの削減は実現できるのだが、実は、ここで終わっては、企業の体質改善までは達成できない。削減の交渉を行ない、コストを下げた担当者もいつかは異動してしまい、削減のノウハウもそれとともに組織から消え、コスト削減活動は一過性のものに終わってしまう。そこで、コスト削減の意識や取り組みを組織に「定着化」することがコスト削減効果を維持するためには不可欠なのである。

　では、これらの四つのステップ（図表2-1）について、一つひとつ、順を追って解説していこう。

Section 1　ステップ1）コストデータの整備

　間接材コスト削減取り組みの最初のステップが、対象としている間接材コストを適切に分解・整理し、コスト削減の検討単位を定める「コストデータの整備」のステップである。

　一般的に、社内の経理システムの管理費目を見ると、さまざまな費用項目が設定されている。したがって、これらの経理上の費用項目別に間接材コスト削減を検討していくのがよさそうに見えるが、実際はそう簡単にはいかない。一つの費用項目を多くの部署が多くの目的で使っていることがほとんどで、経理上の費用管理単位には異なる性質の費用が雑多に混じっているのである。したがって、各社の間接材コスト管理の実態に応じ、実際の削減の検討を行ないやすい単位に修正することとなる。

　具体的には、各社の実情により大きく異なるため、本書での詳細な説明は避けるが、まずは、自社の経理上の費用管理体系を再度精査して、どの程度、管理内容にバラツキがあるか、あるいは、雑多なものが含まれているかを確認することを勧める。

　そして、この検討を行なう費用の単位毎に、「どこから」「いくらで（単価）」「どれだけ（数量）」「どのような条件で」購入しているのかを整理して、実際の検討が行なえるように整理していかなければならない。このようなデータの整理のためには、経理データだけでは不十分であり、契約書上の条件の確認や各担当者が購入している実態を知るための原データまで遡る必要が出てくるケースも多い。

　また、この費用管理体系の精査においては、各部署がそれぞれどのように間接材コスト管理を行なっているかも併せて確認したい。一般的に、間接材コストの支払い実績や予算の詳細をきちんと整理して記録できている部署（あるいは担当者）は、コスト管理・削減への意識が高いことが多く、仕様や価格水準の妥当性についてもしっかり把握できており、コスト削減の取り組

みが自然とできている場合が多い。一方で、経理システムに入力する必要があるから、というだけの理由で、最低限のデータだけを管理しているような部署は、コスト意識が低く、自律的なコスト削減の取り組みを期待できない可能性が高い。

このように、「コストデータの整備」のステップでは、既存の費用管理体系を精査し、実際の削減取り組みができるような細分化や整理をする、といった事前準備から、関係部署の費用管理レベルとコスト削減取り組み姿勢の事前診断までを行なうことが必要であり、非常に重要な第一歩なのである。

Section 2 ステップ2）削減アプローチ・余地の特定

前述の「コストデータの整備」のステップにて、削減の検討単位とデータが整理されたところで、費目毎の削減アプローチの特定と削減余地の定量化を行なう。この削減アプローチを検討するためには、まず、費目毎の「品目特性の把握」を行なうことから始める必要がある。具体的には、各間接材品目のコスト構造や価格水準、さらには、サプライヤーの業界状況を把握して、コスト削減アプローチを検討するための材料集めを行なう。

品目の特性を理解したところで、次に、「削減アプローチの特定と削減余地の定量化」を行なう。間接材コストの削減アプローチには、サプライヤーとの交渉を通じて調達・契約価格を下げていくサプライヤーマネジメントという考え方と、自ら、必要性そのものや仕様の見直しなどを行ない、源流から発生コストを抑制するユーザーマネジメントという大きく二つの考え方がある。

どのようなアプローチが有効か否かは、費用特性に基づき検証し、それぞれのアプローチの中でどのような打ち手が有効かを詳細に検討していく。同時に、どの程度コストを下げられそうかを客観的に見積もり、費目毎に期待

図表2-2　品目特性の検討の視点

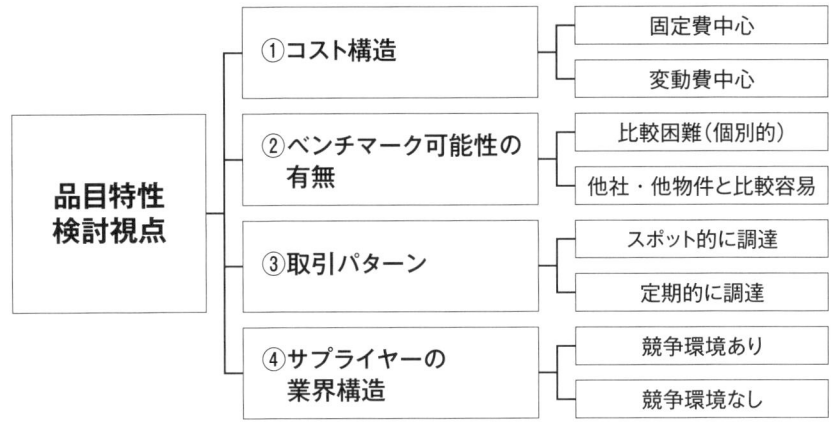

出所：A.T.カーニー

できる（あるいは、目標とする）削減余地（＝削減可能な金額）を固めていくのである。

ここまでで費目毎の削減のアプローチと削減余地が定量化されるが、現実は、すべての費目で実現可能な打ち手が存在したり、削減余地が見込まれるわけではなく、中には、削減余地が小さい、あるいは、その実現のための打ち手の難易度が高い案件が出てくる。一方で、コスト削減に充てられる経営資源（ヒト、時間など）は有限であるため、費目の取り組み優先順位を定めておくことが重要となってくる。したがって、分析した各費目の削減余地や打ち手の実現難易度などに基づき、「取り組みの優先順位付け」を行なう。以上が、削減アプローチ・余地の特定での検討・実施項目の概要となる。

●──品目特性の把握

まず、品目特性として考えられる切り口は多数存在するが、間接材コスト削減アプローチの検討につながるような品目特性の分析の視点は、大きく、

①コスト構造、②ベンチマーク可能性の有無、③取引パターン、④サプライヤーの業界構造、の四つに集約される（**図表2-2**）。

1）コスト構造

　コスト削減アプローチの検討の前提として、間接材のコストがどのように発生しているのかを把握する必要がある。具体的には、固定費中心で構成されているのか、あるいは、変動費中心で構成されていて、商品・サービスの提供にあたって、その都度、一定規模の追加コストが発生するのか、といった大まかなコスト構造を把握することから始める。

　一般的に、コスト構造が固定費中心となっている商品・サービスでは、顧客に見えるコスト（商品・サービス提供のための変動費）が小さく、サプライヤーの固定費の回収状況に応じて、契約の時期や顧客毎で価格水準にバラツキが出やすい。たとえば、サプライヤーの稼働率が高く、既に固定費の回収が進んでいる場合には、わずかな限界コスト（変動費用）分さえカバーできればよいので、安い価格水準でのサービス提供が行なわれるケースがある一方、稼働率がまだ十分に上がっていない段階では、価格水準を維持しようとする意図がサプライヤー側に強く働く。このような固定費中心の費目として印刷費などがあるが、コスト削減アプローチは、固定費回収が損益上最も重要で固定費回収後の価格引き下げ余地が比較的大きい、というコスト構造を踏まえると、発注の集中による発注量の確保（サプライヤーの稼働率向上を助ける）と、それに併せた単価削減（ボリュームディスカウント）の要求となる。

　一方、商品・サービスを提供するにあたっての限界コスト（変動費用）が比較的大きく変動費中心のコスト構造を持つ費目では、価格が顧客にも見える限界コストによって決まってくるため、時期や顧客によって価格水準に大きなバラツキは見られないことが多い。このような変動費中心の費目として、施設関連費用などがあるが、コスト削減のアプローチは、価格要素に分解した上での、各要素の価格妥当性の市場価格比較による検証・交渉となる。

2）ベンチマーク可能性の有無

　次に押さえるポイントは、調達品・サービスのベンチマーク比較が可能かどうかの把握である。一般的に調達品・サービスの個別性が強く、他社や他

案件とのスペックや価格水準の比較が困難な場合は、競争原理が働きにくいため、価格が原価とは無関係に設定され、比較的大きな削減余地につながるケースが多い。ただし、実際のコスト削減にあたっては、原価推計による妥当なコスト水準を検証する必要があるので、削減余地の実現の難易度は高い。

一方、調達品・サービスが汎用的なもので、スペック・価格のベンチマーク比較が比較的容易なコストは、常に、市場での競争が行なわれているために、価格水準が原価から大きく乖離しているケースは比較的少ない。だが、このようにベンチマーク比較が可能なコストの削減アプローチは、何と言っても、市場価格とのベンチマーク比較に基づく適正価格の把握と交渉である。

3）取引パターン

加えて、確認するポイントが、サプライヤーとの取引が定常的に繰り返し行なわれているか、あるいは、スポット的なものなのか、という取引パターンの把握である。

繰り返し発注が行なわれる取引で見られる事象が、取引開始時はダンピングで格安価格を提示されて採用したものの、その後の取引の価格を高めに設定されてしまうことである。この繰り返し発注が行なわれる間接材コストの例としては、コピー料金がある。このような間接材では、導入時の機器や消耗品の価格は安いが、その後の保守費が市場価格より高く、サプライヤーの収益源となってしまっている、ということが起こる可能性がある。こういった費目の削減アプローチは、（後に割高な料金で回収されないよう）当初からランニングコストも含めてトータルコストを評価し、トータルでコスト削減を狙うことである。

またスポット的に調達している間接材の場合は、法人であっても、定価に近い価格で取引しているケースが多い。これは、一度あたりの発注ロットが少なく、必ずしも継続を期待できず、取引の魅力がサプライヤーにとって小さいことが原因である。全社レベルでのロット集約などにより、自社の交渉力を増大することで、価格削減を狙うこととなる。

4）サプライヤーの業界構造

対象品目を提供しているサプライヤーの業界の競争環境などを把握するこ

とも重要である。同様のサービスを提供しているサプライヤーが市場に多数存在し、サプライヤーのスイッチングが可能な場合には、サプライヤー間の競争原理を活かすサプライヤーマネジメントを適用しやすいが、サプライヤーの数が限られており、代替が効かないような状況ではサプライヤーマネジメントも原価推計をベースとしたような相対の交渉が中心となるため、難易度が上がり、削減アプローチも、ユーザーマネジメントのウエートが高くなっていくこととなる。

◉──削減アプローチの特定と削減余地の定量化

　費目の品目特性を把握したところで、具体的な削減アプローチの検討に移る。前述のとおり、間接材コストの削減アプローチには、大きく、サプライヤーとの交渉を通じ購入・契約の価格を下げる「サプライヤーマネジメント」という考え方と、自ら、必要性そのものや仕様の見直しなどを行ない、源流から発生コストを抑制する「ユーザーマネジメント」の二つがある（**図表2-3**）。
　「サプライヤーマネジメント」は自らの業務そのものを見直す必要は無いため、これまでの企業活動の延長線上でのコスト削減が可能だが、サプライヤーとの交渉が必要であり、コスト削減の実現までに交渉のリードタイムが必要となる。一方、「ユーザーマネジメント」は、自分で発注そのものをやめたり減らしたりすればよいので、自らの意思で対応が可能である。したがって、一度決めれば、実現は早いが、一方で、これまでの業務運営を（大きく）見直し、調達慣習そのものを変える必要があるので、社内で超えるべきハードルが高い場合が多い。
　現実に、どちらのアプローチを取るかは、各社の置かれた状況によって異なる。たとえば、ユーザーマネジメント中心で大きな削減を実現したケースがある一方、ユーザーマネジメント領域には着手することなく、サプライヤーマネジメントを徹底的に行なったケースもある。通常は、この二つの間のアプローチを取り、ユーザーマネジメントとサプライヤーマネジメントの両方のアプローチを取り入れ、削減できるものはすべてやる、というスタンスで間接材コスト削減に取り組むこととなる。

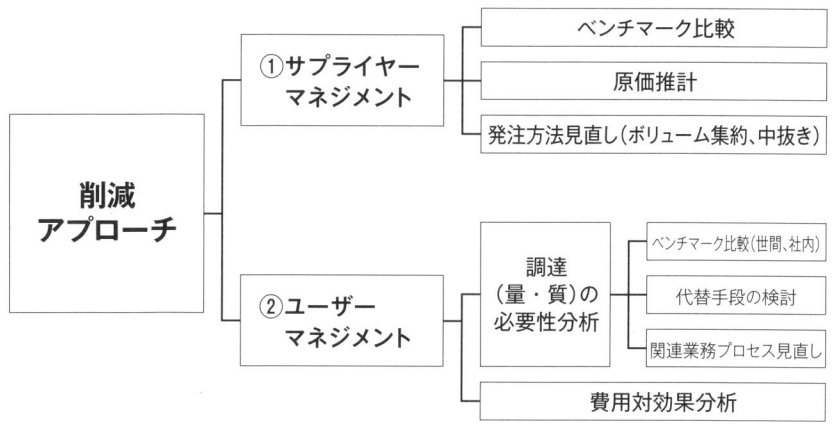

図表2-3　削減アプローチと分析の視点

```
                    ┌─①サプライヤー──┬─ ベンチマーク比較
                    │　マネジメント　 ├─ 原価推計
削減　　　　　　　　│　　　　　　　　 └─ 発注方法見直し(ボリューム集約、中抜き)
アプローチ ─────────┤
                    │                  ┌─ 調達　　　　 ┬─ ベンチマーク比較(世間、社内)
                    └─②ユーザー　　　 │ (量・質)の　　├─ 代替手段の検討
                      マネジメント ────┤ 必要性分析　　 └─ 関連業務プロセス見直し
                                       │
                                       └─ 費用対効果分析
```

出所：A.T.カーニー

1）サプライヤーマネジメント

　サプライヤーマネジメントでは、サプライヤーとの交渉を通して価格を引き下げることがメインとなるが、サプライヤーとの交渉に耐えうる価格引き下げの裏付けとロジックを構築することが成功のカギである。当然、サプライヤーにはサプライヤーの価格論理があるので、それに対抗するだけのユーザーとしての価格論理を構築していく必要がある。ただし、サプライヤーのすべての情報を入手することは不可能であり、ユーザーサイドから見える範囲、あるいは、入手可能な範囲での情報を基に、あるべき価格水準を算出し、ユーザーとしての価格論理を展開していくこととなる。

　ロジック構築の第一歩には「ベンチマーク比較」があげられる。これは、同様の調達品、あるいは、サービスの競争他社や他案件の価格実績との比較に基づく価格妥当性の検証と交渉のことであり、間接材コスト削減に限らず、さまざまな価格交渉の基本である。前述の「品目特性」で説明したとおり、商品・サービスのスペックや価格についての市場情報、あるいは、他事例情報を入手し、市場・他事例価格と自社の調達価格との比較を行なう。

ベンチマーク比較は、一見、単純な方法に見えるが、実際にベンチマークの対象となる市場価格や競合の価格水準を入手することは、なかなか難しい。その結果だろうか、ベンチマーク比較は価格交渉の基本中の基本だが、調達時にベンチマーク比較すら行なわれていないケースが驚くほど多い。また、契約締結時には相見積もりを取り、最安値の業者を選んでいたとしても、実は、その後、一度も価格水準のチェックや交渉をしていない例も見受けられる。人件費や材料費の高騰などにより、あえて契約時の価格を維持することが有利なケースもあるが、一方で、技術革新の結果、業務効率が大きく改善し、世の中の価格水準は下がっていた、あるいは、特別な技術進展が無い場合でも、サプライヤーの業務習熟度が高まる中、サービス提供の原価が著しく下がっていた、といったことも容易に想定されるため、価格水準の妥当性の確認は契約更改のたびに行なうべきである。

　また、社内ルールで相見積もりの取得を義務付けている会社も多いが、相見積もりは形式的に実行さえすれば、良い結果を引き出せる、というものではない。実際に、形式的に相見積もりがされている場合でも、その内容を精査してみると、担当者の既存業者を替えたくないという意識が強いことから、ベンチマーク先が不適切（数が少ない、もともと高い業者ばかり選んでいた）、新規業者への情報開示が不十分なため、新規業者はリスクを取れず高めの価格を提示せざるを得ない状況に追い込んでいる、入手した見積もりを一切チェックしていない、といったことが判明することがよくある。残念な状況ではあるが、一方で、コスト削減の余地が相当大きいことの証左でもある。

　次にサプライヤーマネジメントとして必要なアプローチが「原価推計」である。これまで、市場や競合の価格水準との比較について説明してきたが、作業（人件費）が主体となるような個別性が強い費目については、単純に比較できる市場価格や他事例を見出すことはほぼ困難である。こういったコストは、多くの場合、その価格の妥当性について検証されることなく調達され続けているものが多い。調達担当者もそれで良いと思っているケースはほとんど無く、「気持ち悪いが、これまでそうだったし、どうしようもない」、というあきらめに近いムードが漂っていることもよく見受けられる。しかし、あきらめる必要はまったく無く、地道にコストの要素分解と積み上げによる原価推計を行ない、適切なマージンを反映した適正価格（あるべき価格）を算

図表2-4　原価推計による現状価格の検証イメージ

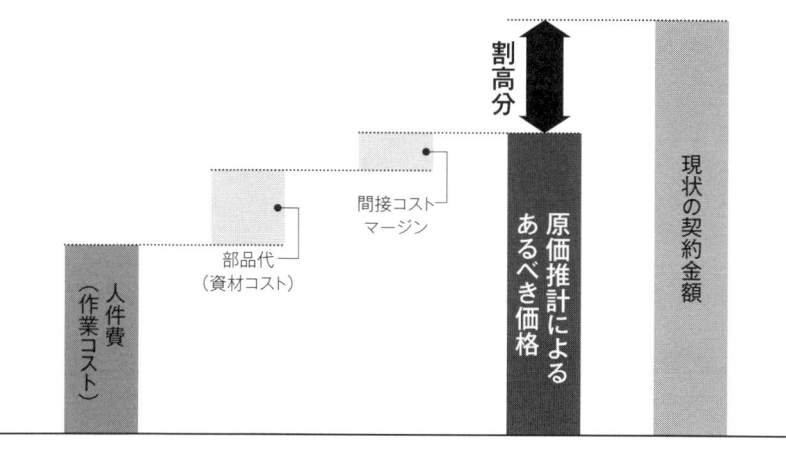

（棒グラフ：人件費（作業コスト）＋部品代（資材コスト）＋間接コスト・マージン＝原価推計によるあるべき価格。現状の契約金額との差分が「割高分」）

出所：A.T.カーニー

出し、現行価格とのギャップを見出していくことが必要なのである。

　まず、原価推計は、商品・サービスの提供に掛かるコストを、大きく、人件費（作業コスト）と部品代（資材コスト）、および、間接コスト・マージンに要素分解してそれぞれを推計していく手法をとる（**図表2-4**）。これらの一連のコスト分解、積み上げによるコスト推計を行なうことにより、妥当な価格水準（あるべき価格）と現状とのギャップが明らかになってくる。このギャップがまさに、コスト削減余地となる。また、原価推計の過程で、サプライヤー側の論理矛盾に出くわすことも多い。このような論理矛盾は、今後の交渉材料となるため、しっかり把握しておくことが必要である。

　サプライヤーへの発注の方法を変えることで、価格を下げられることも多い。たとえば、現在、調達品の発注を仲介業者経由としているような場合には、仲介業者を排除することで中間マージン分のコスト削減が可能となる。

　また、発注タイミングが遅い、あるいは、社内の発注業務が分散しており、追加料金を徴収される、あるいは、ボリュームディスカウントが得られないなどのコスト圧迫要因となっているケースも多い。発注タイミングの前倒し

は、業務運営の計画性の向上や、意思決定プロセスの迅速化などの対応により実現可能なはずである。また、発注業務の集約は、文具や事務用品などの目に見える"モノ"の調達については取り組まれている企業が多いが、印刷物や広告費などの、営業活動との関係が深いコストは、各ユーザー部門が個別に業者と発注・契約しているという企業も多く、結果、発注の集約などの交渉がまったく行なわれていないケースもある。これはあらゆる費目で当てはまることであり、組織横断での発注の集約の可能性については、いずれの費目においても、検証されるべきポイントである。

2) ユーザーマネジメント

ユーザーマネジメントとは、ユーザー（会社）自身が調達品やサービスの必要性、費用対効果を再確認し、調達量や要求しているサービスレベルなどを見直すことで、間接材コストを抑制する考え方である。

そして、前述のサプライヤーマネジメントは、調達することが決まった商品・サービスを如何にサプライヤーとの交渉により安く発注・調達するかを追求するものであり、ユーザーマネジメントが適切に行なわれた上で、その効果を発揮するものであると言える。ある調達品について調達担当者がサプライヤーと必死で価格交渉をして数％価格を引き下げたとしても、その調達物そのものが使われない、あるいは、そこまでのボリュームは不要だった、という、いわゆる"無駄遣い"は想像以上に多い。とりわけ、間接材コストは、その効果が見えにくく、必要性や費用対効果の検証が難しいことがそういった無駄遣いが発生してしまう理由の一つだろう。

そこで、調達の必要性、費用対効果を検証していく視点から紹介しよう。調達（量・質）の必要性の検証は、ベンチマーク比較（世間、社内など）、代替手段の有無、関連業務プロセス見直し余地の有無の三つの視点から行なう。検討の結果、仕様のレベルがオーバースペックである、安価な代替手段がある、あるいは、業務プロセス改善により発注量を減らせる場合などには、発注量削減・仕様引き下げに向けた対応を検討する。また、費用対効果は、収益効果の考え方に費目特有のものがあるものの、間接材コスト支払いの収益効果を定量化し、収益性の低い支出を中止・抑制することで全体の費用対効果を最大化する、という発想である。

ここで、前記の各視点の詳細を見ていくことにする。まず一つ目は、必要性分析としての「ベンチマーク比較」である。サプライヤーマネジメントでは現在の調達価格が競合などと比較して妥当かを見たが、そもそもの間接材コスト支払いの基準となる考え方や調達材の仕様（サービスレベル、頻度、迅速性など）が、他社、世間一般、社内の他部門と比較して妥当かを確認することが重要である。当然、その基準や考え方を作った当時とは競争環境や世間の常識などが変わることから、ベンチマーク比較は有効である。

　間接材コストの中でも、とりわけ福利厚生や従業員の労働環境に関する支払い基準や考え方は、自社単独で合理的に決めることは難しい。他社や一般世間の相場観を踏まえつつ、従業員感情にも配慮しながら基準や考え方の妥当性を検証し、基準の変更・厳格化を進めていくことが望ましい。

　次に、必要性分析の二つ目のポイントとして「代替手段の有無」があげられる。現在の調達方法以外に代替手段が考えられる場合には、代替手段とのコストと効果を比較しつつ、最適な調達手段を検討することが必要となる。ここでいう代替手段は必ずしも代替物の調達とは限らない。たとえば、新たなモノの購入ではなく在庫活用や中古品再利用、リース、あるいは、そもそも買い替えをしないで故障リスクをとりながら継続使用する、など、幅広い視点で代替案を検討することが重要である。

　そして、必要性分析の最後に「関連業務プロセス見直しの余地」があげられる。すなわち、業務プロセスがうまく回っていないために、無駄な間接材コストが発生していることに気付いていないケースである。以下、業務プロセス上の問題が高コストにつながっているような例を紹介する。

　まず、発注量の適切な見積もりができていないケースが多い。将来の業績や業務量を予測して発注する必要がある品物やサービスについて、発注担当者（部署）が、業務担当者（部署）との十分な情報共有無しに、安全を見込んで必要以上の発注を行なってしまう、というのが典型的な無駄の例である。未来を正確に言い当てることは難しいが、業務担当から必要な情報を入手し、適宜アップデートすることで予測の精度を高めることはできるだろう。また、予測のブレ幅が一定程度把握できさえすれば、安全在庫量を理論的（確率的）に算出し、適切な発注量を知ることもできる。

　製造業であれば、通常の生産ラインで行なっているような需要サイドと供

給サイドの情報交換を、間接材の領域でもしっかり行ない、客観的分析に取り組めば、無駄な発注の削減も十分に可能なのである。

　また、部署間の情報連携不足による無駄や手戻りよる無駄なコストの発生も多いだろう。たとえば、印刷物の編集・作成過程では、ユーザーと編集側の情報共有がしっかりされていないために、編集側は独自の判断でさまざまな準備を行なってしまい、作成・修正作業が膨らみ、さまざまなコストが発生しているケースがある。このように部署間のコミュニケーションをとらないまま、担当者が独自で、かつ、失敗しないように、と調達の判断を行なってしまうことが、コスト効率の著しい低下につながっているのである。

　また、ユーザーマネジメントとしては、必要性分析に加えて「費用対効果分析」も重要である。対象となる間接材コスト支払いの収益効果を極力定量化し、収益性の低い支出を中止・抑制することで利益を最大化する、という考え方である。以下に例を紹介しよう

　一般的に、あらゆるサービスのレベルはコストをかけることで向上していくが、その効果は逓減していく。その結果、あるレベル以上のサービスを提供することは、コスト増が売上増を上回り、利益低下につながる、ということが考えられる。したがって、限界コストの増加が売上増加につながっている範囲内でのサービス提供とする必要がある（Cost-to-Serve分析）。また、同様の考え方であるが、費用対効果が高い案件から並べ、上位のものに支出を絞り込むことも全体の費用対効果を高めることに有用である（**図表2-5**）。

◉──取り組み対象費目の優先順位付け

　これまでの検討で、既に、市場のベストプライスに近い調達価格を実現済で、削減余地を見込みにくいケースも出てくる。また、サプライヤーが顧客であるケースなどで、販売政策上、サプライヤーを切り替えられない、といった個別事情も明らかになり、打ち手はあるものの、実現の難易度が高そうな費目も見えてくる。また、間接材コストは幅が広いため、各部門が抱える費目も相当数になっているはずである。各部署は通常業務に加えて、コスト削減に取り組むはずであるので、すべてを一気に交渉に入ることは難しい。

　また、こうしたコスト削減の取り組みを推進していくにあたっては、早期

図表2-5　費用対効果分析の例

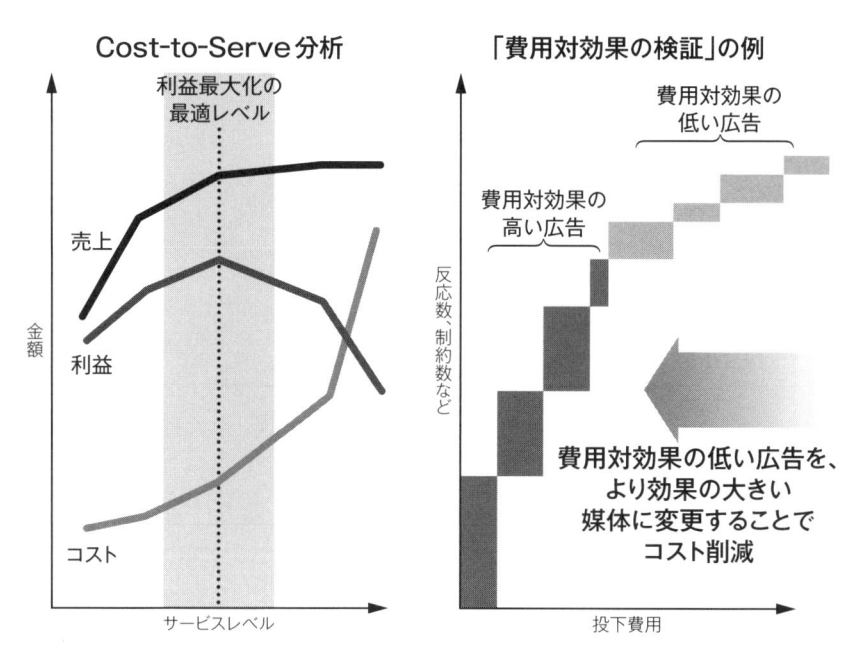

Cost-to-Serve分析

利益最大化の最適レベル

売上
利益
コスト

金額／サービスレベル

「費用対効果の検証」の例

費用対効果の低い広告
費用対効果の高い広告

反応数、制約数など／投下費用

費用対効果の低い広告を、より効果の大きい媒体に変更することでコスト削減

出所：A.T.カーニー

の成功体験が非常に重要である。交渉してみたら、本当にコストが下がった、という成功体験が、それ以降のコスト削減への取り組みを加速していくのである。

　そこで費目毎の削減余地の大きさと打ち手の実行容易さをベースとしつつ、これまでの取り組みや実現までの期間なども考慮しながら費目の取り組み優先順位を付け（余地が大きく実行が容易なものから着手）、今後の取り組みの大まかなステップと実行のスケジュールを定めることが必要となる（**図表2-6**）。

図表2-6　費目の優先順位付けと絞り込みが重要

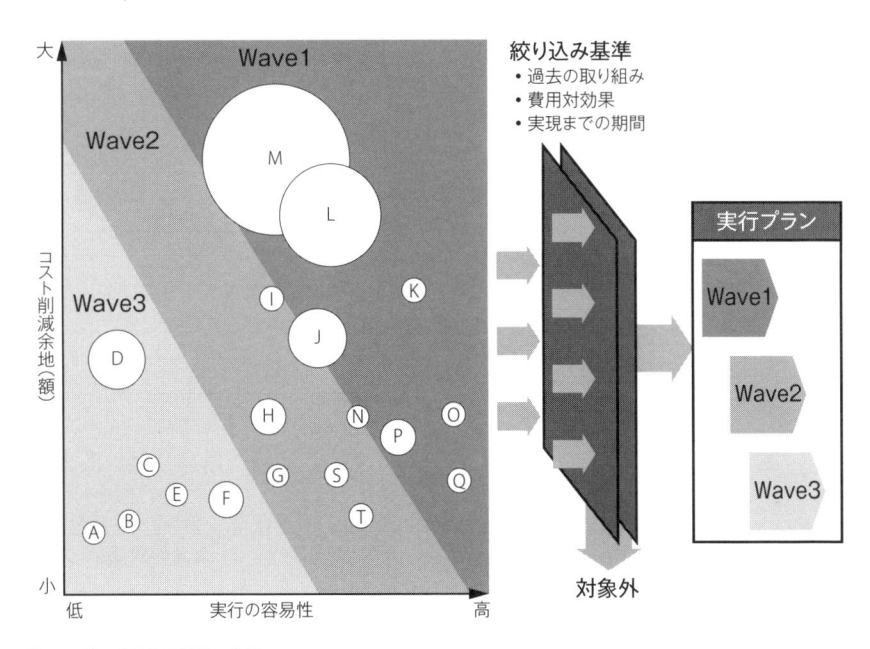

絞り込み基準
- 過去の取り組み
- 費用対効果
- 実現までの期間

（縦軸：コスト削減余地（額）大／小、横軸：実行の容易性 低／高）

Wave1、Wave2、Wave3の領域に費目A〜Tがプロットされ、実行プラン（Wave1、Wave2、Wave3）と対象外に振り分けられる図

注　：円の大きさは費目の金額
出所：A.T.カーニー

Section 3　ステップ3）交渉・削減の実施

　削減アプローチ、削減余地、取り組み優先順位が決まったところで、優先順位の高い案件から、削減余地の実現に向けたサプライヤーとの交渉に入る。
　本章の冒頭でも述べたとおり、サプライヤーも価格交渉に対するロジック

を用意していると考えるべきであり、単純にコスト引き下げの要望を表明すれば削減余地が実現できる、というものではないため、交渉戦略を綿密に練る必要がある。

この交渉戦略を考えるにあたって、最も重要となるのが、自社（購入者）とサプライヤー（供給者）のバーゲニングパワー（交渉力）の関係である。このバーゲニングパワーは、購入者・供給者それぞれの市場におけるマーケットシェアの現状と見通し、取引先の代替可能性で決まる。

基本的に、市場で大きなマーケットシェアを持ち、今後も成長が見込まれるプレイヤーは強いバーゲニングパワーを有する。また、取引先への依存度が低く（技術的な依存度が低い、取引先業界の競合が激しいケースもある）、いつでも取引先を変えられる立場にあるプレイヤーも強いバーゲニングパワーを有する。逆に、市場におけるプレゼンスが小さく、また、取引先への依存度が高いプレイヤーのバーゲニングパワーは当然ながら弱い。このバーゲニングパワーの関係によって、削減余地を実現するためのアプローチが大きく変わるのである（**図表2-7**）。

図表2-7　バーゲニングパワーに応じた交渉のアプローチ

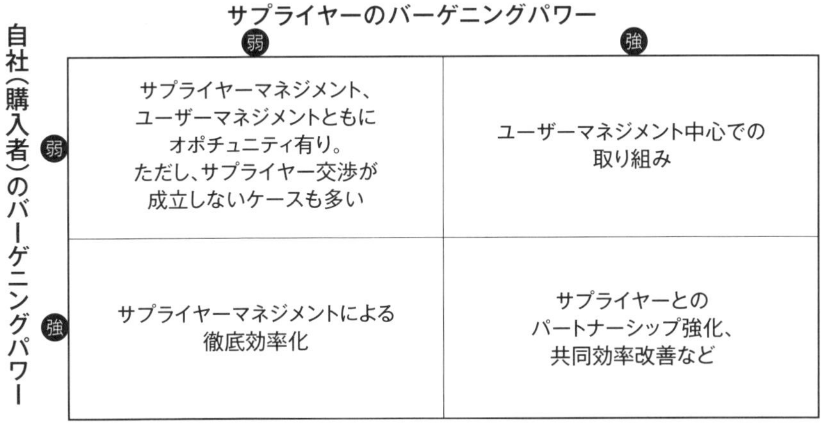

自社（購入者）のバーゲニングパワー \ サプライヤーのバーゲニングパワー	弱	強
弱	サプライヤーマネジメント、ユーザーマネジメントともにオポチュニティ有り。ただし、サプライヤー交渉が成立しないケースも多い	ユーザーマネジメント中心での取り組み
強	サプライヤーマネジメントによる徹底効率化	サプライヤーとのパートナーシップ強化、共同効率改善など

出所：A.T.カーニー

たとえば、自社、サプライヤーともに、強いバーゲニングパワーを有する状態では、現状以上の競争環境を作り出すことは難しい。したがって、サプライヤーマネジメントを進めるにあたっても、サプライヤーとのパートナーシップを醸成しながら、効率化を共同で進める戦略と打ち手を打つ必要がある。また、ユーザーマネジメントについても、サプライヤーとの協力関係をより有効活用するスタンスで進めることが望ましい（ユーザーマネジメントでも、サプライヤーの協力を得られた方がスムーズ、かつ、効果を上げることが可能）。

また、自社のバーゲニングパワーが弱く、サプライヤーのバーゲニングパワーが強い場合には、削減余地の実現に向けたサプライヤーの協力を得ることは現実的には難しいため、独自取り組みが可能なユーザーマネジメントを中心に削減アプローチを検討していく必要がある（ここでも、サプライヤーの協力を引き出せるのが一番なので、その交渉は継続的に行なうべき）。

一方、自社のバーゲニングパワーが強く、サプライヤーのパワーが弱い場合は、サプライヤー間の競争の加速、自社からの要望価格の提示など、サプライヤーに対する優位性を活かしたサプライヤーマネジメントアプローチが最も有効に働く。ユーザーマネジメントについても、可能性があれば、同時に追求していくこととなる。

最後に、自社、サプライヤーともにパワーが弱い状況では、サプライヤーマネジメント、ユーザーマネジメントの取り組みを検討しうる。ただし、相対の交渉が成立しにくい状況にあることも多く、サプライヤーマネジメントについては、既存取引先と価格交渉を行なう、ということではなく、最も有利なサプライヤーにそのまま切り替えてしまうことも視野に入れたアプローチが相応しいだろう。

以上のように、交渉戦略を検討するにあたっては、相互のバーゲニングパワーの状況を把握し、相応しい削減アプローチと交渉スタンスを選択していくことが重要となる。

加えて、交渉段階で特に重要となるのが、社内での「交渉体制の構築」である。実際の交渉を行なうのは現場担当者だが、交渉の過程で現場担当者を孤立させないようにする必要がある。ありがちな構図は、価格交渉を迫られたサプライヤーが、営業取引を武器に、営業部門経由で圧力をかけたり、経営トップとの関係がある場合には、その関係を活かして価格交渉への圧力を

かけてくるケースである。結果、交渉担当者が、価格闘争以外の外圧と戦わざるを得なく、他からの圧力に屈服してしまうケースがある。したがって、経営トップから営業、そして、現場の最前線の担当者までの意識を一枚岩にまとめ、間違っても、自社内部から交渉担当者に圧力をかけないような協力体制を構築する必要がある。そのためには、この一連のコスト抑制の目標を全社で共有するとともに、目標達成に対する経営陣のコミットの高さを社内に向け発信する必要がある。

Section 4　ステップ4）定着化

　交渉の実行によってコスト削減は実現する。しかし、このコスト削減を一過性に終わらせず、継続的に続く仕組み・機能（組織）を整備することはさらに重要なポイントである。

　仕組み面での取り組みとしては、費用管理プロセスの具体的な実施項目や実施頻度を規定化し、継続的なモニタリング方法を定めることなどが有効である。

　また、機能（組織）面では、前記のコスト削減プロセスの規定化・実施状況をモニタリングする機能の強化（既存の内部監査や検査機能への組み込み）、調達価格のベンチマーク機能の強化（企画、調査系部署での対応）、コスト削減取り組み関連データの蓄積システム（簡易なもので十分）などの整備が必要となる。

　また、交渉担当者のスキル面での改善も定着化のための重要な要素であり、日ごろ間接材の購買の窓口になっている担当者に交渉のためのスキルトレーニングを定常的に実行することも重要である。具体的には、社内の交渉担当者を集めて交渉ノウハウや具体成功事例などの共有を図ることで、スキル・ノウハウの共有化・移転を促進していく。また、これらの集合トレーニングでの検討内容や成果をマニュアルにまとめ、それを改善・改良していくこと

により、トレーニング自体の効果も向上し、定着が促進されていく。

Section 5 アプローチの要諦総括

　ここまで、各ステップのコスト削減アプローチの要諦を説明してきたが、内容が少々複雑であるので、本章の最後としてアプローチの要諦の全体像を総括してみたい（**図表2-8**）。

　コストデータの整備のステップ（ステップ1）においては、通常の経理データだけでコスト削減データのベースとするのは不十分であるので、コスト削減の取り組みに足るデータベースを作成することが出発点となる。すなわち、「誰から」「どれだけ（数量）」「いくらで（単価）」「どのような条件で」購入しているのかを明らかにし、その上で検討する対象費目を特定していくことが重要となる。

　削減アプローチ・余地の特定（ステップ2）においては、まず各品目の特性を把握しなければならない。その場合の視点は四つとなる。

①コスト構造を検討し理解する
②ベンチマーク比較が可能であるかどうかを確認する
③取引パターンを把握する
④サプライヤーの業界構造を分析し競争環境などの状況を把握する

　次に削減アプローチの特定と余地の定量化を行なうこととなるが、この場合、「サプライヤーマネジメント」と「ユーザーマネジメント」の両方の観点からの検討が重要となる。
　まず、「サプライヤーマネジメント」では大きく三つのポイントがある。

図表2-8　コスト削減の各ステップにおけるアプローチの要諦総括

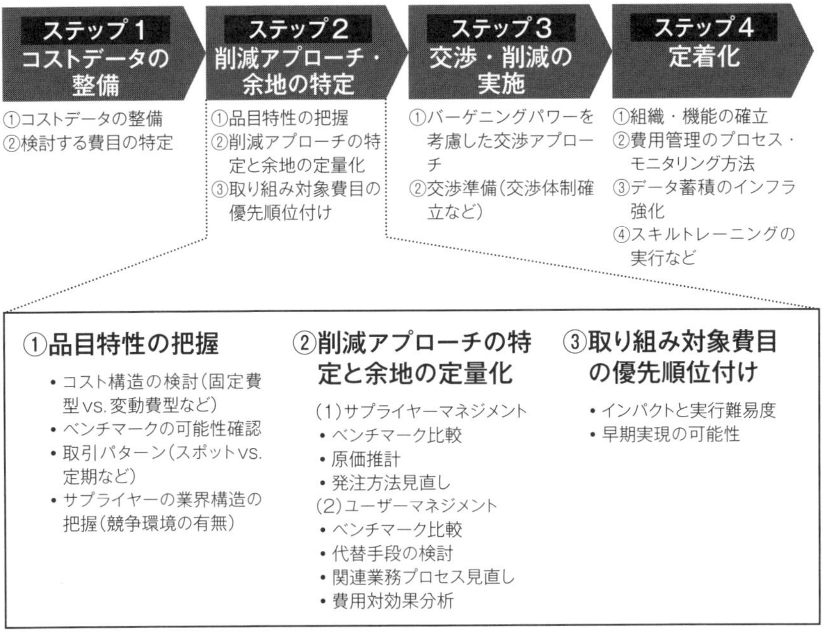

ステップ1　コストデータの整備
①コストデータの整備
②検討する費目の特定

ステップ2　削減アプローチ・余地の特定
①品目特性の把握
②削減アプローチの特定と余地の定量化
③取り組み対象費目の優先順位付け

ステップ3　交渉・削減の実施
①バーゲニングパワーを考慮した交渉アプローチ
②交渉準備(交渉体制確立など)

ステップ4　定着化
①組織・機能の確立
②費用管理のプロセス・モニタリング方法
③データ蓄積のインフラ強化
④スキルトレーニングの実行など

①品目特性の把握
- コスト構造の検討(固定費型 vs.変動費型など)
- ベンチマークの可能性確認
- 取引パターン(スポット vs.定期など)
- サプライヤーの業界構造の把握(競争環境の有無)

②削減アプローチの特定と余地の定量化
(1)サプライヤーマネジメント
- ベンチマーク比較
- 原価推計
- 発注方法見直し

(2)ユーザーマネジメント
- ベンチマーク比較
- 代替手段の検討
- 関連業務プロセス見直し
- 費用対効果分析

③取り組み対象費目の優先順位付け
- インパクトと実行難易度
- 早期実現の可能性

出所：A.T.カーニー

①ベンチマーク比較による市場価格の把握と削減余地の特定
②作業が主体となる個別性の高い費目については原価推計を行なう
③発注方法の見直しによる削減余地の特定も検討する

ユーザーマネジメントの観点からも四つのポイントがある。

①仕様のベンチマーク比較を行なう
②代替手段とのコスト効果を比較検討する
③関連業務プロセスの効率化によるコスト削減を検討する
④費用対効果を分析し収益性の低い支出を中止・抑制する

そして、前記のアプローチで削減余地を定量化し、取り組みの優先順位を付けることが必要である。
　交渉・削減の実施ステップ（ステップ3）においては、自社（発注者）とサプライヤーとのバーゲニングパワーの大小を確認しつつ、適切な交渉アプローチを確立することが重要となる。たとえば、自社（発注者）のバーゲニングパワーが強ければ「サプライヤーマネジメント」によるコスト削減が中心となり、サプライヤー側のバーゲニングパワーが強ければ、「ユーザーマネジメント」を主眼とした取り組みが必要となる。また、交渉体制の確立も交渉の準備段階では非常に重要なポイントとなる。
　最後にコスト削減を一過性のものとしないためにも、定着化のステップ（ステップ4）は重要であり、必要な組織・機能の作り込み、費用管理のプロセス・モニタリング方法の確立、データ蓄積インフラの強化、交渉担当者のスキルトレーニングの実行などが求められる。

第3章 【費用項目別アプローチ①】印刷費

　この章から具体的に代表的な間接材の費目をピックアップして、その特性やコスト削減のポイントについて説明をしていく。まずは、印刷費のコスト削減についての説明から始めたい。

　印刷物は、販促用のポスター・カタログや各種事務手続きフォームなどさまざまな日常業務で用いられている。特に販促用のものについては、デザインや色が重視されることが多いためサプライヤーとの頻繁な打ち合わせが必要とされる一方、納期はタイトになりがちである。そのため、支払い金額は大きいものの、「品質」「納期」を重視して抜本的なコスト削減にはおよび腰の企業が多いのも事実である。

　しかしながら、印刷物の調達において、一部を除きサプライヤー間の代替性は高い。したがって効果的な交渉や社内での意思決定プロセスの見直しなどにより、必要な品質などは担保しながら大幅なコスト削減が可能な分野である。

Section 1　印刷費において陥りがちな罠

◉――全社レベルでの管理不在

そもそも会社として何をいくら買っているのか把握できていないケースが多い。印刷は工程が複雑で専門用語が多い上、直前の修正作業などが発生しやすいため、各事業・各担当が独自の判断で融通の利く特定の印刷会社に丸投げしがちである。また、経理データ上でも、印刷費はその他の費用と混在して管理されていたり、複数の費目に分散したりすることが多い。

- 例1：ポスター類をキャンペーン用の景品などと一緒に広告代理店経由で発注するため、一括で「〇〇キャンペーン費用」などと計上されてしまう。印刷費としていくら支払ったかは膨大な伝票を個別にチェックしなければならない。
- 例2：販促用のポスターは「広告宣伝費」だが、社内啓発用のポスターは「備品費」や「雑費」で計上される。印刷費の総額を知るためには、経費のデータベースを個別にチェックして集計しなければならない。

結果として、「自社が印刷物として年間いくら払っているのか？」また、「その具体的な内訳は何か？」を誰も把握していないことが多い。現状がわからないため、どうしても取り組みの優先順位が下がってしまうし、取り組んでも部分的なものになりがちである。

◉――交渉が不十分

管理の手間、納期、クオリティ、組織の壁などを理由に十分な交渉が行なわれていないケースが多い。印刷会社に丸投げしている場合のみならず、一

般的にサプライヤーとのすり合わせを伴うことが多いため、ともすればサプライヤーへの遠慮が生じがちである。また、「サプライヤーを変更するとクオリティなど現在のサービスレベルを維持できないのでは？」との懸念から既存サプライヤーありきのスタンスの企業も見られる。

　一方、交渉を行なっていたとしても、部門ごとにバラバラに交渉していたり発注都度の交渉となっていたりして、会社としての発注ボリュームを活かしきれていないケースが多い。このような交渉スタイルは全社の業務効率という観点からも問題である。

●──効果が一時的

　交渉対象のスペックの範囲が不十分で効果が一時的なものにとどまるケースも見受けられる。特に販促用の印刷物では、広告効果を高めるためにスペックが多岐にわたることが多い。あらかじめ想定されるスペックを織り込んだ交渉を行なうとともに、妥結後はそのスペックの枠内で発注するように努めないと、せっかく交渉しても成果は一時的なものになってしまう。

●──スペックや量が過剰

　特に販促関連のものについては「効果」を意識する余り、「費用」の視点がおざなりになり、結果として費用対効果を大きく毀損するケースがよく見受けられる。

- 例1：マーケティング部門の要求に応じて色校正を何度も繰り返す結果、コストアップになってしまっている。また全体のスケジュールがタイトになるため、対応できるサプライヤーが限定されてしまい、既存サプライヤーが割高であっても代替が困難になっている。
- 例2：営業の要請に基づき大量に印刷を行なうものの、大部分が使われていない。品切れを恐れて必要量以上に発注してしまいがちな現場に対して、牽制やサポートする仕組みが無いことが背景だが、結果として印刷費のみならず回収・廃棄のコストも発生する。

このようなケースで調達の立場からスペックや量が過剰という指摘をすると、たいてい「ポスターのクオリティが下がって売上が減ったらどうするのか？」「もし営業現場で販促ツールが足らなくなった場合どうするのか？」「目標が達成できなかった場合の責任は誰がとるのか？」などの反論が営業やマーケティングから出てくる。きちんと検証されないままこうした営業やマーケティングの意見が通ってしまい、「聖域化」していることも珍しくない。

Section 2　業界分析

●──業界構造

上位2社で市場の3割を占めており、寡占度が高い。その一方で、多数の中小サプライヤーが存在する重層的な市場である。高スペック・大ロット品は上位メーカー、その他は中小メーカーという緩やかなすみ分けが見られる（図表3-1）。繁閑状況や分野によっては下請けをはじめ他社のリソースを活用するケースが多い。一部の特殊な色・加工を伴うものを除き、一般的にサプライヤー間の代替可能性は高いが、導入している設備の状況などにより得意な分野やロットが異なってくる。

●──市場トレンド

IT化の進展に伴うペーパーレス化や出版不況などを背景に、印刷の需要は縮小傾向にある。一方で印刷機械の高度化で供給力は増している。こうした需給バランスの悪化から、用紙など原材料は上昇傾向にあるにもかかわらず印刷物の単価は伸び悩んでおり（図表3-2）、市場規模も減少が続いている（図表3-3）。

図表3-1　印刷業界の寡占度

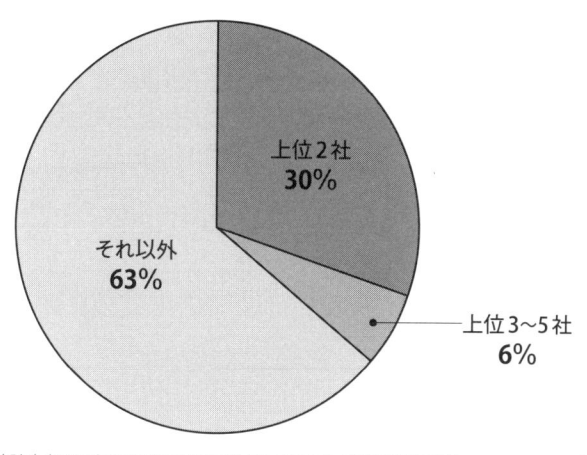

- 上位2社　30%
- 上位3～5社　6%
- それ以外　63%

出所：経済産業省「工業統計表」2006年および主要印刷企業の2006年度決算情報を基にA.T.カーニー作成

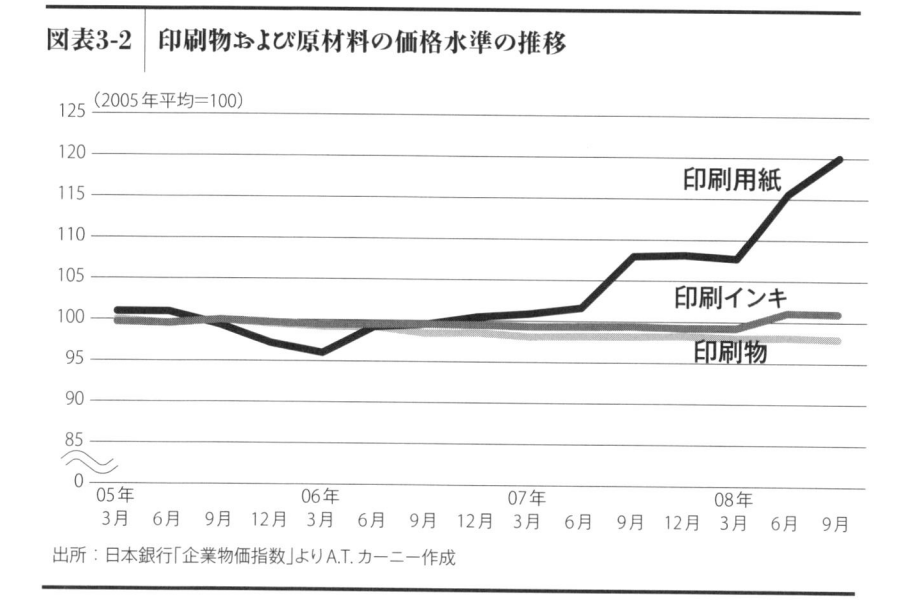

図表3-2　印刷物および原材料の価格水準の推移

（2005年平均＝100）

- 印刷用紙
- 印刷インキ
- 印刷物

出所：日本銀行「企業物価指数」よりA.T.カーニー作成

図表3-3　市場規模の推移

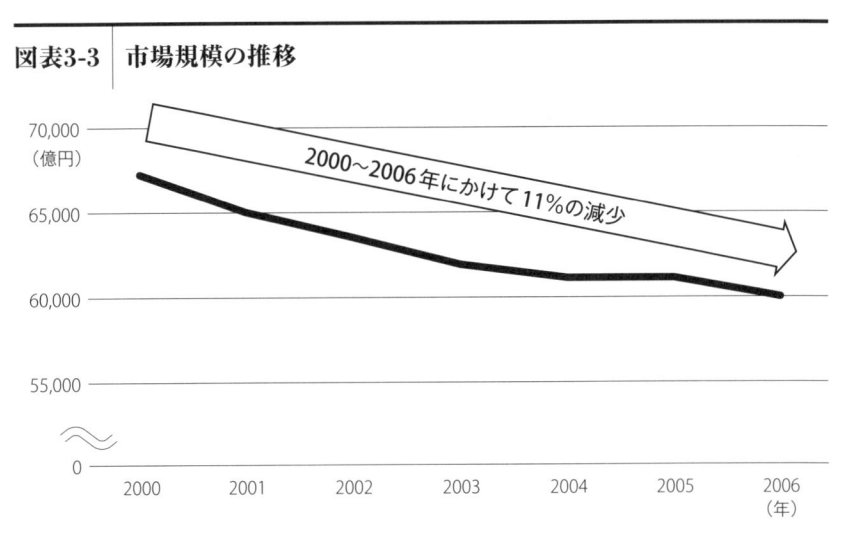

2000〜2006年にかけて11％の減少

注　：従業員4人以上の事業所の「製品出荷額等」。
出所：経済産業省「工業統計表」よりA.T.カーニー作成

Section 3　コスト構造・ドライバー分析

　前述のとおり、印刷物自体は日常業務において馴染みがあるものの、印刷のプロセスやどのようにコストが決まっているかは意外と知られていない。しかしながら、サプライヤーとしっかりと交渉するためには基本的なコスト構造や価格決定のメカニズムを理解しておく必要がある。

◉──基本的なコスト構造

　印刷のコストは作業費と用紙代に大別される。作業費はさらに、製版⇒刷

図表3-4 　印刷物のコスト構造

作業費	企画・デザイン	・クリエイティブ性が重視され、料金のバラツキが出やすい ・販促系の印刷物を中心に広告代理店が請け負うケースも多い
	製版	・画像入力、DTP編集、色校正などで版データを作成するための費用 ・販促系では色校正が多くなりコストアップ要因になりやすい
	刷版	・印刷機に取り付ける印刷版を制作する作業にかかわる費用 ・版にはPS版、CTP版、ダイレクト版の3種類がある
	印刷	・オフセット印刷が一般的 ・印刷の量・色数などに応じて印刷機を使い分ける
	加工	・製本、化粧裁ち、折りなど作業にかかわる費用 ・加工の難易度に応じて単価が設定されている
	輸送	・外部の運送会社に委託する印刷会社が多い
用紙代		・印刷会社が製紙メーカー代理店より調達するのが一般的 ・用途別に紙の種類やサイズ（A判、四六判など）を使い分ける

出所：A.T.カーニー

版⇒印刷⇒加工⇒輸送といった工程別に発生する（図表3-4）。

●──価格決定のメカニズム

　上記の要素別コストのうち、一般的に全体に占める割合が高いのは用紙代、印刷代、加工代である。これらはそれぞれどのようにして価格水準が決まっているのであろうか？

- 用　紙：わかりやすい範囲では用紙のサイズ、厚さ、さらに再生紙か否か、塗光の有無などでコストが変化する。販促用の印刷物ではクオリティを追求するあまり用紙代が膨らみがちである。
- 印刷代：1色ずつ版を作り印刷するため、色数が価格ドライバー。また、固定費負担が大きいため、1回あたり発注量が増えると単価は減少。

Section 3 ● コスト構造・ドライバー分析

図表3-5 　発注量と単価の関係

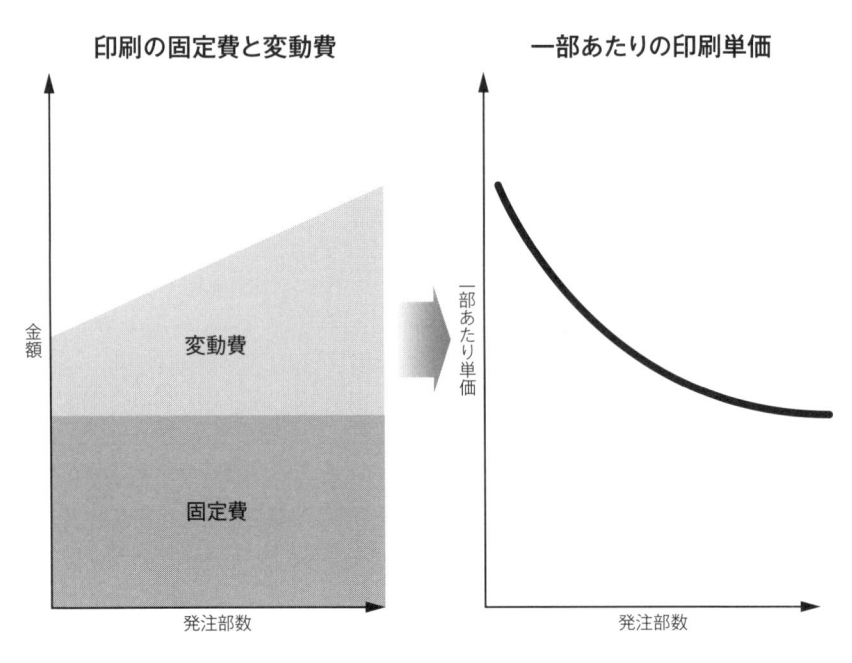

印刷の固定費と変動費（金額／発注部数：変動費・固定費）

一部あたりの印刷単価（一部あたり単価／発注部数）

出所：A.T.カーニー

- 加工代：「抜き」や「折り」などの加工に対して発生する。作業の複雑さや回数によりコストが変化する。

　また、印刷産業の特徴として、各工程において固定費負担が大きい。したがって、発注ボリュームが大きいほど単価が下がる傾向にある（**図表3-5**）。

Section 4　コスト削減のフレームワーク

◉──サプライヤーマネジメント

　前述のように印刷業界はサプライヤーの代替性が高く、かつ規模の経済が働きやすい。したがって、競争環境の醸成とボリュームディスカウントを引き出すことがポイントである。具体的には以下のようなアプローチが考えられる。

- 新規サプライヤーを交えたコンペの実施により、サプライヤーを横一線で競わせ、自社にとって有利な提案を引き出す。印刷企業は多岐にわたるが、新規サプライヤー候補としては、業界の大手企業や地場の中小でも評判の良い企業などがあげられよう。
- 取引するサプライヤー数の絞り込みにより1サプライヤーあたりの発注量を増やし、ボリュームディスカウントを引き出す。固定費ビジネスゆえに、既存サプライヤーに対してはコスト削減の大きなプレッシャーを与えることができる。
- 社内に分散している発注窓口の一元化や年間発注量をベースにした交渉もボリュームディスカウントを引き出す上で有効である。特に新規サプライヤーのモチベーションを高める上で重要な視点となる。

◉──ユーザーマネジメント

　また、スペックや数量面での見直しも有効である。この際には、前述のコストドライバー分析や、社内や業界内での横比較、費用対効果などに基づいて定量的に判断することが重要である。たとえば以下のような検討が考えられる。

- 部署間のスペック統一：部署により、同じポスターでも紙質やサイズなどのスペックで微妙に異なったりするケースがよくある。各部署とも現行スペックに特に問題なければ、最も安価なスペックに統一する方向で検討する。これにより、ボリュームディスカウントも同時に期待できる。
- 過剰スペックの見直し：紙質や加工の複雑さなどは単価への影響が大きい。クオリティへのこだわりがどの程度のコストアップになり、一方でどの程度の効果が期待できるのかをなるべく定量化して、最適なバランスを見極める。

Section 5　実行上のポイント

◉──事前の現状把握

多くの企業において印刷物のスペックや発注数量の管理は不十分なため、サプライヤーとの交渉や社内の意思決定に必要な情報を事前に収集することが重要である。具体的には、ユーザー部門（誰が？）、発注時期（いつ？）、スペック（何を？）、発注数量（どのくらいの量を？）、発注単価（いくらで？）などの情報を収集・整理する。

◉──効果的な提案依頼書（RFP）の作成

その上で、自社の発注ボリュームを反映した提案を引き出せるよう、提案依頼書（RFP）を効果的に作成することが必要となる。

前述のとおり、発注ボリュームがコスト削減のポイントになるため、それを意識したRFPの作成が重要である。たとえば、同一スペックのものを年間何度もあるいは複数部署でバラバラに発注している場合は、それらをまとめた上でRFPにまとめるべきである。発注する印刷物のスペックが分散している場合も、印刷の工程や用紙レベルでは一定のボリュームにまとめることができるはずである。いずれにしても、特に新規のサプライヤーに「積極的に取りに行きたい」と思ってもらえるような仕掛けが必要である。

　なお、RFP作成に先立ってどこまでの範囲の印刷物を対象にするかを検討する必要がある。比較的少数のアイテムでほぼ100%をカバーできる場合は問題ないが、アイテムのバリエーションが多岐にわたる場合はこの見極めも大事なポイントである。

●──コンペの設計

　コンペを通じて、基本的に少数のサプライヤーに絞り込むことになるが、その際はコスト以外の要素の見極めも重要となる。印刷業は裾野が広い反面、一部企業は納期などの面で十分に対応できない場合もある。営業体制のチェックや必要に応じてトライアル期間を設けることも有効であろう。

　また、企業によっては全社での一元的なコンペが馴染まないケースもある。たとえば全国各地の支社で独自のポスターやリーフレット類を頻繁に作成する必要がある場合は、全社でサプライヤーを集約すると輸送費がかかって、かえって割高になったり、スペック打ち合わせなどの機動性が大きく損なわれたりする可能性がある。

　サプライヤーの絞り込みや発注窓口の一元化を基本としつつも、各社の状況に応じてコンペの設計をすることが重要となる。

●──中長期の視点も忘れずに

　基本的には短期的な取り組みで大幅な削減を目指すが、場合によっては中期的な観点でサプライヤーを育成することも検討する必要がある。たとえば、特殊な色・加工が必要だったり、企画など上流工程にまで印刷会社が関与し

たりしている場合、代替先は限定的になりがちである。したがって、中期的視点でのサプライヤーの探索・育成（例：一定のトライアル期間を設けるなど）や業務の見直しが必要となってくる。

　また、コスト削減の取り組みを一過性のものにしないためには、現状把握で作成したデータベースを継続的に蓄積するための仕組み作りも必要となる。

第4章 【費用項目別アプローチ②】諸費

　コピー費、事務用消耗品費（文房具）、各種リース代などは一般的に「諸費」として取り扱われることが多い。諸費は、その名のとおり本業の競争力には直結しない雑多な費用の集合体（図表4-1）であるが、それゆえ誰もまと

図表4-1　諸費の構成費目例

コピー費	・コピー機（複合機を含む）の本体価格およびコピーチャージ ・本体はリースであることも多い
オートリース	・主に営業車両のリース料。「メンテナンスリース」の形態をとることが一般的
事務用消耗品	・ボールペン、ノートなどのいわゆる文房具の購入費用
トナー代	・プリンターのトナー代。メーカー純正品のほかにリサイクル品も流通している
PCリース	・業務用のPCのリース料。総合リース会社のみならず、PCメーカーが提供するケースも多い
引越し	・従業員の転勤に伴う引越し代 ・毎年特定時期に一定数が発生するが、交渉は従業員任せのことが多い
交通費	・タクシーの利用費、出張時の交通費（特に飛行機の利用）などにおける費用
寄付金・諸会費	・業務を運営する上で不可欠なものから、会社にとっての意義が不明確なものまで幅広い

出所：A.T.カーニー

もに管理していないことが多い費目でもある。
　一方で市場の実勢価格は比較的把握しやすく、サプライヤーの代替もそれほど難しくない。コスト削減の立場からすると、短期間で大幅な削減の可能性が高い費目と言える。
　本章ではコピー費、事務用消耗品費、オートリース費を例にあげながら諸費のコスト削減について説明していきたい。

Section 1　諸費において陥りがちな罠

● ── 一時的・精神論的なケチケチ運動に終始

　業績が悪化した企業では、往々にして全社的なケチケチ運動が展開される。その際に対象になりやすいのがこの「諸費」項目である。たとえば「コピーは1日〇枚まで」「文房具の支給を一時中止」などである。これはこれで大切な考え方ではあるが、「あるべき水準は何なのであろうか？」あるいは、「そもそもコピーのチャージ料金や文房具などの購入単価は妥当なのであろうか？」といった論点を置き去りにしたままで精神論的な取り組みをしても効果は一時的であり、しばらくすると元どおりになってしまう可能性が高い。また、社内のモチベーションを不必要に下げてしまう可能性もある。

● ── 過剰スペック

　「一時的・精神論的なケチケチ運動」に終始することは避けるべきだが、諸費項目の調達において質や量の面で過剰になっていることが多いのも事実である。

- 例1：近年、コピー・プリンターともにカラー機が普及した。そのため、顧客資料のみならず社内資料もなんでもカラーで印刷してしまうケースがよくある。カラーの方が見た目のインパクトに優れることは確かであるが、1枚あたりのコストはモノクロの数倍である。
- 例2：営業担当が1人で乗ることが多く、かつ荷物もほとんどないのに営業車としてセダンタイプの自動車が使われている。

個々の部門では金額的に小さいため、見過ごされがちであるが「チリも積もれば山となる」のである。ただし「一時的・精神論的なケチケチ運動」にならぬよう、客観的で納得性のある基準を設けることが重要である。

●──交渉が不十分

諸費の各費目は身近なものではあるが、知識不足から交渉が中途半端に終わっているケースが意外と多い。

- 例1：コピーにおいてイニシャルコストである機器の購入費については交渉をし、大幅な値引きを獲得するものの、日々発生するチャージ料には意外と無頓着。
- 例2：オートリースにおいて、現行サプライヤーの「定価から大幅値引きです」とのセールストークのみを基準に、コスト面で有利な調達をしていると判断してしまう。オートリースのみならず諸費の分野は往々にして多数のサプライヤーが激しい価格競争をしている分野であるし、個人向け価格と法人向け価格の水準も違うはずである。

Section 2 業界分析

●──業界構造

諸費に該当する品目は、上位企業へのシェア集中が見られる一方で、多数のサプライヤーが存在したり上位企業間でのシェア争いが激しかったりするため、代替性が高い。

- コ ピ ー ：上位3社で8割程度のシェアを持つ。近年はカラー複合機や高速機の比率が高まりつつあるが、少なくとも上位メーカー間では商品ラインアップに大きな差はなく、代替性は高い。定期的な保守作業が必要になるため、各社とも保守作業の拠点を設置している。大都市圏では特に問題にならないものの、一部地方ではメーカー間で保守のネットワークの優劣が問題になることがある。
- オートリース：総合リース会社・自動車専門リース会社など多数のリース会社が取り扱っている。日本自動車リース協会連合会に正会員として加盟している企業だけでも300社を超える。完成車メーカーから車両を調達し、それにメンテナンスサービスを付け（自動車整備会社などへ外注）リース形態で提供するのが一般的。参入障壁は低く、差別化をしづらい事業と言える。近年は上位企業を中心に合従連衡が進んでいる。
- 事務用消耗品：メーカー上位3社で大きなシェアを持つ。一方、多くの企業にとって事務用消耗品の購入先は全国に1万店以上ある文具店や近年拡大しつつある通販事業者などの小売業者である。コンビニエンスストアやディスカウントストアで

図表4-2　複写機・複合機の市場規模（国内出荷実績）

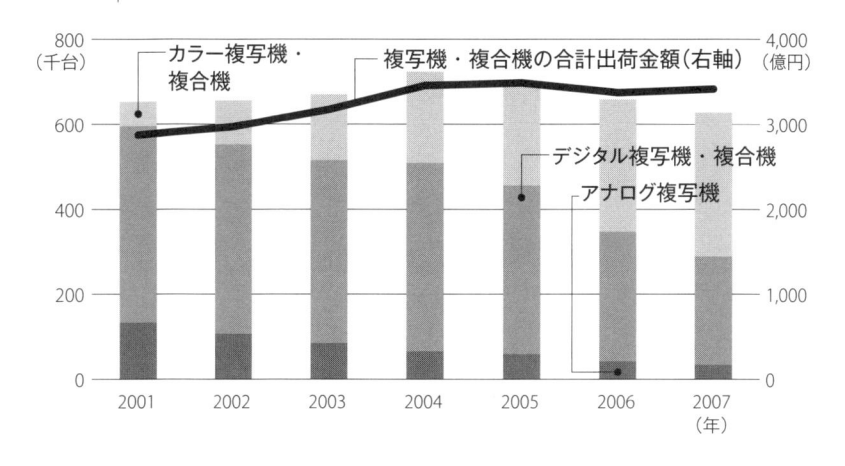

グラフ内ラベル：カラー複写機・複合機、複写機・複合機の合計出荷金額（右軸）、デジタル複写機・複合機、アナログ複写機

出所：社団法人ビジネス機械・情報システム産業協会HP

の取り扱いも広がっているため、小売においても業態を超えて競争が激化している。

●──市場トレンド

諸費の多くの品目において市場規模は伸び悩み、価格競争も激しい。

- コ　ピ　ー　：台数ベースでは2004年以降減少傾向である。高機能のカラー機へのシフトが進みつつあるものの、金額ベースでも2005年以降減少に転じている（図表4-2）。こうした需給環境に加え、さらに技術革新も進んでいるため、**本体価格のみならず月々のチャージ料金についても価格が大きく低下している。**
- オートリース：市場規模はこれまで拡大してきており、今後も一定の成長を期待されている（図表4-3）。ただし、サービス内容で

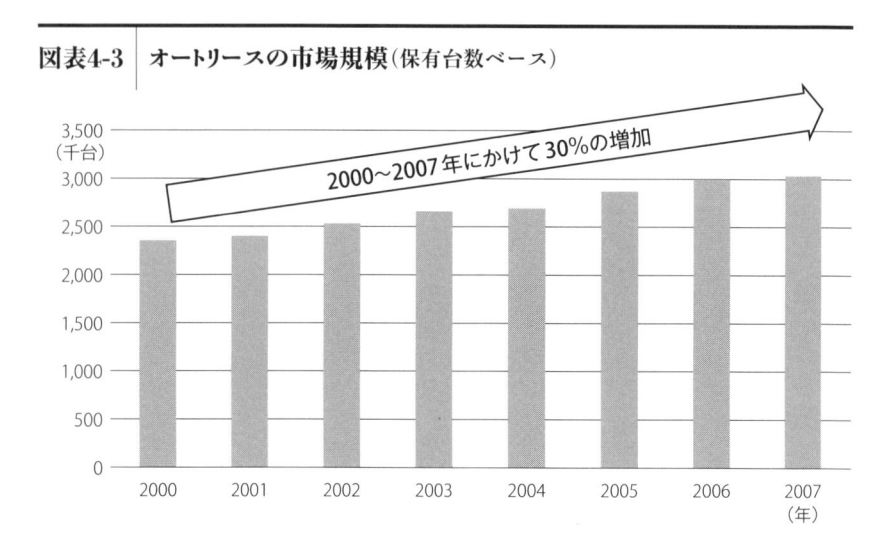

図表4-3　オートリースの市場規模（保有台数ベース）

2000～2007年にかけて30%の増加

出所：一般社団法人日本自動車リース協会連合会HP

　　　の差別化は困難かつプレーヤーも多いため価格競争は激しい。
- 事務用消耗品：少子化による生徒・学生の減少やオフィスのIT化に伴い、市場規模は縮小し価格競争が激化している（図表4-4）。

Section 3　コスト構造・ドライバー分析

　前述のように、諸費の品目は馴染みが深い反面、コストドライバーを理解していないがゆえに不十分な交渉に終わってしまう例が散見される。他の費目同様に、基本的なコストドライバーを理解することが重要である。ここで

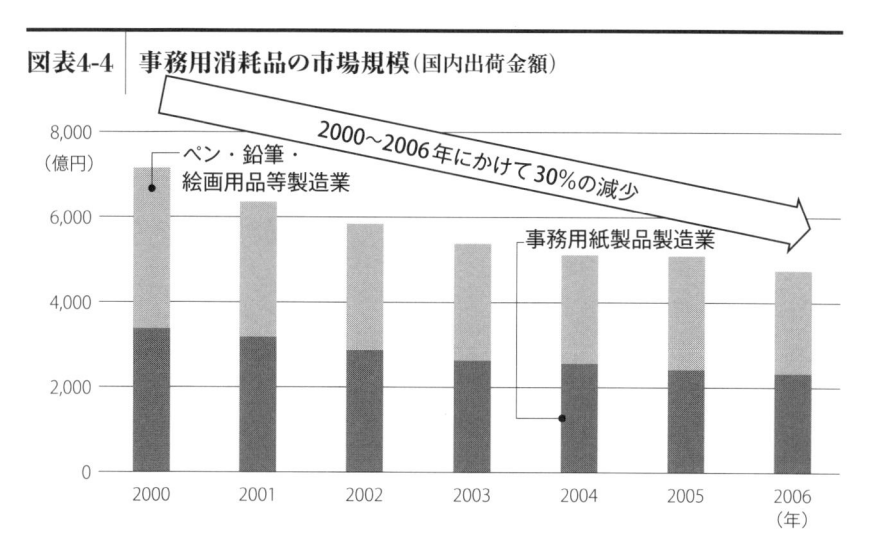

図表4-4 事務用消耗品の市場規模（国内出荷金額）

2000～2006年にかけて30%の減少

ペン・鉛筆・絵画用品等製造業

事務用紙製品製造業

出所：経済産業省「工業統計表」

はコピーとオートリースについて述べる。

●──コピー

　基本的なコスト構造は大きく本体価格と月々のチャージ料金に分けられる（**図表4-5**）。
　本体の調達については買い取りのほかに、リース形式も多い。リースの場合は本体機器の購入価格に金利やリース会社の販管費・利益などが加わる。本体機器の価格は基本的にスペックに比例する。価格への影響が大きいのは印刷の速度（1分間に何枚の印刷が可能か？）またフィニッシャーなどのオプションも価格を左右する。「定価」はあるものの、多くのメーカーにとって納入することが重視され、大幅な値引きも珍しくない。チャージ料金については月々のコピーやプリンターの使用枚数（カラー／モノクロ別）ごとに一定の単価を乗じたものが保守点検費用という名目で請求される。

図表4-5　コピー費の価格ドライバー

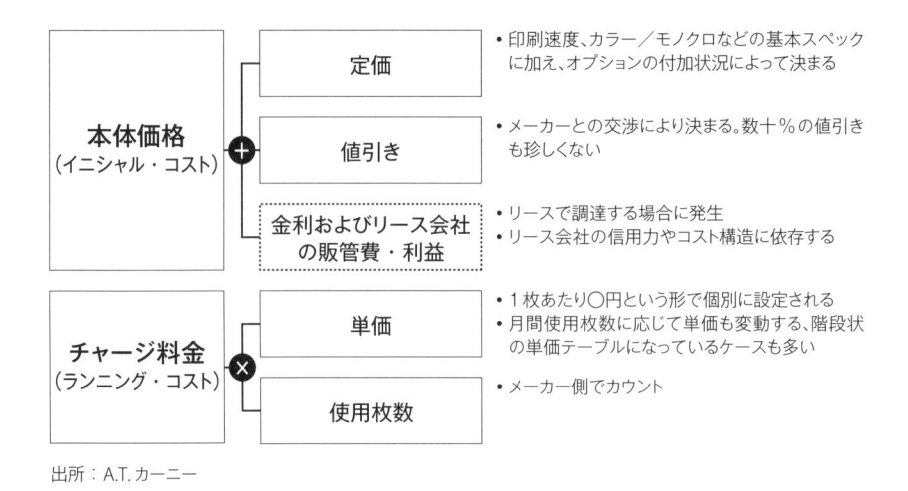

本体価格（イニシャル・コスト）
- 定価
  - 印刷速度、カラー／モノクロなどの基本スペックに加え、オプションの付加状況によって決まる
- 値引き
  - メーカーとの交渉により決まる。数十％の値引きも珍しくない
- 金利およびリース会社の販管費・利益
  - リースで調達する場合に発生
  - リース会社の信用力やコスト構造に依存する

チャージ料金（ランニング・コスト）
- 単価
  - 1枚あたり〇円という形で個別に設定される
  - 月間使用枚数に応じて単価も変動する、階段状の単価テーブルになっているケースも多い
- 使用枚数
  - メーカー側でカウント

出所：A.T.カーニー

●——オートリース

　リースにはいくつかの形態がある（**図表 4-6**）が、オートリースの場合はメンテナンスリースと呼ばれる形態が一般的である。

　メンテナンスリースを前提にした場合、オートリースのコストは本体価格、税金および保険料、メンテナンスコスト、金利、リース会社の販管費・利益に大別される（**図表 4-7**）。このうち本体価格はリース会社の調達力に依存する部分が大きく、規模の大きいリース会社ほど有利になる傾向がある。また、再リース時には減価償却が終了しているためコスト負担は大幅に減るはずである。

| 図表4-6 | リースの種類 |

ファイナンス リース	• ユーザーが契約対象物を選定し、リース会社がそれを購入しリースする。あらゆる設備・機械類が対象になる • 物件の購入金額および諸経費はすべてリース料により支払われる（フルペイアウト） • 物件の修繕・維持・保守などの管理は顧客の管理下 • リース期間は法定耐用年数に依存し、中途解約はできない
メンテナンス リース	• ファイナンスリースのスキームに物件の修繕・維持・保守サービスを付加したもの。これにより、ユーザーは物件の日常管理業務から解放される • オートリースに多い形態
オペレーティング リース	• 会計上は「ファイナンスリース取引以外のリース取引」 • 中古価格を残存価格として見込むことでリース料を安くすることができる。反面、対象は汎用性が高く中古市場が確立されたものに限定される • 一定期間後は中途解約可能。柔軟なリース期間の設定により、ユーザーは設備の陳腐化に対応可能

出所：A.T. カーニー

| 図表4-7 | オートリース（メンテナンスリースの場合）のコストドライバー |

本体価格	• リース会社による交渉力の差が出やすい。またオプションによっても変動する • リース期間中に償却される
税金および保険料	• リース会社による差は出にくい
メンテナンスコスト	• 定期的な点検やタイヤ交換などにかかわる作業コスト • サービスレベルやリース会社の交渉力により変動する
金利	• リース会社の資金調達力に依存する。信用力（格付け）の高いリース会社ほど有利
リース会社の 販管費・利益	• リース会社のコスト構造と、借主の交渉力により変動する • 買取の場合は発生しないコスト

出所：A.T. カーニー

Section 4 コスト削減のフレームワーク

◉── サプライヤーマネジメント

サプライヤー間の代替性が高いため、サプライヤーマネジメントが基本となる。具体的には、次のようなアプローチなどが考えられる。

- 新規サプライヤーを交えたコンペを実施する。たとえばオートリースについては多数のサプライヤーが存在するが、規模の経済が働きやすいため、新規サプライヤーとして大手のリース会社を加えるとよいだろう。また事務用消耗品の場合は小売業者（文具店・通販業者など）を対象としたコンペになる。
- 最終的に採用するサプライヤー数は大幅に絞り込む。コンペの際には現状スペックを前提にした提案に加えて、自社の利用状況に応じたスペック見直しの提案も要求するとよいだろう。これにより後述のユーザーマネジメントの検討が進めやすくなるはずである。
- 発注窓口の一元化や、年間発注量をまとめて交渉するなどして、ボリュームディスカウントの獲得を狙う。

◉── ユーザーマネジメント

社内／社外双方の視点で、客観性を持ちながらスペックや量のバラツキを可視化することが有効である。まず社内については、ほとんどの諸費項目は単一部署ではなく多くの部署で発生している。したがって、条件の近い部門同士を比較することでスペックや量のバラツキが明らかになる。たとえば、オートリースであれば各部門の稼働率を分析することで、車両の台数ガイドラインを定量的に検討することができる。あるいは、車のグレードやオプショ

ンの付加状況を横並びで検討することで過剰スペックの部門が特定できる可能性もある。さらに、可能であれば他社（世の中一般）との比較も有効である。

また、リースで調達しているものについては買い取りとの比較検討もすべきであろう。たとえば**図表4-7**にあげられているコスト項目のうち、リース会社の販管費・利益は買い取りの場合は発生しないし、金利についても自社の信用力が高い場合は買い取りの方が安くなる可能性がある。一方で、自社で買い取りをした場合に新たに発生する内部コストもあるはずなので、それらを勘案しながらトータルでのメリット／デメリットを判断すべきである。

Section 5　実行上のポイント

●──交渉窓口の集約

諸費の品目については、調達情報が各部門でバラバラに管理・交渉されているケースが多い。経理上は管理されていても、たとえばコピーチャージ料金の単価テーブルやオートリースの利用状況などの情報は現場にしかない状況ではないだろうか。交渉窓口となる部門を決めた上で、交渉や社内の意思決定に必要な情報は一元化することがまず重要である。

●──リース期間の考慮

コピー機本体をリースしている場合やオートリースについては、リース期間を考慮に入れた取り組みが必要である。というのも、リース期間中の解約はペナルティを伴うケースが一般的である。したがって、仮に現行サプライヤーよりも割安な価格を提示し、品質的にも問題がない新規サプライヤーを見つけたとしても、ペナルティを上回るメリットがない限りは段階的な切替

のケースとなる。

◉──客観性・納得性の担保

　前述のとおり、ともすれば精神論的なケチケチ運動になりがちな分野のため、基準の客観性や納得性を意識することが重要である。

◉──早期決着を目指す

　他の費目と比べると削減のインパクトが大きく関連する部門も多いが、一方でサプライヤーの代替性が高く交渉難度は高くない傾向にある。財務上のインパクトもさることながら、特に全社的にコスト削減に取り組む場合は、諸費項目で早期に大きな成果を出すことで全体の変革のムーブメントを醸成することが期待できる。

第5章 【費用項目別アプローチ③】物流費

　物流費は、企業が事業活動を行なう上で、そのビジネスチェーンのあらゆるところで発生する「物」の保管や移動にまつわる費用である。その中でもメインは原材料を工場へ運んだり、製品を販売店や顧客のもとへ届けるといった実際の輸送コストと在庫等の保管費用である。加えて、その過程で行なわれる荷役作業費や仕分け作業、梱包資材・梱包作業費、流通加工にかかわる費用、情報システム使用料などから物流費は構成される。また、ビジネスチェーンのどこで現れるかによって、調達物流、製造物流（横もち）、販売物流と付随する販促品の物流、返品や回収・リサイクルにかかわるリバース物流といった区分で整理される（図表5-1）。

　このように、ビジネスチェーンのありとあらゆるところに現れる物流費であるがゆえに、その支出規模も大きく、社団法人日本ロジスティクスシステム協会の2007年度物流コスト調査によると、調査対象全業種平均で売上高比約5％と間接材コストの中でも大きな比重を占めている（図表5-2）。

　もちろん、会社によって物流費として計上している中身に違いがあったり、費用の中には、自社保有の倉庫や自社で直接雇用している物流関連の人件費といった社内物流費が含まれている可能性も高いが、相当額の費用が物流費として外部サプライヤーへ支払われていることに変わりはない。また当然ながらネット小売事業者等ではその比率は10％以上と大幅に大きくなり、物流費マネジメントの巧拙が事業パフォーマンスに直結する状況となっている。

図表5-1　物流費の内訳と物流の種類

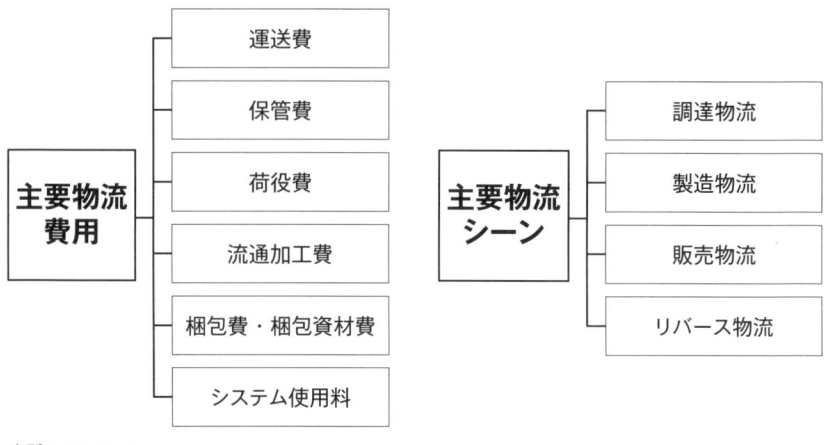

```
                  ┌─ 運送費
                  ├─ 保管費
主要物流費用 ──────┼─ 荷役費
                  ├─ 流通加工費
                  ├─ 梱包費・梱包資材費
                  └─ システム使用料

                  ┌─ 調達物流
主要物流シーン ────┼─ 製造物流
                  ├─ 販売物流
                  └─ リバース物流
```

出所：A.T.カーニー

図表5-2　売上高物流費比率の推移

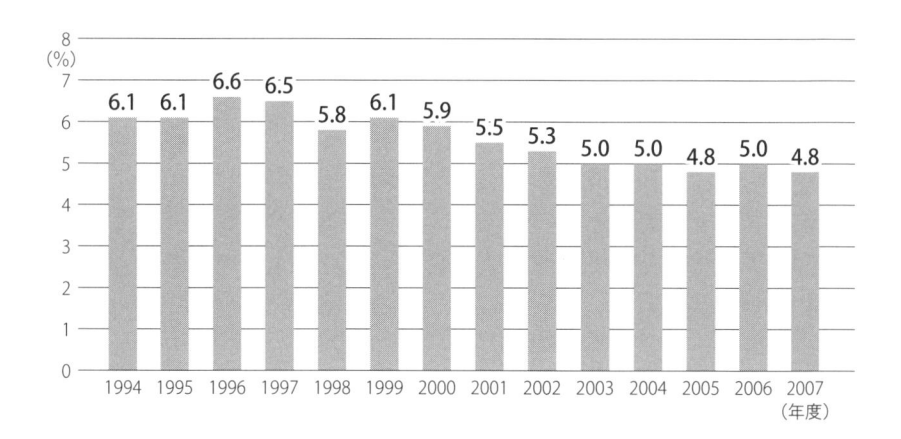

年度	1994	1995	1996	1997	1998	1999	2000	2001	2002	2003	2004	2005	2006	2007
(%)	6.1	6.1	6.6	6.5	5.8	6.1	5.9	5.5	5.3	5.0	5.0	4.8	5.0	4.8

出所：社団法人日本ロジスティクスシステム協会「物流コスト調査報告書」2007年度

物流費は前述のようにさまざまなサービスの集合体であることに加え、輸送ひとつとっても、船舶、航空、鉄道、トラックとさまざまなモードからなり、さらに、トラック運送ではチャーター便、路線便（積合わせ便）、宅配便等利用可能な輸送手段は多種多様にわたっており、そのコスト適正化は一大作業となる。

　それがゆえに、90年代以降わが国においても、売上、原価に続く第三の収益源として、ロジスティクス革命や近年のSCM（サプライチェーンマネジメント）活動の一環として物流費の削減活動は行なわれてきた。その流れの中でわが国においても、米国での先進事例に追随する形で、3PL（サード・パーティ・ロジスティクス）といった利用運送業者を活用した物流費の削減についても積極的に行なわれてきている。また、実際、これまでにも、そういった趣旨のビジネス書も多数出版されている。

　本書では、より短期的に成果をあげられるサプライヤーマネジメントを中心に解説し、SCMの高度化といった仕入先や販売先を巻き込んだ物流費のトータルでの削減手法に関しては、ユーザーマネジメントの範疇で一部触れるにとどめたい。

Section 1　物流コストにおいて陥りがちな罠

●——業務のブラックボックス化

　物流部門が元締めとなってすべての物流業務をコントロールした上で、外部サプライヤーを活用しているのであれば、原価明細を十分に把握できるであろうが、多くの場合、運送は運送会社へ、保管・荷役は倉庫会社へ業務委託しているケースが多い。場合によってはすべての物流関連業務を3PL業者に委託している。委託当初は両者で適正な工数を握り、適正な価格で契約

を結んでいたとしても、その後の業務の効率化や物量の変動にあわせて契約内容を適宜見直していかなければ、割高な発注に陥ってしまう危険性が高い。物流費と一口に言っても前述のとおり多種多様な業務が含まれており、実際の業務内容は受託元でしかわからずブラックボックス化しがちであることを考えると、その危険性はますます高くなる。

　もし、従価料金方式での委託契約であれば、通過物量の変化が委託先のコスト構造にどういった影響を与えるか、慎重に検討する必要がある。どんな業務においても一定の固定費部分が存在しており、物量が増加すると委託先に規模の経済が働き、値下げ余地が生じる。ただし、残念ながら最初に契約で縛っていない限りは、委託先から値下げ提案が来ることはまず期待できない。逆に物量が減少した場合は、委託先の収支が厳しくなり、すぐさま価格改定の依頼が来ることとなる。

　本来3PL業者を活用する意義は、3PL業者に業務効率化のインセンティブを与え、専門家の知見を活かしてもらうことで、トータルの物流コストを引き下げることである。通常ゲイン・シェアリングといった形でそのコスト削減の果実は両者で分け合うこととなるのであるが、それが、一方に偏りすぎていないかをチェックすることが必要である。

●──切り替えの手間

　委託業務自体のブラックボックス化や配送先の細かな条件への対応といった文書化されていない対応、さらには在庫管理や営業情報とのデータ連携といった情報システム面での委託など、さまざまな面で委託先への依存度は必然的に高くなる。一方、物流は事業運営と一体で業務が滞ることは許されない。その結果、大幅な物流システムの見直しにでも取り組まない限り、担当者からすると、既存業者の切り替えを前提とした価格交渉は行ないにくい。

　これは調達交渉の常であるが、業者切り替えのハードルが高い場合では、割高な状態が潜んでいる可能性が高い。

●──発注の分散

　南北に細長い日本であるがゆえに、販売物流においては、いくつか営業倉庫を構え、各地域単位で物流を取り仕切ることになるケースは多い。また、事業部門間でもそれぞれ独自に物流業務を発注する場合は多い。そういったケースでは、発注者間で価格差が生じることになる。これは、サプライヤー側でも営業拠点による対応の違いがあったり、見積もり基準の微妙な差などに起因する。たとえば、小口配送などで距離区分やサイズ区分が業者間で異なっていたりして単純に比較できなかったり、特定サイズの特定距離では安いが他は高いといった価格の"でこぼこ"が生じているケースも多くある。

●──多重構造

　運送業務で気をつけるべきポイントは、その多重構造である。規制緩和により運送会社は増加したが、多くは直接荷主と取引がなく、大手の運送会社の下請けとして荷物を運んでいる業者である。物量の変動に対し臨機応変に対応できるという面では、元請けとしての大手業者は安心感が高い。しかしながら、中間業者が入れば入るほどコストは高くなるのは世の常であるので、その元請け業者が手数料に見合う仕事をしているかどうか、見極める必要が出てくる。そのベースとなるのは、支払額と輸送原価の差分を押さえることであるが、車両費、人件費といった固定費とガソリン代、高速料金といった変動費を積み上げていくことで原価を推定していくことは可能である。
　これまで多くの企業で物流費のコスト削減に取り組んできていると思うが、このような構造的な問題を内在しているため、まだまだ取り組みが不十分なケースも多く、依然コスト削減効果の大きい分野であると言える。
　本書ではさまざまな構成要素からなる物流費の中でも、トラック運送費と保管・荷役費を中心にコスト削減の考え方を説明する。

Section 2 業界分析

●──業界構造

　国内の物流市場規模は総費用ベースで見ても、輸送貨物量で見ても縮小傾向である。一方で国際貿易は堅調で、日本発着のコンテナ貨物取扱量は着実に伸びてきている。これは、自動車を筆頭とする生産の海外移転に伴う生産設備や部品等の輸出の増加や、衣料品等に多く見られる商品の海外からの調達の増大によるものと推察される（**図表5-3、5-4**）。

　物流費の主要対象となるトラック運送業では、規制緩和の影響もあり業者数は大幅に増加した。日本通運や西濃運輸といった大手事業者は存在するものの小規模事業者が乱立し、非常にフラグメントな業界構造となっている一方で、宅配便に代表される小口の積合わせ貨物輸送においては、ヤマト運輸・佐川急便・日本通運などの大手による寡占化が進んでいる。

　倉庫業においても小規模事業者が乱立したフラグメントな業界構造となっている。社団法人日本物流団体連合会の調べでは、2006年度において4,000を超える倉庫業者のうち90％強が中小事業者となっている。

　最初に述べたとおり市場規模自体は緩やかな減少傾向をたどる中、業者は中小を中心に増加してきており、過当競争状態となっており、買い手市場は当面続くと考えられる。

●──市場トレンド

　トラック運賃（積合わせ、貸切）、倉庫コストともに低下傾向にある（**図表5-5**）。下落傾向は止まりつつあるが、景気の低迷に合わせ再び下落傾向となる可能性もある。

　ただし一部トラック会社に見られる過酷な労働状況を勘案すると、単純な

figure 5-3 | 日本の物流市場規模

国内の貨物輸送量
(億トン)

年度	1991	1992	1993	1994	1995	1996	1997	1998	1999	2000	2001	2002	2003	2004	2005	2006	2007
億トン	69	67	64	64	66	68	67	64	64	67	62	59	57	56	55	54	54

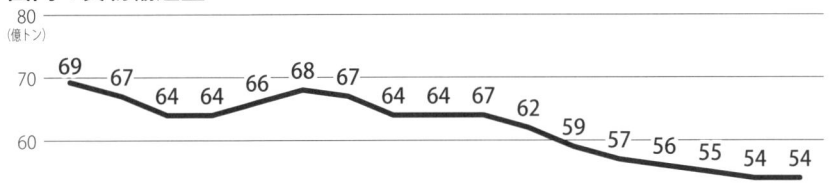

出所:『数字でみる物流』(社団法人日本物流団体連合会)

日本の物流市場規模(総物流費用)
(兆円)

年度	1991	1992	1993	1994	1995	1996	1997	1998	1999	2000	2001	2002	2003	2004	2005
兆円	50	48	47	46	47	48	48	46	45	44	42	41	41	42	42

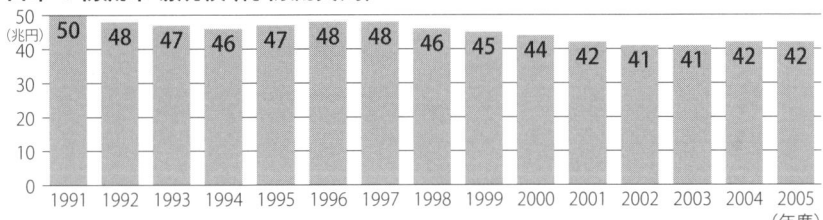

注: 総物流費用には、輸送コスト(営業輸送コスト＋自家用トラック輸送コスト)、保管コスト(保管料、庫内作業、在庫の陳腐化・金利)、物流管理コスト(物流管理者の人件費等)を含む。
出所: 社団法人日本ロジスティクスシステム協会「物流コスト調査報告書」2007年度

figure 5-4 | 日本の輸出入コンテナ取扱量
(億トン)

年	1991	1992	1993	1994	1995	1996	1997	1998	1999	2000	2001	2002	2003	2004	2005	2006
億トン	1.2	1.3	1.3	1.5	1.6	1.6	1.7	1.6	1.7	1.9	1.8	1.9	2.0	2.3	2.3	2.4

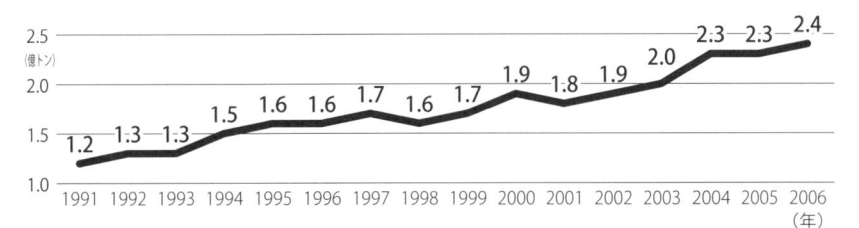

注: 輸出コンテナ貨物と輸入コンテナ貨物の実入りコンテナと空コンテナとの合計値。
出所: 国土交通省『港湾統計年報』

図表5-5 トラック輸送・倉庫費用価格指数の推移

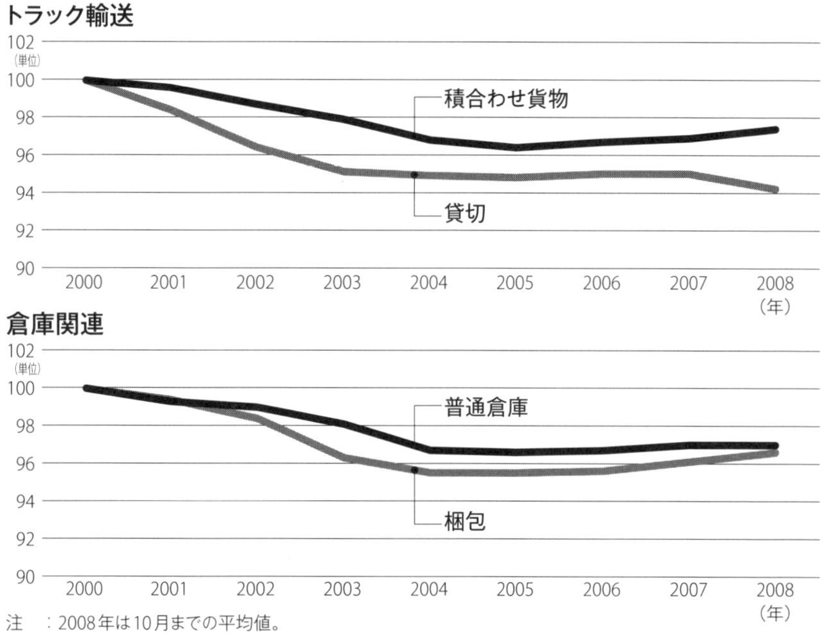
トラック輸送
102
(単位)
100
98
96
94
92
90
積合わせ貨物
貸切
2000
2001
2002
2003
2004
2005
2006
2007
2008
(年)
倉庫関連
102
(単位)
100
98
96
94
92
90
普通倉庫
梱包
2000
2001
2002
2003
2004
2005
2006
2007
2008
(年)

注　：2008年は10月までの平均値。
出所：日本銀行「企業向けサービス価格指数」

運賃の引き下げというより、原価に見合った適正な価格であるかどうかや、積載率の向上を通じた輸送単価の引き下げといった視点での取り組みが重要である。

ちなみに、物流業者が力を入れているサービスとして、運送会社が手掛ける引越しサービス、宅配業者が手掛けるメール便や、倉庫会社が手掛ける文書保管などのサービスが存在する。これらは、多くは総務部門が窓口となる間接材となり、本書での分類では諸費に含まれが、各社の注力事業でもあり、しっかりとした交渉をすることで費用の見直しが図れると考える。

Section 3 コスト構造・ドライバー分析

　トラック運送や保管・荷役業務は、一部切り替えの手間の低い業務もあるが、基本的に切り替えコストがかかる費目であるゆえに、コスト構造・ドライバーを理解し原価を抑えることは重要である。ただし、積合わせ運賃や、宅配便の料金は複数の顧客に対するサービス料金であるので、別の基準を考

図表5-6　チャータートラックのコスト構造

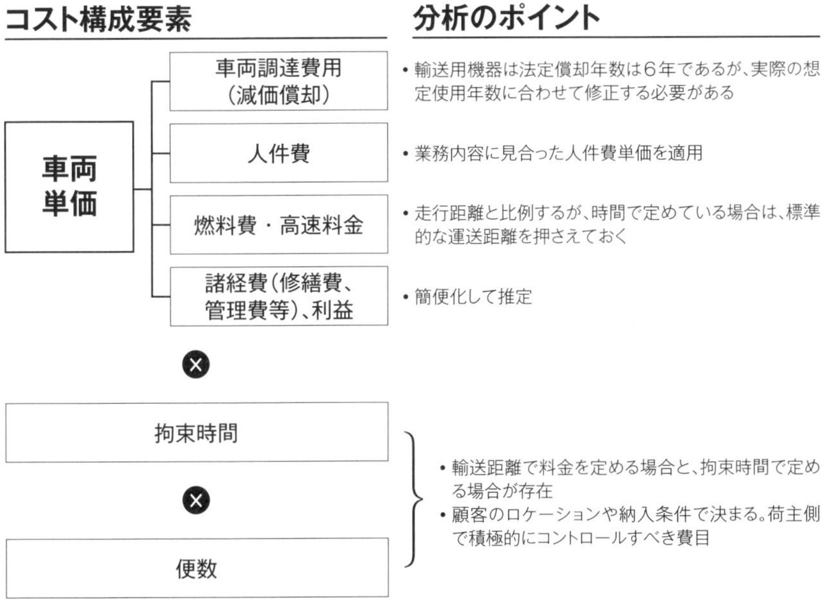

コスト構成要素

車両単価
- 車両調達費用（減価償却）
- 人件費
- 燃料費・高速料金
- 諸経費（修繕費、管理費等）、利益

×

拘束時間

×

便数

分析のポイント

- 輸送用機器は法定償却年数は6年であるが、実際の想定使用年数に合わせて修正する必要がある
- 業務内容に見合った人件費単価を適用
- 走行距離と比例するが、時間で定めている場合は、標準的な運送距離を押さえておく
- 簡便化して推定

- 輸送距離で料金を定める場合と、拘束時間で定める場合が存在
- 顧客のロケーションや納入条件で決まる。荷主側で積極的にコントロールすべき費目

出所：A.T.カーニー

える必要がある。

　まず、貸切トラック（チャーター便）費用について見てみると、基本的なコスト構造は大まかに車両単価、拘束時間（距離）、便数に分解できる。車両コストはさらに減価償却、人件費、燃料費・高速料金、修繕費、その他経費・利益に分解できる（**図表5-6**）。この積み上げ計算した原価が価格の適正度合いを計る一つの基準となる。

　一方、積合わせの場合は、上記単価に加え、積載率の要素が入ってくるため、自社が受けるサービスのコストを推定することは難しい。原価算定の代わりに、タリフと呼ばれる基準運賃をベースに適正価格を考えることになる。積合わせ運賃（旧路線運賃）は規制緩和により、かつての認可制から事前届出

図表5-7　保管・荷役のコスト構造

コスト構成要素		分析のポイント
スペース代	単価	・坪単価相場から想定。倉庫機能の差による価格差も勘案
	面積	・必要面積は、荷姿や積み上げ段数、天井高を想定し算定
＋		
人件費	単価	・管理者、作業者あるいは社員、パート／アルバイトに分けて考える。単価は職種毎に推計
	人数	・必要人数に関しては、作業スピード等を念頭に作業別に推定する
＋		
諸経費（光熱費、資材費、管理費等）、利益		・簡易的に一定の比率を想定

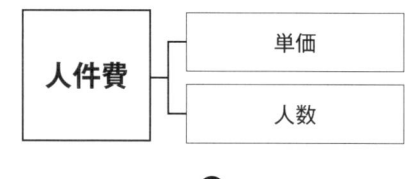

出所：A.T.カーニー

制に変わり、さらに2003年に施行された改正トラック事業法により運賃規制は事後届出制に緩和された。とは言うものの現状でも、過去の認可運賃または届出運賃をベースに、これらに対し何%の水準にするかという交渉が一般的であり、現状の取引がどの運賃が基準でそれに対し何%の水準になっているのかを世の中の水準と比較することで現状の大まかな運賃レベルは把握できる。

　また、保管・荷役のコストは基本的にスペース代、人件費に分解できる（**図表5-7**）。スペース単価は、その倉庫が持っている付加機能によって大きく差がつく。最新の流通倉庫と単なる平積み倉庫ではスペース単価が異なって当然であるが、地域毎に相場が存在するので単価自体は容易に比較可能である。

　人件費についても単価は、その業務内容により、推計可能である。しかしながら、必要面積、必要人数に関しては、実態を精査の上スペースの活用状態や、作業効率を勘案しながら適正化を図る必要がある。

Section 4　コスト削減のフレームワーク

●──サプライヤーマネジメント

　現状の委託内容を是とする場合は、基本的にサプライヤーマネジメントのアプローチを取る。競争の激しい業界であるので、丹念にサプライヤーを選定し競争原理を導入することで適正水準に持っていくことが重要である。他の費目同様に、発注元が分散している場合にはその一元化を行ない、ボリュームディスカウントを取っていくことは、積合わせ便や宅配便においては有効である。チャーター便においては、地場系の業者も含めた相見積もりに加え、各種調査資料で公になっている基準運賃からの割引率情報も併せて伝えるこ

とで、交渉を優位に進めていくことが可能となる。

　いずれにしても、配送先情報や時間制約等がサプライヤー側のコスト試算の上で重要となってくるので、事前に業務要件をきちんと整理しておくことが重要となる。ただし、運賃単価についてはぎりぎりのラインまで落ちてきているケースもあり、その場合は崩すことのできない運送条件等を伝えた上で、運送業者側に効率的な運送手立てを提案させることも有効である。ただし、ドライバーに配送先で特殊な作業を依頼していたり、特殊品の運送においては、業者の代替性が極端に低くなるので、後述のユーザーマネジメントの発想が必要である。

　保管・荷役業務においては、まず、スペース単価の妥当性を相場単価と比較し評価することになる。各地域の相場と比較したり、代替スペースの可能性を調査した上で、契約期間を踏まえ既存業者と交渉することになる。場所を移すとなるとそれ相応の移転コストがかかるため、既存業者の価格を適正水準にするのがベストであるが、トータルコストを考え、一時的な手間を惜しまないという強い姿勢が重要となる。

　荷役業務においても、新規業者との比較やコスト要素を積み上げた原価推計を行ない交渉を進める。その際、契約で定めた人員が稼動しているかどうかをしっかりと確認する必要がある。なぜなら、業者側で効率化を進めた結果、必要人員が減少しているケースも存在するからである。

　もう一点押さえておくべき切り口に価格体系がある。倉庫業者や3PL業者と委託契約を結ぶ場合、最低保障金額付の従価料金方式となることが多い。この場合、想定物量と実際の物量に差が出たり、想定以上の物量変動が生じると、委託先との間で不公平が生じることが多々ある。こういったケースでは両社の交渉のもとお互いの損得がバランスするよう料金体系を修正する必要がある。

●──ユーザーマネジメント

　物流の領域は本来、ユーザー側の工夫や業務の高度化次第では、大幅なコスト削減余地が見出せるエリアであるが、それには、本格的なサプライチェーン改革が必要となることが多い。在庫をミニマム化すれば当然、在庫スペー

図表5-8	ユーザーマネジメント発想に基づくコスト削減の切り口
運送・配送費用	・納入リードタイムの拡大による緊急出荷の削減 ・着荷時間の拡大による必要便数の削減 ・安全サイドに持たせている冗長性の適正化による便数の削減 ・顧客負担の拡大による自社負担削減（競合のサービス水準までの引き下げ）
倉庫・荷役費用	・長期滞留在庫の処分による保管スペースの削減 ・臨時使用や一時の繁忙期用に確保しているスペースの返却 ・納入リードタイムの拡大による倉庫拠点の集約による在庫削減、荷役費用の削減 ・小分けピッキングや過度なアソートメントの排除 ・海外（輸出国）での小分け・アソート実施による作業単価削減

出所：A.T.カーニー

スは不要となるわけであるし、情報連携が高度化されれば、緊急出荷といった対応が削減され、運送コストの削減につながるといった具合である。そういった大掛かりな改革は、本書のカバーする範囲を逸脱するので、ここでは、短期的に効果をあげられるユーザーマネジメントのポイントを列挙するにとどめる。

図表5-8に示すように、物流サービスレベルに手を加えることで、運送・配送費用、倉庫・荷役費用ともにコスト削減の可能性は広がる。サービスレベルに手を入れていくためには、当然顧客サイドの同意を得なくてはいけない話ではあるが、トータルでの効果を見極めながら実現可能なものから着手していく。

第6章 【費用項目別アプローチ④】施設管理費

　警備、清掃、設備管理からなる施設管理費用は、いずれの企業においても見え難いコストではあるが、実は、間接材コストの中でも大きな支出割合を占めているコストでもある。店舗、支店、営業所として使用している自社物件もしくは一棟借りしている物件、研究開発施設、賃貸収入を計上している事業用不動産など多くの企業で少なからず発生している費用であり、事業の成長に伴って増加する拠点数に比例して増えていくコストである。

　本章では、まず施設管理全般について説明し、その上で、清掃・警備・設備管理のそれぞれについて、コスト削減のポイントを説明していきたい。

Section 1　施設管理全般のコストについて

◉──陥りがちな罠

　基本的に、削減が後手に回りやすい構造となっていると言える。賃借料と同様に発生をあらかじめ見込んで拠点を新設していくため、予算以内に収まってしまうと拠点開設後は当該拠点での売上拡大やオペレーションの安定に注意が向いてしまい、しばらくの間はコスト削減への関心が向かないという特徴がある。

　また、施設管理費の契約は本社が取りまとめている企業が多く、各拠点では本社費と同様に固定費として見なし、これを賄えるだけの収益を計上しなければならないという捉え方をしている傾向がある。そのため、実際にサービスを利用している各拠点側で委託先の役務に対する費用対効果を検証し、コストと品質の妥当性をチェックすべき状況でありながらも、関心が高まり難い。一方の本社は、各拠点の実情がわからないため極端な場合は本社と一律の仕様で全国の各地域を委託してしまい、拠点単位で見ると過剰スペックに陥ってしまっていることも少なくない。また、拠点ごとに過剰な仕様を判断していくだけの業務体力と施設管理に関する知見が不十分であったり、見直した場合に現場からクレームが上がることを恐れてしまうなどの理由から本社主導で仕様の見直しに踏み切れず、契約当初の仕様が長期間にわたって見直されていない状況も多々見られる。

　こうした状況に加えて、年間契約でかつ自動更新となっているのが一般的であるため、価格の見直しが行なわれ難く、コスト高に陥ってしまうことが多い。

　さらに、市場価格が把握できない原価特性を持っていると言える。施設管理は清掃、警備、設備管理で構成されるわけだが、いずれもオーナーの施設の構造や施設の運営方針に適した仕様を個別に作り込んで価格が形成される。

しかも、原価の構成要素のほとんどが労務費であるため、実行体制や稼働時間の妥当性が判別できない。このような特性を有しているために市場価格が形成されず、価格の妥当性がわからない構造となっている。加えて、発注後は契約時に作成した仕様を超える要請を出すことも多く、これをサプライヤーに受け入れてもらった現場は"使い勝手の良さ"を理由に切り替えを拒む傾向が生まれる。そして、使い勝手の良さが口頭での安易な追加要請と実績管理の甘さを招き、契約時の仕様書と実際に委託している仕様との乖離が進んで現状価格の妥当性がわからなくなっていくという悪循環に陥るのである。

●──施設管理において発生する委託費の分類

施設管理では主に日常清掃、定期清掃、常駐警備、イベント警備、機械警備、設備保守、修繕・営繕工事といった業務で委託が行なわれ、これら全体を総合ビルメンテナンス会社に一括発注している企業が比較的多い。特に、全国展開している企業の場合はすべての業務を地域単位で個別に発注すると管理コストが大きくなってしまうという認識から、窓口を一本化でき、品質水準を統一できる大手サプライヤーに一括発注する傾向がある。

●──事業特性によって異なる重要視されるポイント

商業施設は顧客接点が生じるので清掃と警備に対して顧客に対するマナーを重視しており、これらに対する教育が重要なポイントとなる。一方、一般オフィスビルは利用者との接点が少ないため、清掃や警備に対して求められる要件は少ない分、相対的に設備管理能力の高さが問われる傾向にある。また、最近ではCO_2削減に向けた施設管理の提案力の高さがより重要視され始めている。

●──業界構造

ビルメンテナンス業界は上位10社の売上合計で見ても市場シェアは20%

図表6-1　ビルメンテナンス業界大手10社のシェア（2006年度）

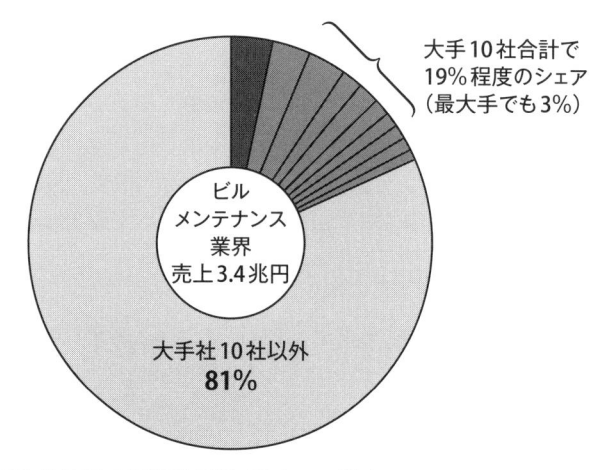

大手10社合計で19％程度のシェア（最大手でも3％）

ビルメンテナンス業界 売上3.4兆円

大手社10社以外 **81％**

出所：日本ビル新聞社『ビルメンテナンスの積算&見積』、A.T.カーニー調べ

程度でしかなく、いわゆる参入障壁が低い多数乱戦業界として発展してきている業界である（**図表6-1**）。

　清掃や警備は、労働集約的なビジネスであるが、高度な技術力が求められているわけではなく、比較的容易にサービス提供が可能な水準まで教育ができ、受注力さえあれば事業が成り立つために、比較的参入障壁が低いビジネスと言える。

　設備管理についても、技術力が必要な業務ではあるが施工したゼネコンや設備メーカーの系列保守会社に実質的には再委託を行ない、マージンを上乗せしてオーナーに請求するという運営が行なわれてきたことが参入障壁を押し下げてきた要因であったと言えよう。しかし2000年頃から本格化した不動産証券化の拡大を受けて、利回りの向上のためのコスト削減要請が一気に増大し、市場規模は1999年以降それほど拡大していない（**図表6-2**）。

　また、サプライヤーの企業規模を見てみると、売上高が10億円未満の企業が全体の約7割を占めており、建設業と同様に地場のサプライヤーに再委託する慣行を持つ業界である（**図表6-3**）。

図表6-2 ビルメンテナンス市場規模の推移

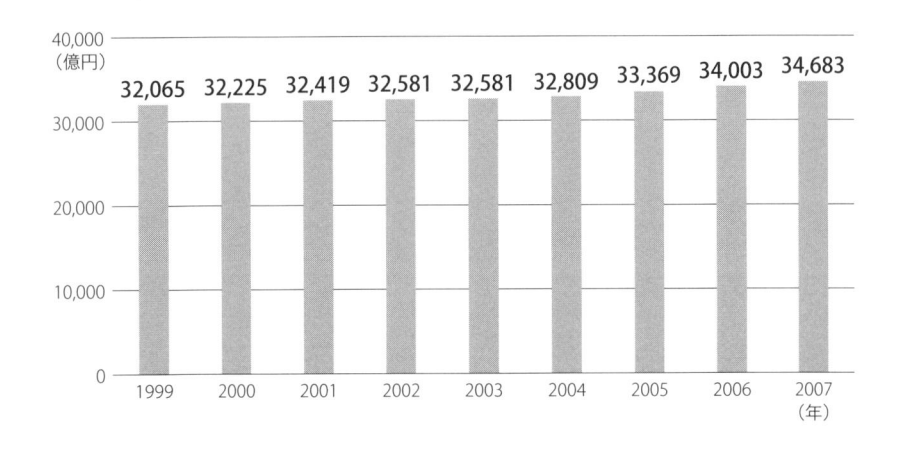

年	市場規模(億円)
1999	32,065
2000	32,225
2001	32,419
2002	32,581
2003	32,581
2004	32,809
2005	33,369
2006	34,003
2007	34,683

出所：社団法人全国ビルメンテナンス協会HP

図表6-3 ビルメンテナンス業者の年間売上高

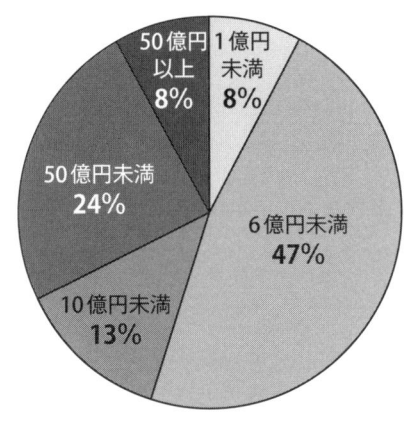

区分	割合
1億円未満	8%
6億円未満	47%
10億円未満	13%
50億円未満	24%
50億円以上	8%

注：2008年6月実施調査においての有効回答数973社が対象。
出所：社団法人全国ビルメンテナンス協会「実態調査報告書No.39」よりA.T.カーニー作成

Section 1 ● 施設管理全般のコストについて

図表6-4　人件費・減価償却費比率

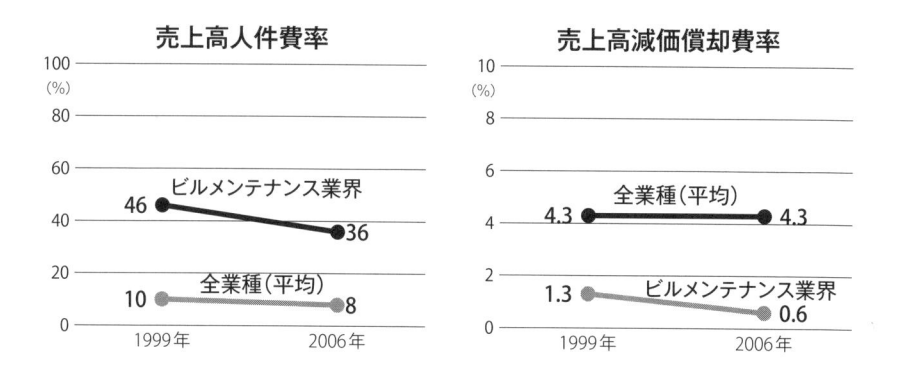

売上高人件費率
- ビルメンテナンス業界：1999年 46 → 2006年 36
- 全業種（平均）：1999年 10 → 2006年 8

売上高減価償却費率
- 全業種（平均）：1999年 4.3 → 2006年 4.3
- ビルメンテナンス業界：1999年 1.3 → 2006年 0.6

注1：全国5市場上場企業の平均値。
注2：売上高減価償却費率（2006年）のみ連結指標。他は単独指標
出所：『日経経営指標〈全国上場会社版〉』日本経済新聞出版社（2002年・2008年）

図表6-5　地域別月額モデル賃金（一般清掃の例）

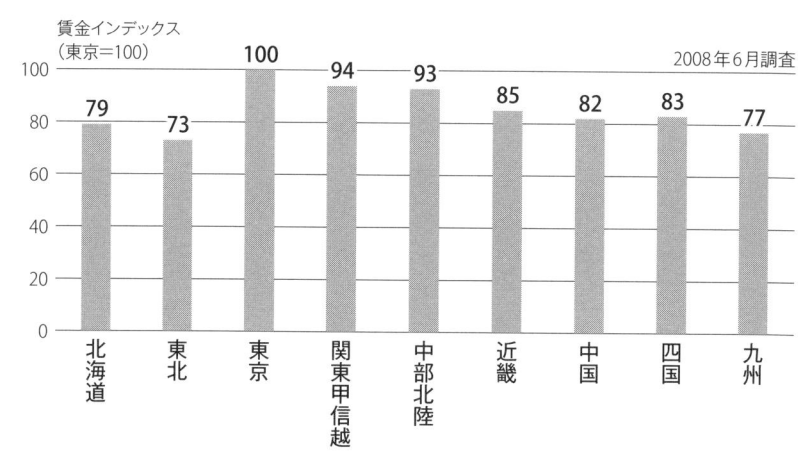

賃金インデックス（東京＝100）　2008年6月調査

地域	インデックス
北海道	79
東北	73
東京	100
関東甲信越	94
中部北陸	93
近畿	85
中国	82
四国	83
九州	77

出所：社団法人全国ビルメンテナンス協会「実態調査報告書No.39」（2008年6月調査）よりA.T.カーニー調べ

●──施設管理に共通するコストドライバー

ビルメンテナンス業界は全業種平均と比較すると売上高人件費比率が約4倍となっているのに対し、売上高減価償却費比率は1999年には約1/3であった比率が2006年には約1/7（**図表6-4**）となっており、他の産業と比較して労働集約度が極めて高いビジネスとなっていることがわかる。したがって、規模の経済が働き難く、地域別の人件費水準の影響により価格がばらつく傾向にある。

人件費水準は、地域によって大きくバラツキが見られ（**図表6-5**）、地域別の単価水準をそれぞれの地域で実現されることがポイントとなる。

●──施設管理全体に共通するコスト削減の切り口

清掃、警備、設備管理に共通するコスト削減の切り口は大きく二つ存在する。

①**地域特性を十分に踏まえ、地域別に委託先を柔軟に選択することと併せて、地域別の人件費単価を反映することが必要。**
②**人件費主体であるため、規模の経済が効き難い。各物件の特性を踏まえた効率的な個別仕様の検討が必要。**

以上が施設管理全体の動向であるが、以下では施設管理を構成する清掃、警備、設備管理について、それぞれ固有の業界構造やコスト高を招く要因、そして削減に向けたポイントについて述べていく。

Section 2 清掃費用におけるコスト削減

●──清掃費用において陥りがちな罠

　まず発注時点でコスト高になりがちなことがあげられる。昨今では、見積もりの人件費は厚生労働省によって定められた最低賃金にほぼ達している状況が多々ある。労務比率が高いコスト構造において、人件費の削減がもはや不可能と感じると他のコスト削減策については思考停止に陥りがちである。そのため、発注段階でのコスト削減策が人件費削減だけにとどまり、結果として割高な条件で発注してしまっている企業が多い。

　また、運用開始後にコスト削減が困難となるケースも多い。建物は老朽化だけでなく人の流れや季節によっても汚れ方が変化していく。そのため、発注時の仕様がその後変化していくことは当然となっているが、問題は当初の仕様を超える部分については、口頭でサプライヤーに要求して現状の支払い額の範囲でなんとか納めてもらえるように交渉してしまっているために、書面の仕様はそのままでありながら実態は仕様以上の作業を行なってもらっていることが少なくない。これにより、無理を言ってやってもらっているので、コスト内訳を要求すると分が悪いと思い込んでいるケースも多い。

　また、仕様が見直されていないために相見積もりを取ることが困難な状況にあり、新たなサプライヤーを交えた競争環境を通じた価格交渉が実践できない事例も多く見受けられる。

●──業界構造

　清掃市場は横ばいで推移してきている一方で、登録業者数は緩やかながらも増加を続けており、競争は激化している状況と言える（**図表6-6**）。また、売上高別の清掃事業者数を見ると、約8割が売上高10億円未満の中小企業

図表6-6　清掃事業の市場規模と都道府県登録業者数

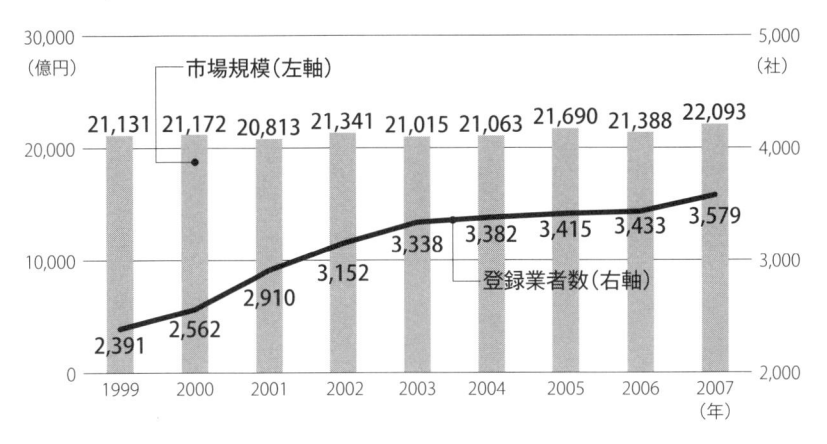

年	市場規模（億円）	登録業者数（社）
1999	21,131	2,391
2000	21,172	2,562
2001	20,813	2,910
2002	21,341	3,152
2003	21,015	3,338
2004	21,063	3,382
2005	21,690	3,415
2006	21,388	3,433
2007	22,093	3,579

注　：登録業者数は「建築物清掃業」での登録数。
出所：社団法人全国ビルメンテナンス協会HP、A.T.カーニー調べ

図表6-7　清掃業者の年間売上高

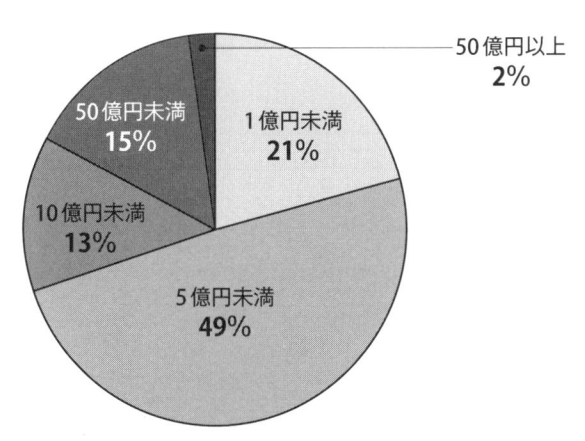

- 1億円未満　21%
- 5億円未満　49%
- 10億円未満　13%
- 50億円未満　15%
- 50億円以上　2%

注　：2008年6月実施調査においての有効回答数946社が対象
出所：社団法人全国ビルメンテナンス協会「実態調査報告書No.39」よりA.T.カーニー作成

によって構成されている模様であり、全国対応できるサプライヤーの数はかなり限定される構造にある（**図表6-7**）。

したがって、元請はブランド力のある大手だが、各地域に存在する地場の中小サプライヤーに再委託されているケースが多く、基本的には多段階の階層構造を通じた取引が行なわれている業界と言える。

●──清掃費用のコスト構造・ドライバー分析

コストは、人件費と資機材費および管理費から構成されており、清掃基準書で定める部位別の清掃頻度が総コストを最も変動させる要素である。過剰な仕様を設定しないことが清掃費用の適正化を実現するポイントとなる。

また、平米単価の動向を分析してみると、1999年から2008年の間に47％下落してきており、熾烈な価格競争に陥っている。一方で、人件費単価は同じ期間で8％の下落にとどまっている状況にある。ここから捉えられる清掃コストの動向は、人件費単価による競争の時代は既に終了し、工数競争に突入しているという競争領域の移行である。つまり、価格の妥当性を判断するには、工数の妥当性を見極めることが重要なポイントとなる（**図表6-8**）。

●──清掃費用のコスト削減フレームワーク

1）サプライヤーマネジメント

既に述べてきたように、競争環境が激化している業界環境であるので、新規プレーヤーを交えた競争原理の導入によるサプライヤーマネジメントが基本アプローチとなる。また、サプライヤー候補の選定においては、清掃サプライヤーは地場に根ざした中小企業が多く、規模の経済も働き難いので、各現場にて最適なサプライヤーを個別に選定することが有効である。しかし、全国に多くの拠点を抱える企業では、拠点ごとのサプライヤー選定をやりきることは困難である。その場合は元請に発注することになるが、地域別の価格差異をコストに反映させることが必要である。

そして次に、工数水準の妥当性を見抜くことが重要である。工数の生産性は、清掃業者の「工数研究力」と「得意とする物件か否か」によって差異が

図表6-8　清掃の人件費と平米単価

清掃員の賃金
賃金インデックス（1999年＝100）
- 1999年: 100
- 2008年: 92

8％の減少

清掃業務の平米単価
平米単価インデックス（1999年＝100）
- 1999年: 100
- 2008年: 53

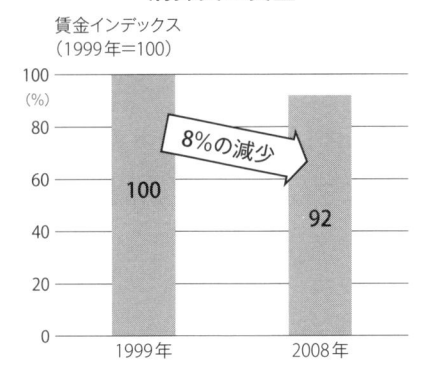

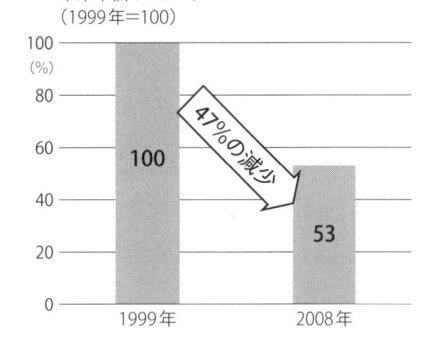

47％の減少

出所：社団法人全国ビルメンテナンス協会「実態調査報告書No.39」、財団法人経済調査会「建築施工単価08-10」、よりA.T.カーニー作成

生じる。一方で、こうした工数競争は行き過ぎると受注後に品質がまったく伴わないという結果を招く恐れが高まるのも事実である。したがって、最近では光沢率をコミットさせるなど品質基準を具体的に定めて発注を行なうケースも出てきている。

このように、工数競争の状況では、同じ品質を確保しつつも、生産性がサプライヤーによって大きく異なるので、物件ごとにサプライヤーの工数を確認し、妥当な工数を見極めていくことが求められる。

また、既に述べたように、清掃事業は再委託が多い産業であるので、清掃現場で実際に業務に携わるサプライヤーが異なっていることが多々ある。オーナーと直接に契約した元請業者が再委託業者の管理を的確に行なわなければ、オーナーが要求する品質を実現および維持することが困難である。しかし、実態は再委託先に丸投げしているケースも少なくないため、仕様で定めた頻度を守らずに早めに現場からパートやアルバイトを引き上げて原価を低減したりするケースもあり得る。

こうした状況が発生するのを避けるための牽制機能と、発生した場合の委

託先との交渉材料として実績管理は有効である。また、サプライヤーの作業実績が発注時の想定と大きく異なる工数で済んでしまっている場合には、サプライヤー側での受注後の努力だけでなく、契約時点での工数見積もりが甘過ぎた可能性もあるので、妥当な発注額へ見直すための交渉材料にもなる。

このように、実績管理は価格見直しの切り口を発見する手段と根拠にもなるので、日々着実に実行することが大切である。

2) ユーザーマネジメント

現在の清掃の仕様は実は最適とは言えないケースが少なくない。多くは過剰な傾向にあり、床材の傷みを早めていることもある。特に小売業では、床材の材質上困難な光沢率の追求を行なってしまった結果、過剰にバフィングをかけ過ぎて材質を傷めてしまっている光景を目にする。このように、過剰な仕様が現行の清掃コストを増大させている状況と合わせて、建物のライフサイクルコストも高めてしまっているのである。自らが決定した仕様が適切かどうか、定期的に見直し、必要に応じて仕様を軽減することが必要である。

●──清掃における適正利益の考え方

清掃は、特に受注直後は人員を十分に確保しきれずに本社から応援を入れて現場を運営したり、その物件向けに採用したパート等を育成するために、専門の担当者を一定期間張り付けて指導したりと、初期段階は持ち出しが発生して計画利益を確保できないことも珍しくない。その後、改善を重ねて品質を維持・向上しながら業務効率を高めていき、時間をかけて投下人員数を削減して利益を回収していく。そして期間が経過するにつれて委託された施設に精通し、価格を維持しつつも品質向上に繋がる仕様改定のノウハウを蓄積していくのが適切な姿である。したがって、効率性の効果を溜めて利益を蓄積し続けるのではなく、新たな仕様を提案し、習熟期間のコスト高を、蓄積した利益の取り崩しによって賄い、新たな仕様の下で効率化を進めて利益を確保する、という循環を繰り返すのが健全な姿である（**図表6-9**）。

このような状況なので清掃は、短期間での契約や、人員数（人工）を固定させてしまうと、サプライヤー側の効率化と品質向上に対するモチベーショ

図表6-9　清掃事業の適正利益モデル

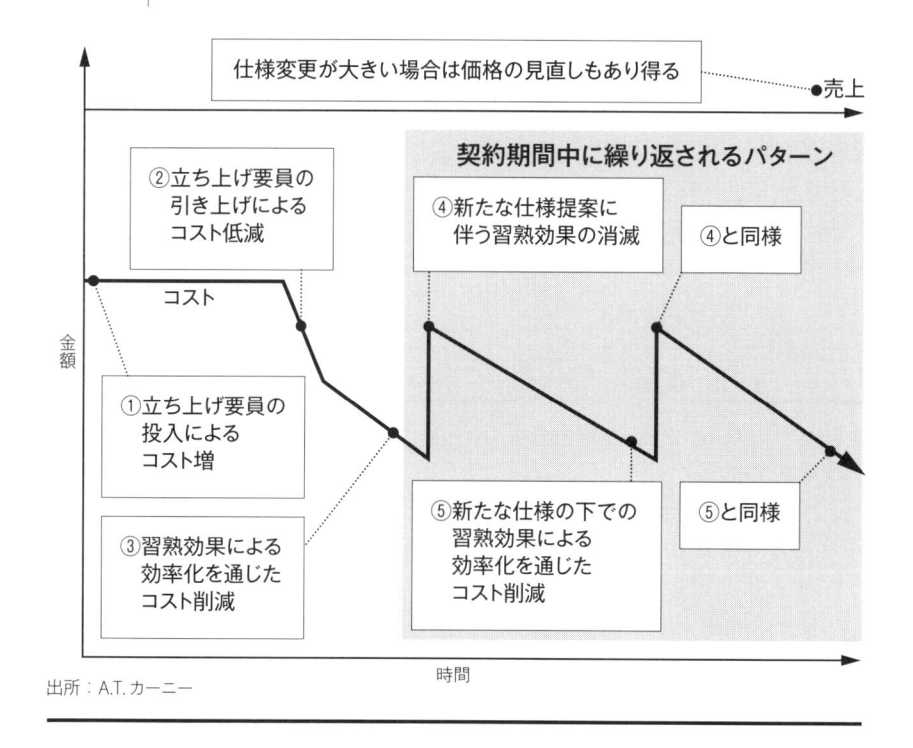

- 仕様変更が大きい場合は価格の見直しもあり得る
- 売上
- ②立ち上げ要員の引き上げによるコスト低減
- 契約期間中に繰り返されるパターン
- ④新たな仕様提案に伴う習熟効果の消滅
- ④と同様
- コスト
- 金額
- ①立ち上げ要員の投入によるコスト増
- ⑤新たな仕様の下での習熟効果による効率化を通じたコスト削減
- ⑤と同様
- ③習熟効果による効率化を通じたコスト削減
- 時間

出所：A.T.カーニー

ンが低下し、発注後の発展が妨げられてしまう可能性が高く、比較的長めの期間での発注を行なうべきである。

一方、仕様の見直しに関する提案がまったく出されない場合は、サプライヤー側が一方的に効率化を進めて利益を蓄積している状況と言えるため、実績管理に基づく乖離幅の見直しを要請していくことが妥当である。

しかし、あるべき活動を清掃業者が実践し、定期的な相見積もりを行なっても同レベルの新たなサプライヤーが現れない場合は、オーナーの施設を深く理解したことによるコスト優位性をサプライヤーが構築したとみなし、実績乖離を許容することが清掃産業の発展を支える上でも必要と考える。

ケース:全国展開型サービス業における清掃費用の削減

- **状況**
  商業ビルや独立店舗など全国に拠点を展開。各拠点の清掃費用は施設の構造特性、規模、来店客数別に計数管理をされており、管理データも豊富な状況であったが、全国対応可能な清掃業者へ一任していた。

- **コスト削減の切り口**
  全国の担当エリアを現在の1区画から複数区画へと分割し、単独の区画しかできないような地場のサプライヤーも委託先の検討候補に加えた。

- **削減の効果**
  地域ごとに最適なサプライヤーを見出すことで10%程度のコスト削減を実現。管理対象となるサプライヤーは1社から複数社に増えたが、コスト削減効果は管理負担増を大幅に上回った。また、複数の清掃業者と付き合うことで効率性の横比較が可能となり、多様な提案を受領できるようになるなど副次効果も得られた。
  (複数プロジェクト事例をベースに代表的なケースを作成し掲載)

Section 3　警備費用におけるコスト削減

●──警備費用において陥りがちな罠

　警備は対象となる施設の構造の複雑さや利用者の多様性、イベント開催の有無や季節ごとの導線の変化などさまざまな要因によって保全ポイントが変化する。そのため、それぞれの施設に対する警備ポスト数を機械的に算出することができず、施設ごとに個別最適な警備計画を立案してポスト数が設定されて価格が決まるため、市場価格が形成され難い費用であると言える。また、ポスト数に対応する人員数（人工）もポスト間を移動しながらシフトを設計するため、人員数の妥当性も素人では判断し難い。そのため、発注段階で割高な条件を受け入れてしまう可能性が高い状況にある。

　また、警備は人を固定させることで保全ポイントに対する知見を蓄積し、警備レベルを時間とともに向上させていく特性がある。しかし、受注後に蓋を開けてみると警備会社が他の現場を応援するために人を頻繁に異動させていたり、離職率が高いために現場の人員が固定せず、質が向上していかない現場も少なくない。また、事前の研修や日々の動機付けが不十分なために、現場の警備員の警戒意識が低く、"案山子"状態に陥っている場合も多いと言える。

●──業界構造

　警備業は一般的に常駐警備（出入管理業務、防災センター業務、巡回、監視業務、不審者警戒、荷捌き管理、施錠管理、手荷物検査）、巡回警備、イベント警備、交通誘導警備、機械警備が主な業務とされており、常駐警備以外の警備は、清掃や設備管理と併せて警備も行なっているビルメンテナンス業者と、警備専門の警備会社によって競争が行なわれている。

ビルメンテナンス事業の主力である常駐警備の市場規模は約3000億円であり、機械警備が成長を続けている状況でありながらも約10年間にわたって微増を続けており需要は底堅い（**図表6-10**）。警備業界全体の登録業者数の推移は2000年から減少傾向にあるが、これは2000年に警備業法が改正されて検定制度がスタートし、検定試験をパスできない、もしくはこれらへの対応が負荷となり、中小の警備会社が相次いで廃業もしくは撤退してきていることが主な要因となっている。

　警備業界全体での売上規模別の業者数の構成を見てみると、年間売上高が1億円未満の企業が全体の約7割を占め、前述した清掃以上に中小企業比率が高い産業であることがわかる（**図表6-11**）。また、全国展開業者は少なく、基本的に地場の中小の警備会社を活用することが常駐警備の発注形態となっている。

　また、警備員の配置にあたっては、法令で空港保安や核燃料取り扱い施設などの重点防護施設については、保有資格と配置人数が定められており、コスト削減に限界がある施設も存在している。

●──警備費用のコスト構造・ドライバー分析

　常駐警備の費用は人件費のみと言っても過言ではない。したがって、人件費単価と警備員が配置される場所とその場所で警備する時間数を定めたポスト数、そしてポスト数に対応する人員数がコストドライバーとなる。重要なのは、「ポスト数＝人員数」ではないという点である。

　ポスト数に対する実績乖離が生じてはならないので、価格はポスト数に最も影響を受ける。ポストごとの人件費は、どのように警備員のシフトを設計するかによって大きく異なるので、委託先によって大きな違いが生じる。また、人件費単価も会社間で差異が生じやすい構造にある。

●──警備費用のコスト削減フレームワーク

1）サプライヤーマネジメント

　9.11のテロ以降、重点防護施設の警備方法が法令で定められたことを受

図表6-10　常駐警備の市場規模と警備業認定業者数の推移

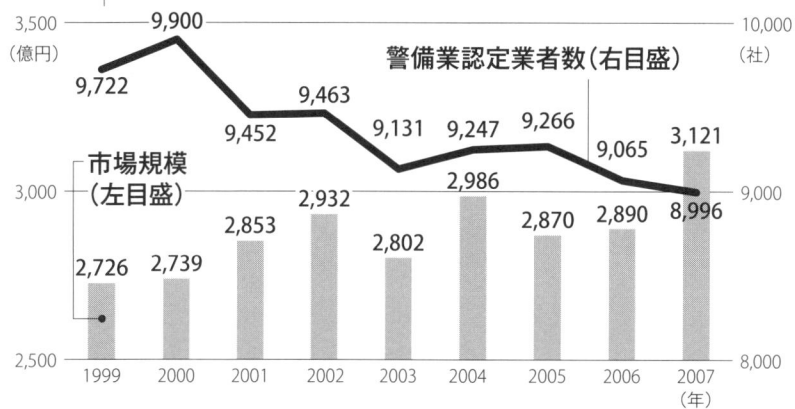

年	市場規模（億円）	警備業認定業者数（社）
1999	2,726	9,722
2000	2,739	9,900
2001	2,853	9,452
2002	2,932	9,463
2003	2,802	9,131
2004	2,986	9,247
2005	2,870	9,266
2006	2,890	9,065
2007	3,121	8,996

注1：市場規模は常駐警備のみを対象としている。
注2：認定業者数は常駐警備以外も含めたすべての事業者数。
出所：社団法人全国ビルメンテナンス協会HP、警察庁「平成14年における警備業の概況」「平成19年における警備業の概況」よりA.T.カーニー作成

図表6-11　警備業者の年間売上高

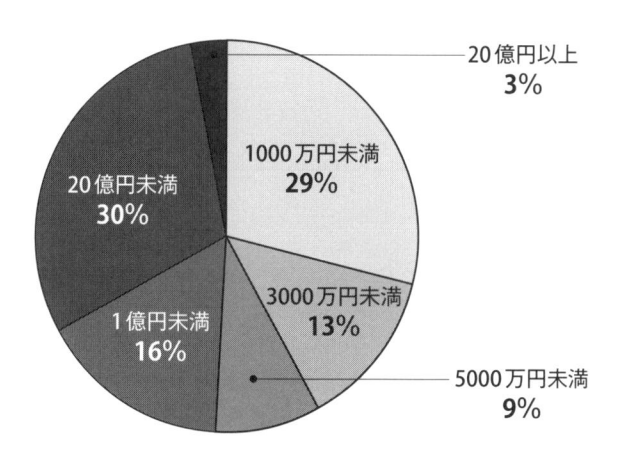

- 20億円以上　3%
- 20億円未満　30%
- 1億円未満　16%
- 5000万円未満　9%
- 3000万円未満　13%
- 1000万円未満　29%

出所：警察庁「平成19年における警備業の概況」

けて、不特定多数の人が利用する施設や、公共性の高い施設もしくはそこに隣接する施設に対しては、警備会社から「御社の物件は重点防護施設として対応する必要があると認識しておりますので……」という提案を受けて、厚めの警備態勢をとっている企業が少なくない。その結果、配置される人員のスペックが高くなり過ぎ、コストの高止まりを引き起こしている。その他にも、配置する人員に対して別途研修を行なっているために単価が高くならざるを得ないという説明を受け入れているケースも少なくない。

このように、配置する人員のスペックが高いことを理由とした全体的な単価の底上げに対しては、単価における市場価格との差異を説明させ、適切なスペックと価格に体制を修正していくことが有効である。また、会社によって配置する人員に行なっている研修のバラツキが大きく、ある会社では特別な研修として別途実施しているのに対し、別な会社では全員共通の基礎研修になっていたりもする。このような観点も考慮して、サプライヤーの単価の妥当性を見極めていくことが必要となる。

ポスト数に対する人員配置効率の向上も重要なポイントとなる。1ポストを運用するにあたり、必要な人数はサプライヤー側が設計するものであり、会社によって同じポストであっても3名のケースと4名のケースというように差異が生じる。この理由はポスト間での人員の回し方と、合間に入る休憩時間の取り方によって生じる。したがって、人工の妥当性をチェックしていくことが必要である。

実は、このシフトの設計力が各社によって大きく異なっており、警備会社のノウハウの差が現れるところである。いかにノウハウを引き出して効率的な人員配置設計を行なうかが、発注段階での重要なポイントとなる。

2) ユーザーマネジメント

警備コストにおける代表的なユーザーマネジメントは、有人警備から機械警備への移行があげられる。具体的には、夜間警備の機械化が最も行ないやすい領域となる。

夜間警備を有人警備から機械警備に移行する際の論点は、機械警備を開始する時間を過ぎても社員がビルに残ってしまっている場合の運用や、フロア間の人の移動を区切れないといった物件の構造的な要因など、退社時間のバ

ラツキを要因とした理由が多い。

　しかし、こうした理由は現在の働き方を前提に議論しているために解決できないだけであり、働き方の改革にまで踏み込めば、本来は十分に解決が可能な課題である。実際、あるケースでは、機械警備が開始されるまでに退社できるようにするという目標の下で業務の見直しを図り、機械警備への移行と併せて残業時間の削減も実現できたケースもある。したがって、機械警備への移行の議論は、退社時間の早期化とセットで検討に取り組むことが有効である。

ケース：メーカーにおける警備費用の削減

- **状況**
  首都圏を中心に多数の事業所を展開し、機械警備や設備の遠隔監視に移行したことで、有人で対応していた業務を大幅に削減していた状況。現在の体制になってから10年以上の間に機械警備・遠隔監視の機器などが更新され、仕様の変更を受けて料率が若干上昇していた。ただし、センサー1台あたりの月額料金は明確な判断基準はないものの、日常感覚の中では妥当との印象を持っていた。

- **コスト削減の切り口**
  警備・監視対象となる1物件の総費用を把握。その物件に対応するための設備・体制を仮説的に設定して原価を概算し、現行の支払い費用との間に大きな乖離を特定。

- **削減の効果**
  警備・監視業務のサプライヤーと当該サービスの提供のために必要となる設備や体制について詳細な議論を実施。妥当性について交渉を通じて細かい前提条件のすり合わせを実施した結果、20％近い大幅な削減を実現した。

  （複数プロジェクト事例をベースに代表的なケースを作成し掲載）

Section 4 設備管理費におけるコスト削減

● ──設備管理費において陥りがちな罠

　設備管理はこれまで述べてきた清掃や警備と同様に、オーナーの設備の構造に応じて価格が異なるために市場価格が形成されない費用である。加えて、起こるかもしれない障害対応費用をあらかじめ見込んで契約し、障害が実際に発生した場合には見込んでいた費用に対してどれだけ原価がかかったのかがわからないため、ブラックボックス化してしまう費用である。

　設備は設計段階で施工したメーカーの関連子会社が保守を請け負うことが前提となってしまっているほか、本体価格の割引を保守費用で回収するといった設計または施工段階での曖昧な話を引きずって、保守費用の価格交渉が行ない難い状態になっていることも多い。また、一般的に運用開始直後は不具合対応や調整などで頻繁に保守会社が対応しているため、割高なのかどうかも判別し難く、下手にコスト削減を要請して設備に異常を来しては困るという思いから、当初の契約のまま放置され続けてしまっているケースも散見される。

　こうした理由から、蓋を開けてみると割高な価格で長期間にわたって契約が結ばれ続け、わかりにくい業務であるために関心が低下して実績管理も十分に行なわれず、作業内容のブラックボックス化が進行してしまう。その結果、オーナー側で"下げられないコスト"という意識が高まってしまい、相対的に削減の取り組みが可能と感じられる清掃や警備にばかり意識が向かい、関心が低い設備の取り組みがさらに疎かになっていくという悪循環を繰り返しているケースが少なくない。

　また、修繕・営繕工事は発注総額で見るとある程度の大きさの金額になっているが、個別工事単位では発注金額が小額で件数も多いため、削減が困難として取り組みが放置されているケースも珍しくない。加えて、突発的な工

事も多く、機動的な対応を地場のサプライヤーに行なってもらっていることが多いため、多少割高であっても仕方が無いという前提で価格を捉えがちである。さらに、各拠点で発注されていることも多く、発注段階でのチェック内容にバラツキが生じやすいために、一物二価に陥ってしまう構図にある。

● ── 業界構造

　主に昇降機、空調設備、給排水設備、消防設備、駐車場設備、電気設備、修繕・営繕工事が設備管理においてコストコントロールすべき領域である。

　設備管理市場は1999年から2007年にかけて、約5000億円から約6000億円の間で推移してきている状況にある（**図表6-12**）。設備管理のサプライヤーは機器メーカーから中小建設業者まで多様であり、本来は価格競争が生じやすい構造にある。しかし、前述したように、発注後のコスト削減活動がオーナー側で十分に行なわれていないために、競争環境を活かし切れていない状況にある。

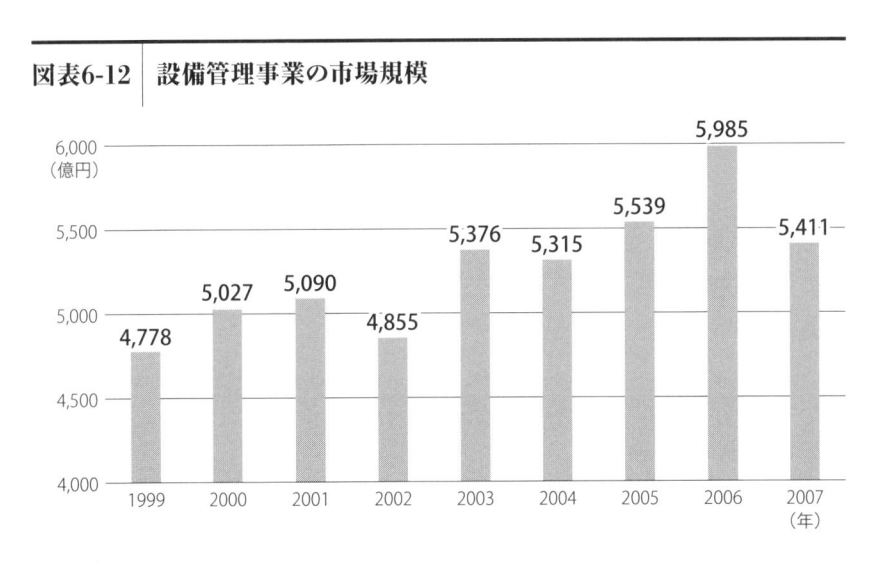

図表6-12　設備管理事業の市場規模

年	億円
1999	4,778
2000	5,027
2001	5,090
2002	4,855
2003	5,376
2004	5,315
2005	5,539
2006	5,985
2007	5,411

出所：社団法人全国ビルメンテナンス協会HP、A.T.カーニー作成

近年、設備管理はオーナー側の CO_2 削減意識が高まってきたことを受けて、屋上緑化や照明のLED化など、電力使用量の削減に繋がる設備運用改善提案力が重視され始めており、今後さらにそうした要請が高まっていくものと思われる。一方で、オーナー側は CO_2 削減と設備投資のバランスを考慮した提案評価を適宜行なっていく必要が生じるので、これまで以上に修繕・営繕工事に対するコストコントロールと、新たな設備管理費の妥当性を見極める力が求められてくることとなる。

●──設備管理費のコスト構造・ドライバー分析

　保守作業の多くは点検活動に携わる人件費で構成されており、定期交換部品費の割合は意外と少ない。したがって、求められる技術水準に基づく労務単価に作業準備、待機、移動、報告などの付帯業務コストを加えた直接費用に、本社費と利益からなる管理費を上乗せしてコストが構成されている。

　設備保守は設備の性能を維持するための点検業務と、障害を未然に防ぐための修理、障害が発生した場合の迅速な復旧業務を含めた価格となっている。問題は、点検の頻度の妥当性が判断できないこと、点検以外の業務が実際にどれくらいの頻度で発生し、発生した場合のコストが実際にどれくらいかかるのかがわからないことである。

　発生した場合のコストがわからない理由は、障害の難易度によって対応する人の技術水準と携わる人数が異なるためであり、それゆえに設備管理費用は見込みで価格を決めざるを得ない。想定される障害は製造元であるメーカーが最も予測精度が高く、そのため、メーカー側に価格決定権を握られている傾向がある。

●──設備管理費のコスト削減フレームワーク

1）原価推計による適正価格の要求

　設備管理は、導入直後は不具合が生じやすいが、発生頻度は漸減していくのが基本であり、1年以上経過すると大幅に低減する傾向にある。したがって、保守実績を管理し、発生頻度、障害対応に必要な技術水準、対応人数と

図表6-13　原価推計アプローチ

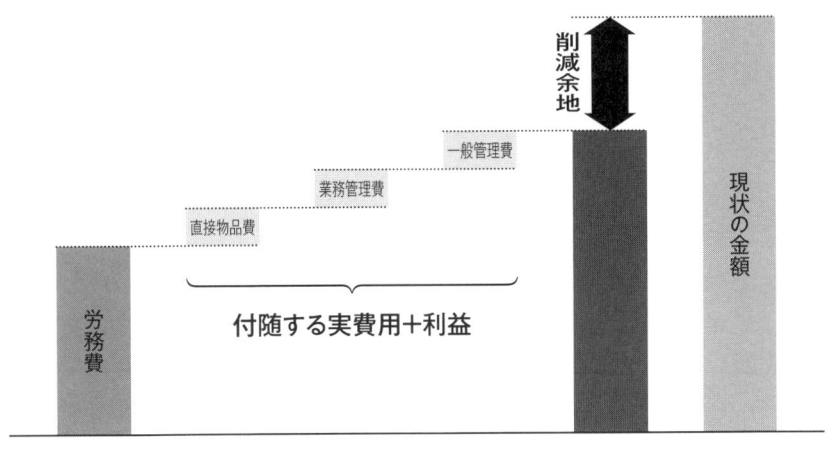

（棒グラフ：労務費 → 直接物品費 → 業務管理費 → 一般管理費 → 現状の金額、付随する実費用＋利益、削減余地）

出所：A.T.カーニー

時間を捉えて原価推計を実施し、実態に適した価格の見直しを要求していくことが有効である。原価推計は、実際に携わっている保守業務の実態を踏まえた労務費の推計と、対応に要する工数を特定して妥当な支払総額を導出するアプローチであり、現状の支払額との差分について論理矛盾を突いていくことがポイントとなる（**図表6-13**）。

2）単価のバラツキの解消

　物件数が多い場合、設備ごとの保守履歴と請求単価を分析すると、スペックが同一であるにもかかわらず、請求単価にバラツキが生じていることが少なくない。これは、先に述べたように運用開始後に設備に対してはコスト削減意識が低下してしまい、結果としてスペックごとの横比較まで行ない切れずに、盲点を突かれてしまっていることが要因である。スペックごとの単価のバラツキを保守会社内および保守会社間で捉えて、統一させていくことが有効である。

3) サプライヤー切り替えによる競争環境の醸成

　設備管理は発注している担当者が実態を把握できているケースが少ないため、長年使ってきたサプライヤーに任せておけば安心という意識が強く、新規サプライヤーへの切り替えに対して現場が難色を示すことが多い。特に、実績管理や保守履歴のデータが整備されていない場合には、新たなサプライヤーへの引継ぎが十分にできない恐れから、より不安が強まる傾向にある。それゆえに、実績管理はサプライヤーに弱みを握られないためにも必ず行なっておくべき業務である。

　また、情報が不足している場合でも、サプライヤーの切り替えを、最初からコスト削減策の選択肢から外してしまうことは得策ではない。なぜなら、サプライヤー切り替えの真の有効性は、既存のサプライヤーに対して競争環境を醸成していくことにあり、実際にすべての業務を切り替えなくても、既存のサプライヤーが切り替えを意識した動きになれば、目的は達成されるからである。

　したがって、切り替え後に不具合が生じても顧客へのサービス品質という観点から見て大きな問題にならない領域を特定し、実行可能な範囲を見極めながら切り替えていくことが有効である。そして、すべての設備について切り替えが実行できるよう、実績情報管理を可能な限り行なっていくことが求められる。

ケース：メーカーにおける設備管理費の削減

・**状況**

全国に多数の事業所を展開しており、多様な設備であるために保守・管理業務費用が増大していた。保守・管理業務の仕様や費用は、設備本体の導入対象施設が建設・更新された時点で技術的な検討により決まっていた。なお、保守費用は設備本体の取得価格に対する比率で管理されていた。経年的に見ると保守・管理に対する費用は

本体の取得価格対比 10%程度から徐々に低下傾向にあった。ただし、依然として保守・管理業務の内容と価格水準との関係については不透明な点が少なくなかった。

- **コスト削減の切り口**
  汎用的な設備部分を委託する工事費用から切り出し、ユーザー側で一括交渉する形態へと発注プロセスを変更。設備本体の取得価格に加えて、保守料金についても設備導入時の交渉対象へ含める形態に変更した。

- **削減の効果**
  設備本体については、従来からの厳しい査定があったこともあり数％の削減の成果にとどまった。ただし、保守・管理費用については大幅な見直しが可能となり、初期導入費用と保守・管理費用を含めたライフサイクルコスト合計では 20%程度の大幅な削減が実現された。

（複数プロジェクト事例をベースに代表的なケースを作成し掲載）

第7章 【費用項目別アプローチ⑤】IT費用

　IT関連の技術は、いまだ技術的進歩が著しい。身近な例として薄型TVの価格性能比（画面サイズ1インチあたりの価格）は年20%程度、CPU（中央演算処理装置、マイクロプロセッサー）やメモリーといった部品で見ると年率60〜100%の価格性能比向上があり得るし、製品として組み上がったパソコンで見ても年率12%の価格性能比向上となっている（図表7-1）。またIT関連の人件費（システム開発・運用費用）に関しても、長期的には減少傾向にあり、さらにオフショア開発をうまく活用すれば、半額になる可能性も出てきている。

　ところが、「ITの費用は、いつも増える一方である」「しかも、今まで費やしたIT費用が本当に効果があったのかよくわからない」といった声はよく聞かれる一方、「ITの技術革新により、圧倒的にIT費用が安くなった」という声は少ない。仮にあったとしても、部分的なIT費用であり、全体のIT費用はやはり増加傾向にある。

　この状況は、売る側の立場に立って考えると理解しやすい。技術革新により価格性能比は大きく向上するが、そのままでは売上が減少してしまうので、当然そのギャップを埋めるために知恵を絞って"革新的な新技術を有効に活用する方法（ただし投資規模は従前と同じ）"という提案を行なうことになる。その提案を受けた顧客側も、技術革新による投資効果の向上が期待できるのでその提案を受諾することになり、その結果として、IT費用は下がること

図表7-1　IT技術のコストパフォーマンス向上

	1998年	下落率	2008年	価格性能比向上率
CPU（中央演算装置）	MMXPentium 200MHz 425円	10年で 1000分の1	DualCore2 2GHz 5円	100％／年
ハードディスク	3.2GB 2万円	10年で 100分の1	80GB 5,000円	58％／年
メモリ	32MB 2万円	10年で 128分の1	1GB 5,000円	62％／年
パソコン	26万円	10年で 3分の1	8万6,000円	12％／年

注　：CPU（1MHzあたりの価格）、ハードディスク（1GBあたりの価格）、メモリ（1MBあたりの価格）。
出所：A.T.カーニー調査

なく増加していくわけである。これが顧客側としてしっかり吟味し納得した上で行なわれるのであれば、決して悪いことではない。実際、IT技術革新がビジネス面で恩恵をもたらす例は、数多く存在している。たとえば音楽配信ビジネスは、ネットワーク技術と環境の進歩が無いと存在し得なかった。仮に20年前に、音楽のダウンロードビジネスを起業したとしても、歌を1曲ダウンロードするのに数時間掛かっても終わらなかっただろうし、そうなると市場は見向きもしなかったはずである。こういった例を引き合いに出すまでもなく、IT技術革新が新たなビジネスを産み、収益源をもたらす可能性は明らかである。

　この章ではIT投資・IT費用削減を論じるが、闇雲に削減するということを狙っているのではない。無駄なIT投資・IT費用を削減することで、新たな収益源と分野へIT投資を行なうための資金を確保するのを狙いとしている。

　IT費用の場合、その規模が大きい初期投資につい目を奪われがちだが、その後、継続的に発生するIT費用（開発保守・運用費用・機器保守費用）や数年

後に発生する更改投資が思ったよりも高額になることが多く、結果として「IT費用は増加するばかり」といった結果を招いている。そこで本章では、IT投資だけでなく、更改投資も含めた継続的に発生するIT費用についても取り上げる。

Section 1　ITの調達において陥りがちな罠

●──ブラックボックス化

「IT費用は常に増えていくが納得がいかない」「IT投資やIT費用の削減はなかなか難しい」ということを嘆かれる経営者は多い。ではどうしているかと言えば、ITは難しいのでシステム部門に任せているということになる。これはまさに、IT投資全般が経営から見てブラックボックスになっていることにほかならない。

「なぜこんなにIT費用がかかるのか？」というのは、素人ではわかりにくい分野であることに加え、専門家としてのシステム部門に説明させようとしても、そもそもIT費用の詳細な内訳が提示されていないし、ベンダー側も説明できないという不透明さが存在しており、疑問や不満がなかなか解消されない。

IT費用の詳細な内訳が提示されないというのは、ベンダーから○○一式で何百万円とか、○○人月で何百万円といった形で価格提示がなされているケースが多いことに起因する。一見して、ベンダー側に非があるように見えるが、内訳を要求していない顧客が多いことに驚く。

もう一方のベンダー側も説明できないというのは、ベンダー自身が不確定要因を含んで見積もっているというもので、顧客からの依頼内容は必ず後で膨らむのでその部分も見込んで多めに見積もる場合に起きる。顧客側の依頼

内容が不確定なために、結果的に価格が不透明になってしまうわけで、これも一見して、ベンダー側に非があるように見えるが、実は要求仕様に曖昧さを残している顧客側の方にも大きな問題があると言える。

●──比較困難

仮に、費用内訳が理解できたとして、次なる疑問は、「それは妥当な金額なのか？」という疑問であるが、これも比較対象がないとか、比較対象があったとしても目に見えないので比較しようがないということになり、なかなか疑問が解消されない。

比較できる相手が存在しないというのは、システムが顧客に合わせて特別に作られているため個別性が強いからであり、さらに、そもそもシステム自体を目で見て確認できない為に比較しようがないということになるのである。

●──聖域化

「下手に値切ってしまうと、システムの品質が低下し、障害発生の可能性が増加してしまう」とか、「他社が投資しているので、投資しないと後れをとってしまう」といった具合に、担当者（システム部門や、業務部門のシステム担当者）から反論されることが多いのではないか？

これは、システムが複雑すぎるということにも起因しているが、だから理解が難しいものと思いこみ、思考停止していることにも原因がある。それを取り除かない限り、ますます聖域化してしまうことになる。

●──丸投げ

先に述べたように、経営者がシステム部門に丸投げするだけでなく、実はシステム部門もサプライヤー（ベンダー）やシステム子会社に丸投げしてしまっていることが多い。システムの複雑化に伴い、より専門性が要求されてきており、かつITの専門家を自社内で保持できないという理由は理解できるが、結果としてサプライヤーの力が強大になってしまい、費用削減を困難

にしていると言える。

●──切り替えの手間

システム自体のブラックボックス化、委託内容の丸投げなど、さまざまな面でベンダーへの依存度は必然的に高くなる。さらに、継続的に支援を受けてきているベンダーからは、障害対応時など臨機応変な対応もお願いしていることが多く、貸し借りの関係も生まれてしまっている。その結果、大規模なシステム再構築にでも取り組まない限り、既存業者の切り替えを前提とした価格交渉は行ないにくい。このような状況が結果的には割高な状態を生んでいる要因であると言える。

Section 2 ITのコスト構造

ITコストは、大きく人件費「"ヒト"の費用」と製品費用「"モノ"の費用」の二つに大別できる（保守・運用費用については、この二つの費用の組み合わせと考える）。ここでは各々についてさらに細かく分解し解説していく（図表7-2）。

●──"ヒト"の費用

"ヒト"の費用はさらに、"工数"と"人員単価"に分解できる。

"工数"は、システム設計やプログラミングといった実作業工数と、実作業をする要員を管理するための管理工数から構成されている。実作業工数には本当の実労働時間以外に、空き時間（待ちの時間）が含まれているが、この空き時間については、プロジェクトマネージメントのスキルレベルを上げることで、費用を抑制できる。管理工数は、全体工数の規模が多くなるにつれ

増加していく工数であるから、案件規模をある程度のサイズに抑えることで、費用を抑制できる。

"スキルレベル別人員単価"は、できる仕事の内容（システム設計ができるのか、プロジェクトをマネージできるのか、等々）と質に応じて、異なる単価が定められているものである。ところがベンダーがさらに下請け会社を活用していることが多いにもかかわらず、実際はベンダー側のスキルレベル別人員単価（すなわち高い方の人員単価）に合わせて設定されている可能性が高く注意が必要である。

ベンダー側の言い分は、多くの人員を必要なタイミングで確保し全体をマネージする付加価値を上乗せしているというものだが、顧客企業側としては、

図表7-2 IT費用のコスト構造

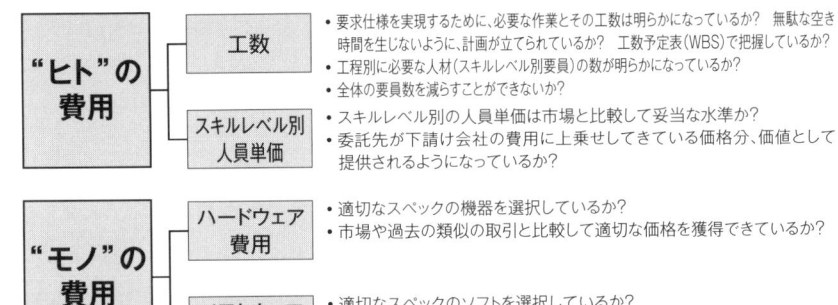

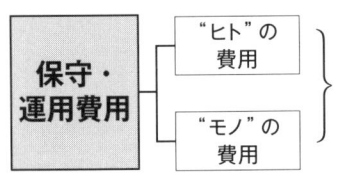

コスト構成要素		分析のポイント
"ヒト"の費用	工数	・要求仕様を実現するために、必要な作業とその工数は明らかになっているか？　無駄な空き時間を生じないように、計画が立てられているか？　工数予定表(WBS)で把握しているか？ ・工程別に必要な人材(スキルレベル別要員)の数が明らかになっているか？ ・全体の要員数を減らすことができないか？
	スキルレベル別人員単価	・スキルレベル別の人員単価は市場と比較して妥当な水準か？ ・委託先が下請け会社の費用に上乗せしてきている価格分、価値として提供されるようになっているか？
"モノ"の費用	ハードウェア費用	・適切なスペックの機器を選択しているか？ ・市場や過去の類似の取引と比較して適切な価格を獲得できているか？
	ソフトウェア費用	・適切なスペックのソフトを選択しているか？ ・市場や過去の類似の取引と比較して適切な価格を獲得できているか？ ・ベンダーの開発費償却後に償却負担分の引き下げを得られているか？
保守・運用費用	"ヒト"の費用	・(全体として)現在の水準の保守・運用のスペックは必要なものか？ 　○保守頻度・体制 　○運用時間・体制
	"モノ"の費用	

出所：A.T.カーニー

どの程度そういう上乗せ要素が含まれているか、また、その分付加価値が提供されているのかをきちんと把握することが、費用の抑制のためには必要である。

●―― "モノ" の費用

一般にはハードウェア費用とソフトウェア費用に分けられる。IT費用においては、その主要な製品（多くの場合に価格の高い製品）についてベンダーの言い値で決まってしまうものが結構多い。さらに悪いことに、定価表というものが提示されていないケースも多々あり、価格交渉自体を難しくしている。

この場合は、最初にも述べたようにIT費用は価格性能比の向上が著しい分野であることを考え、「今日買うより明日買う」方が安くなるという方針でいくと、ベンダーとの交渉を有利に進めることができる。

Section 3　ITコスト適正化のフレームワーク

●―― ユーザーマネジメント

基幹となる業務システムの多くはその性格上個別性が高く、サプライヤーの代替が効きにくいという点から、ユーザーマネジメントのウエートが高くなる。そこで、IT費用では、まずはユーザーマネジメントから見ていくこととする。

そもそもどれくらい費用を投下すべきか？　というIT投資判断を行なうためのステップを考えてみる。まずは「IT投資目的」を定め、次にその目的実現に必要な「要求仕様（スペック）」を決め、投資効果・リスク等を考慮してIT投資決定がなされる。そして、その結果発生するのがIT投資（初期

投資）と継続的なIT費用（保守・開発・運用費）となる。

ユーザーマネジメントでは、前半の「①IT投資目的」「②要求仕様」が重要になる。この部分について、概略と削減ポイントを整理していきたい。

1）IT投資目的

IT投資目的はさらに、「戦略的投資目的」「現状システムの維持・更新目的」「法制度遵守目的」の三つに分けて考えるとわかりやすい。

一つ目の「戦略的投資目的」とは、たとえば"営業の生産性を向上させ、利益率を向上させる""作業を効率化し、オペレーションコストを削減する"といった、収益増加（売上・利益向上）を狙っている投資目的のことである。気をつけるべき点は、IT投資の内容がよくわからない、またIT投資効果が本当に出るのかわからないが効果が出ると言われているので投資するといった具合に、経営的な観点からの吟味が不十分なままに投資決定が行なわれてしまうという点である。したがってポイントは、IT投資する必要性を見直すことで過剰な投資を防ぐことにある。

まず行なうべきは、何のために投資をするのか？　という目的の確認である。IT投資事例を見ると、その目的部分の吟味が十分ではないことが多いのが実態であり、あえて目的の確認が必要であると強調しておく。

次に行なうのが代替案の検討であり、"投資しない"と"決定を先送りする"という二つの代替案に関しては必ず検討することを勧める。特に"決定を先送りする"代替案は、IT技術の革新がまだ進んでいる段階であるため、時間が経つほどに価格性能比が向上する可能性が高く、結果として費用削減に結びつく可能性があるためである。

最後に投資効果実現性の確認を行なう。たとえば、1人あたりの事務作業量が減るために必要人員が削減できるという案件は実に多いが、計画どおりに人が削減されたという話を聞かないこともまた多い。実際に何人削減するのかというプランとそれの実施を徹底する仕組みがあるかを確認するのが重要である。

二つ目の「現状システムの維持・更新目的」とは、過去にIT投資が済んでいて現在稼働しているITシステムに対し、維持（機能改善・機能追加）や更新（新しい機器へ切り替える等）を行なう投資目的のことである。気を付けるべ

き点は、"投資を行なわない"という議論がなされにくいという点である。したがって、きちんとした吟味を行なった上で投資の是非を決めることが重要となる。ここでも最初に行なうのは目的の確認である。特に、初期投資時の投資目的を再確認することも加える必要がある。そのときと状況が変化している可能性があるため、現状のシステムに含まれている不要な機能の発見につながり、ひいては保守・運用費用の削減も可能となるからである。代替案の検討と、投資効果実現性の確認については先の「戦略的投資目的」と同様になる。

　三つ目の「法制度遵守目的」とは、法制度に対応するために実施せざるを得ないという投資目的のことである。"誰が検討しても何らかの投資をせざるを得ない"ため特段の吟味もせずに投資実行の判断をしてしまいがちであるが、この場合もきちんとした吟味を行なうことが重要である。やはり最初に行なうべきは目的の確認である。特に、この投資は必ず実施されるという理由から、便乗した案件が上乗せされている可能性が高いからである。そして次に代替案の検討が重要となる。この場合の代替案とは「決定を先延ばしする」ことで他社よりも遅く手掛けるというものである。これは、いずれ他の企業でも投資することが明らかであり、自社の競争力向上とは関係が薄いので、自ら先行者としてのリスクを冒す必要がないということと、先に述べたように価格性能比が向上する可能性が高く、結果として費用削減に結びつく可能性があるためである。

2）要求仕様（スペック）

　要求仕様とは、システムの機能（"どのようなことができるのか"）、処理能力（"どれくらいの量の仕事をさばけるか"）、信頼性（"どれだけ安定して稼働しているか"）、応答時間（"どれくらい素早く結果を引き出せるか"）など、顧客企業がシステムに期待する性能を定義したものである。

　大切な点は、"本当に必要なもの（MUST機能）"と"あれば欲しいもの（WANT機能）"をきちんと見極めることである。多くの場合、この二つが明確になっていない。たとえば、お客様が保険料を引き出そうとする際に、お客様が指定した口座番号をチェックする機能の開発を検討するという事例（**図表7-3**）で考えてみる。この例では、保険料が間違った口座から引き出されるのを防

図表7-3　MUST機能とWANT機能切り分け(例)

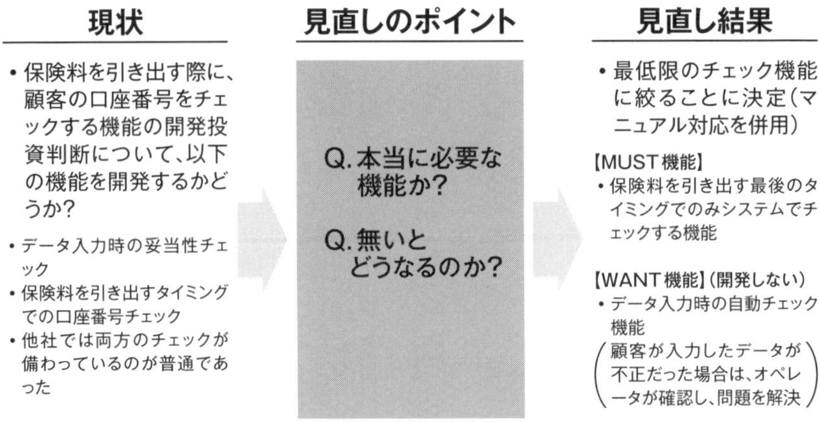

現状
- 保険料を引き出す際に、顧客の口座番号をチェックする機能の開発投資判断について、以下の機能を開発するかどうか？
- データ入力時の妥当性チェック
- 保険料を引き出すタイミングでの口座番号チェック
- 他社では両方のチェックが備わっているのが普通であった

見直しのポイント
- Q. 本当に必要な機能か？
- Q. 無いとどうなるのか？

見直し結果
- 最低限のチェック機能に絞ることに決定（マニュアル対応を併用）

【MUST機能】
- 保険料を引き出す最後のタイミングでのみシステムでチェックする機能

【WANT機能】(開発しない)
- データ入力時の自動チェック機能
（顧客が入力したデータが不正だった場合は、オペレータが確認し、問題を解決）

出所：A.T.カーニー

ぐのは"本当に必要なもの（MUST機能）"であり、間違った口座情報を修正するという事務作業を低減する機能は"あれば欲しいもの（WANT機能）"である。このように切り分けた結果、コスト削減をすることが可能となった。

　この例が示唆しているように、"本当に必要なもの（MUST機能）"と"あれば欲しいもの（WANT機能）"をきちんと見極めるためには、他社でもやっているので自社でもやるといった既成概念にとらわれることなく、本当に自社にとって必要なのかをゼロベースで吟味していくことが重要となる。

●──サプライヤーマネジメント

　ここからは、ユーザーマネジメントの結果を受けて、サプライヤーから調達する段階の話である。IT費用においては、提案依頼書（RFP）を作成するのが一般的となっているが、要求仕様が明確になっているという前提で、さらに過剰な見積もりを防ぐことが重要となる。その為ここでは「1）要求仕様のすり合わせ」と「2）見積もりの吟味」が重要になる。この部分について、

概略と削減ポイントを整理していきたい。

1) 要求仕様のすり合わせ

ベンダーが、「顧客側が考える要求仕様」よりも多く見積もろうとすることがあるため、IT費用が膨らむということが結構起きている。理由は、ベンダー側が契約後に顧客側より仕様変更を言われてしまう可能性を懸念し、しかも契約後であるので交渉が大変になると懸念して、将来追加されるであろう工数を織り込んで多めに見積もろうとする為である。要するに、顧客とベンダーの間に信頼関係が無いことによって生じる。

まずは、ユーザーマネジメントとして、顧客側が自分の要求仕様を必要充分なものに絞り込んで内容を明確にし、開発期間中の要求仕様変更がなるべく起こらないように自らをコントロールすべきである。一方、サプライヤーマネジメントとしては、将来仕様変更が発生した場合のルールを明らかにしてベンダーを安心させることが必要である。この場合のルールとしては、将来の仕様変更発生の際には、追加費用負担を前提に正式に追加依頼するといったような内容となる。

逆に、両者間にしっかりした信頼関係があれば、ベンダー側は不確定要素を減らす為に顧客と共同で要求仕様の検討を進めようとするので、「顧客側が考える要求仕様」と「ベンダーが見積もる際に前提とする要求仕様」は一致する。その結果、顧客企業側で要求仕様を吟味し削減するだけでIT費用は容易に削減できることになる。

2) 見積もりの吟味

ここでのポイントは、ベンダーの見積もりの妥当性を判断できるレベルまで、見積もりを詳細化していくことである。先に述べたように人件費"ヒト"の費用」と製品費用"モノ"の費用」の二つに分けて説明していく。

「"ヒト"の費用」の場合は、さらに"工数"と"人員単価"に分けて考える。"工数"は、どのような作業を具体的に行なうのかに関して、自社が理解・検討できるレベルの粒度まで見積もりを分解していくことが必要である。工程別の工数としてWBS（作業割付表）が必要となるが、それが無い場合でもできるだけ詳細な情報（例：機能別の工数）を把握する。

"人員単価"は、どのくらいのスキルレベルの要員が何人働き、そのスキルレベル毎の単価が妥当なのかを理解できるレベルの粒度まで見積もりを分解していく（**図表7-4**）。スキルレベル別要員数とスキル別単価に分解した価格情報の把握が重要となる。そして、ベンダーの提示単価と市場水準の単価の差異を精査する。

　「"モノ"の費用」の場合、一括料金提示・総額値引きといった形で提示されてしまうと、判断ができない。ここでのポイントも、できるだけ細かいレベルの情報を把握することになる。

　まずは事前準備として、各製品の販売価格の情報把握を行なう。たとえ市場価格が入手できない製品であったとしても、過去に自社内で購入した同等

図表7-4　スキルレベル別要員単価水準（イメージ）

	レベル	単価（イメージ） [単位はインデックス化]	主要な業務		
			システム開発	保守 （プログラムソフト・機械）	運用
高 ↑ 業務価値 ↓ 低	コンサルタント	200程度	企画・立案 コンサルティング		
	管理者 （プロジェクト・ マネージャー）	150～	開発統括 業務分析・ 要件定義	保守統括	
	上級 システム・ エンジニア	70～150程度	基本設計 システムテスト	問題解決	オペレーター統括 サーバー管理
	システム・ エンジニア		詳細設計 結合テスト	障害回復・ 基盤系技術	システム監視 クライアント管理
	プログラマー		プログラミング 単体テスト	ヘルプデスク メンテナンス	
	オペレーター	50程度			オペレーター・ 運用

出所：A.T.カーニー調査

製品から類推しておく。その際に、機器1台いくらというだけの情報ではなく、価格性能比（例：記憶容量あたりいくらとか、処理速度あたりいくらとか）も把握しておく。

実際の精査は、最初に算定根拠の前提となる考え方を把握し（例：顧客数、取引量、拠点数、事務量）、算定根拠の前提を検証する（例：自社の事業実績・予測と整合しているかを検証）。

次に製品内訳の詳細（例：追加オプション別の単価、台数、機器の性能・容量等）を把握し、先に準備しておいた情報と比較する（この場合、金額の高い製品は、同等製品の相見積もりにより得た価格と比較検証することも有効）。その上で、ベンダーの提示価格を精査する。

Section 4　削減実施のケース

ここでは三つの異なる事例からIT費用のコスト削減アプローチのポイントを説明する。最初の二つは「"ヒト"の費用」と「"モノ"の費用」の削減事例、最後はその二つの複合事例である。いずれも多くの企業でよく経験する事例を対象とした。

ケース1：開発費削減（"ヒト"の費用―"工数"削減）

機能別の工数見積もりを基に、自社内でも見積もりを行なうことで、工数削減に成功した事例。

- 状況

　ある業務システム開発案件において、ベンダーから見積もりを入手。ただし、見積もりには、「総工数200人月」という情報しか示されていなかった。

- 交渉

　まずはベンダーの機能別の工数見積もりを把握した。次に過去の自社内の開発実績を基に、自社で開発した場合の工数見積もりを機能別に行なった。その結果、機能を絞ることができそうである、必要な機能でもベンダーの見積もり工数を削減できそうである、という感触を得た。その上で、まずは不要な機能の削減を行ない、次に残った機能別の工数についてベンダーから説明を受けながら、不要な作業の削除を行なっていった。

- 結果

再見積もりがなされ、120人月まで削減することができた。

- ポイント

　ベンダーの機能別の工数見積もりを把握した上で、自社の開発実績を基に自社開発する場合に想定される工数見積もりを行なったことが成功のカギ。その結果、あらかじめ不要な機能の見極めと、過剰工数ではないかという仮説立てを早めに行なうことができた。

　（注釈：数値については事例をベースにイメージ化している）

ケース2：ハード費用削減（"モノ"の費用）

　ベンダー側の見積もり算定根拠となった事業予測を、自社で検証することで、削減に成功した事例（図表7-5）。

- 状況

　システムの機器更改案件において、ベンダーからの5年後までに必要なデータ量を見越したハードディスクの追加（1,200GB）提

図表7-5 算定根拠の検証（イメージ）

ベンダー見積もりの前提が、自社の事業予測と比較して過剰となっていないかを検証する

自社の事業予測の例

- 自社の事業予測では、顧客数は3年後までは過去1年の成長率を維持。
- 以降は市場環境により流動的（市場飽和により成長率が鈍化する可能性が高いと予測）

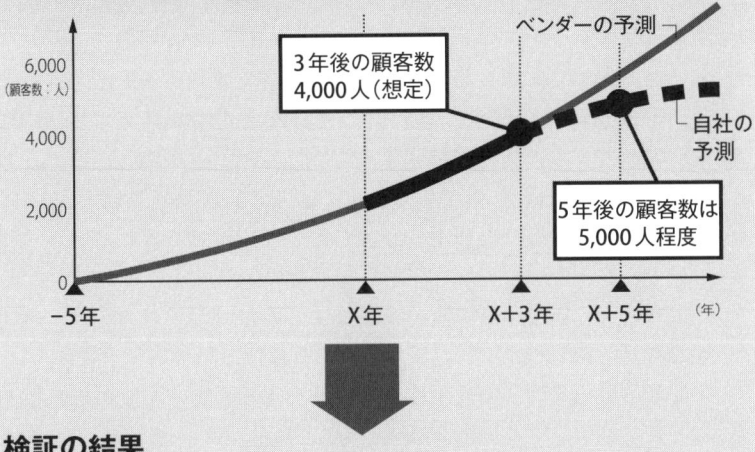

（グラフ）
- 縦軸：顧客数：人（0〜6,000）
- 横軸：−5年、X年、X+3年、X+5年（年）
- ベンダーの予測
- 自社の予測
- 3年後の顧客数 4,000人（想定）
- 5年後の顧客数は5,000人程度

検証の結果

- 自社の想定では、5年後の顧客数は5,000人程度
  ⇒ **1,000GBの追加に絞り込むことが可能**
  容量の算出には、ベンダー提示の1人あたり必要容量を適用

- 確実性の高い3年後までの対応のみに絞った場合、顧客数は4,000人
  ⇒ **800GBの追加で賄える**

1,000GBと、800GBの追加に必要な費用見積もりを、ベンダーより再度徴求した上で、総合的に判断し800GB案を採用

出所：A.T.カーニー調査

案を受領した。
- **交渉**

　今回は顧客数がデータ量を決める大きな要素であったため、ベンダーが顧客数の伸びに関してどのような算定をしていたかを把握した。その結果、ベンダーは過去1年の顧客数の成長率を基に5年後の顧客数を想定し、かつ現状の実績から1ユーザーあたりに必要なデータ容量は0.2GBと設定していることがわかった（6,000人相当）。

　一方、自社での事業予測を基に、顧客数の成長率を算出したところ、今後3年間は過去1年と同じ成長率を維持するが、それ以降は市場飽和により成長率鈍化する可能性が高いと予測していることを確認した。この予測に基づき、5年後の顧客数を算出し（5,000人推定）、結果必要な容量を1,000GBにまで削減できるという見積もりを行なった。

　さらに、4年目以降は成長率が鈍化するという予測も考え、確実性の高い3年後までの対応に絞った場合は、顧客数はさらに少なくなり、必要な容量が800GBに削減できるという見積もりを得ることができた。この際、容量の算出にはベンダー提示の1人あたり0.2GBというデータ容量を適用した。この事前検討結果を踏まえ、ベンダーとの交渉に臨んだ。

- **結果**

　再度見積もりを提示させることで、当初の提案金額よりも少ない金額に削減することができた。

- **ポイント**

　このケースでは、相手の算定根拠を自社でも判断できる"顧客数の伸び"という言葉に置き換えて把握したことが成功のカギ。自社内の事業計画に関しては、ベンダーも反論できないので、結果的に削減に結びついた。

　（注釈：数値については事例をベースにイメージ化している）

ケース3：機器保守費用削減
("ヒト"の費用、"モノ"の費用の組み合わせ)

過去行なわれた保守作業実績の数値を基に妥当な保守料金を算出することで、ベンダーから請求されていた定期保守料金（機器の販売価格の一定比率）を削減することができた事例。

・状況

支店端末の保守費用として、1台あたり月額1万円をベンダー側からの言い値で支払っていた。

・交渉

まずは、実際にどれくらいの保守作業を実施しているのかを調べてみたところ、1台あたり年1.5回の故障が発生（端末数は100台）していた。さらに、1台あたり年2回実施している定期点検の分を加えると、1年間で延べ350台の端末が保守されていることがわかった。さらに、1台の端末保守（障害時保守と定期保守）をするのに、1名の作業員が平均2時間掛かっていることも併せて判明した。

そこで、定期保守ではなく、すべてスポット保守に変更したと仮定した場合の保守料金を算出。その際に部品代に関しては、部品として販売している定価を採用した（その部分は結果的に高目に見積もった値となっている）。それでも、結果的には、現在支払っている定期保守費用よりも下回る数値を得た。

この状態で、ベンダーと定期保守料金に関する価格交渉を行なった。

・結果

定期保守代の引き下げに成功した。

・ポイント

顧客から見た実際の保守作業にかかわる費用を積み上げたことが

成功のカギ。ベンダーが主張する保守料金算出方法では、その妥当性を確認することが困難だが、顧客から見て適正と思われる保守料金の推定は可能となる（図表7－6）。まずは、わかるところから

図表7-6　保守費用推測方法－システム機器保守

ベンダーが主張する保守料金算出方法は、保守料の原価や妥当性を確認することが困難。しかしユーザーの目に見える保守作業にかかわるコストを積み上げることで、ユーザーでも適正保守料の推定は可能

ベンダーが主張する保守料金内訳（例）

保守内容は関係なく本体価格との見合いで保守料金設定
- CPUのスペック別価格
- ディスクのスペック別価格
- ボードのスペック別価格
- 制御装置のスペック別価格
- テープのスペック別価格
- プリンタのスペック別価格

↓

原価の推定・保守料金妥当性検証不可能

出所：A.T.カーニー

積み上げ推計するのがポイント。
（注釈：数値については事例をベースにイメージ化している）

ユーザーが推測可能な保守料金内訳

保守コストの積み上げが
保守料金総額であるべき

部品代	➡使用部品単価×使用部品数 部品代はベンダーの定価利益は織り込み済み
人件費	➡CE※単価×CE常駐要員数 常駐なしの場合は、バーコール時間単価×対応時間×人数

- 使用部品単価×使用部品数 → 保守記録等から把握
- CE※単価×CE常駐要員数 → 保守記録や入退館記録等から把握

⬇

原価の推定・保守料金妥当性の検証可能

※CE：Customer Engineer。保守技術員のこと

Section 5　ITコスト削減を継続的に実行する上でのポイント

● ――自らのスキルを上げる

　特に重要なスキルは、自らの業務要件をきちんと定義し不要なものを削れるスキルと、ベンダーの説明に対し質問できるスキルの二つである。
　業務要件に関するスキルについては、自らの業務課題を深く分析し、真の課題をとらえた上で、"本当に必要なもの（MUST機能）"と"あれば欲しいもの（WANT機能）"をきちんと見極めることのできるスキルが重要となる。これによって先のコスト削減のアプローチで説明したように、自社の過剰な仕様を抑え、ひいてはベンダーの過剰な仕様発生を防止することが可能となる。
　ベンダーに質問できるスキルについては、手持ちの少ない情報を基に情報を積み上げながら相手の手の内を推定するという、論理的に考え定量化していくスキルが重要となる。

● ――情報を集め蓄積する

　ITコスト削減のアプローチで示したように、あらかじめ自社でのシステム関連情報を収集することが重要である。当然、集めた情報を蓄積していくことも不可欠である。
　自社内の知見として蓄積しておくべき情報としては、ITコスト適正化のフレームワークで述べてきた情報で、特に工数（工程別スキルレベル別）、生産性（スキル別工程別）、人員単価（スキル別）、ハードウェア製品・ソフトウェア製品価格（性能情報も併せた）が重要となる（**図表7-7**）。さらに、ベンダーの見積もりと自分の見積もりの間に差異が発生した場合の要因把握と、その結果を踏まえた交渉シナリオの作成等も必要である。

図表7-7 知見の蓄積（イメージ）

【標準単価テーブルの例】

スキルランク	スキル定義	開発生産性 (FP[a]／人月)	標準価格（万円／月）
プロジェクト マネージャー	●SE経験が10年以上 ●システム開発計画の全体構想、プロジェクト体制の構築 ●スケジュール、コスト、成果物等の管理およびプロジェクト全般の意思決定	－	大規模○○〜○○ 中規模○○〜○○ 小規模○○〜○○
上級SE	●SE経験が7〜10年程度 ●業務のモデル化、情報システム化の計画を策定 ●システムの機能設計およびシステムの具体化の中心的役割 ●システム全体のテスト・評価およびマニュアル作成等の中心的役割	○○ 以上	○○〜○○

自社独自の基準で作成　　開発生産性など定量的なスキルも記載　　過去の各ベンダーの水準、公表資料をベースに規定

注：FP（Function Point）ソフトウェアの持つ機能の数を基に、そのソフトウェアの規模を測定する手法。
出所：A.T.カーニー

　さらにそれを、組織的に行なうことでより強力な情報源となる。コンピュータ能力が高まるにつれ「ユーザーコンピューティング」あるいは「分散コンピューティング」が叫ばれた結果多くの企業において、部門別にIT投資を行なっていることが多い。当然それに伴い重要な知見や情報も各部門に分散している。これらの分散している情報はIT費用削減を行なう上で有力な情報なので、ぜひ全社一元的に管理したい。その為にも全社で共有すべき項目を事前に定義し、交渉・購入の都度、情報を更新する仕組みが必要である。

◉──必要な投資だけを行なう体制にする

　IT費用に大きく影響するのが「投資目的」「要求仕様」を吟味することであるというのは先に述べてきたとおりである。しかしながら、実際はそれがうまくいっていない企業が多い。
　たとえば、経営者は自分がITは苦手だと思っているため、IT投資に関しては専門家集団であるシステム部門に任せっぱなしになっている。一方で、

図表7-8 最適なIT投資を行なうための要件

経営・事業部門・システム部門が本来の責任を担い、互いを牽制する厳しい体制の構築が重要

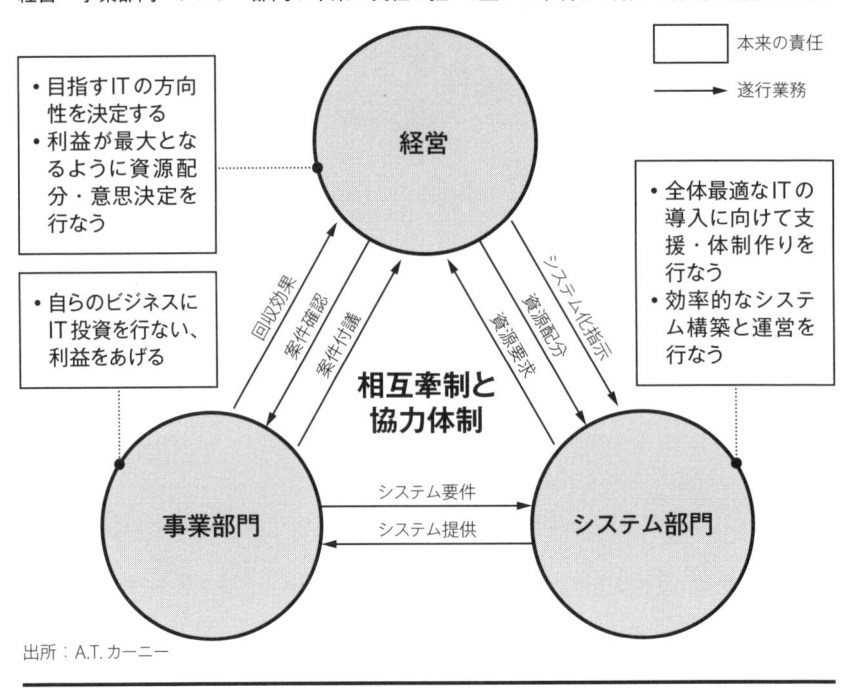

凡例：
- □ 本来の責任
- → 遂行業務

経営
- 目指すITの方向性を決定する
- 利益が最大となるように資源配分・意思決定を行なう

事業部門
- 自らのビジネスにIT投資を行ない、利益をあげる

システム部門
- 全体最適なITの導入に向けて支援・体制作りを行なう
- 効率的なシステム構築と運営を行なう

中央：相互牽制と協力体制

矢印ラベル：
- 経営 ⇔ 事業部門：回収効果／案件確認／案件行議
- 経営 ⇔ システム部門：システム化指示／資源配分／資源要求
- 事業部門 ⇔ システム部門：システム要件／システム提供

出所：A.T.カーニー

システム部門は事業部門の要求を満たすことが自分の役割と信じ、事業部門の言われるままになっている。その結果、IT投資案件を起案する事業部門の"言うが勝ち"状態が起こる。すなわち、事業部門から起案されるIT投資案件については、システム部門の立場では口を挟めないという認識があるため、「投資目的」「要求仕様」が十分に吟味されないままIT投資案件が承認され、結果としてIT費用が膨らむ一方となってしまう、といった具合である。これでは、いくらITコスト削減アプローチを実行しても、焼け石に水状態である。

これを解決するには、経営・事業部門・システム部門が本来の責任を担い、互いを牽制する厳しい体制を構築することが最も重要となる。これは、「IT

マネジメント」と呼ばれる考え方だが、まだまだ多くの企業において、実現されていないのが実情である。

　ここでいう本来の責任とは、経営は目指すIT投資の方向性を決定し利益が最大となるように資源配分・意思決定を行ない、事業部門はIT投資を行なって効果を実現し、システム部門は全体最適なITを実現するというものである。

　繰り返しになるが、経営・事業部門・システム部門が、各々その本来の責任を果たすことで初めて、必要なIT投資とは何かを真剣に議論することが可能となり、結果として、必要なIT投資だけが行なわれるようになる。

　さらに、事業部門がITの活用によるビジネス遂行に責任を持つことになるので、本当に効果の上がるIT投資が実現する（**図表7-8**）。

　「ITマネジメント」を実現し、根本からIT投資・IT費用をコントロールできるようになるべきである。

第8章 【費用項目別アプローチ⑥】メディア広告費

　長年にわたり「広告」と言えばテレビをはじめとするマスメディア広告であり、その出稿需要は一貫して増加してきた。一方でその「枠」は有限であるため、これまで「売り手市場」が続いてきた。さらにその専門性の高さや売上へのインパクトの大きさゆえに、なかなかコストの観点からの見直し対象になりにくかった分野でもある。

　ところが、近年この構造が変わりつつある。インターネットの普及とともにテレビや紙媒体離れが進み、マス広告に対する消費者の感応度が低下しつつある。また1990年代以降、外資系広告主の台頭を機に取引の透明性を高め費用対効果を厳しく問う広告主が増えつつあり、最近では出稿量自体を大幅に見直す動きも見られる。こうしたことを背景に、メディア広告の調達のあり方を抜本的に見直す動きが顕在化しつつある。たとえば各種新聞報道や社団法人日本アドバタイザーズ協会（JAA）の発表資料によると、多くの有力広告主が広告代理店の集約に取り組んでいる。あるいは、媒体別の予算配分をゼロベースで見直し、従来のテレビ広告中心のものから交通・屋外広告を重視したものに変更することで、広告の費用対効果を大幅に改善することに成功しているケースもある。

　一方、メディア広告について広告主の直接的な調達先となる広告代理店側にも、これまでの取引形態を見直す動きが出つつある。こうした動きを捉え、メディア広告の契約のあり方も含めて見直すことで、コストの適正化ととも

に、広告代理店を含めたパートナーとWin-Winの関係を築くことが可能である。確かに他の費目に比べて難度は高く時間もかかりがちだが、単なるコスト適正化のみならず、広告やマーケティング活動のクオリティ向上や、社内の宣伝・マーケティング部門の収益意識の向上などさまざまな効果をもたらすことも期待できる。ぜひとも取り組んでいただきたい分野である。

Section 1　メディア広告の調達において陥りがちな罠

●——聖域化

　メディア広告の世界においては「GRP」「リーチ」などのカタカナの専門用語が多い上、宣伝部などメディア広告専門の部署が取り扱っているケースも多く、他の調達物と比べると専門性が高いと感じられる分野である。また、明確な相場基準がなく、閉じた業界特性と相まって取引の透明性が極めて低く（そもそも契約書すら存在しないことが多く、広告主によって設定価格も大きく異なる）、第三者が妥当性を判断しにくい分野である。このように、メディア広告費は一部の担当者以外はなかなか切り込みづらい性格を持っている。
　さらにメディア広告は事業の売上に大きな影響を与えることもあるため、「クオリティ」を盾に聖域化し、コスト面からのチェックが働きにくくなりがちである。もともとよくわからない分野の上に、担当者からは「そんなことをすると売上に響く」と言われるため、経営者ですら意見を言い難いケースも少なくない。

●——過剰な出稿

　広告の出稿量が増えると、当然ながらブランド認知など（認知度アップだけ

が必ずしも広告の目的ではない）が高まり売上も伸びると考えられるが、その効果はあるレベルを超えると逓減する。しかしながらメディア広告費を管理している部門（宣伝部など）の費用対効果の意識が低かったり、第三者からのチェックが甘かったりすると、コストの意識が希薄なまま必要以上に出稿してしまうケースが少なくない。「当社は広告を出しすぎではないか？」と漠然と感じつつも、「そんなことをして売上が減ったらどうするのか？」などの担当者（マーケティング部門や宣伝部門）の説明でしぶしぶ矛を納めた経験をお持ちの方も多いのではないだろうか。ただし、担当者のこうした主張は客観的・定量的な分析ではなく、彼らの勘・経験や、さらには組織防衛本能に基づいているケースも多い。

●──サービスと対価のねじれ

　メディア広告費の取引の多くは「グロス取引」と呼ばれる形態をとっている。内訳は不明ながら「媒体費」の名目で広告代理店に対し、多額の手数料を支払う一方で、主に調査・企画・制作面で広告代理店からさまざまな「無料サービス」「原価割れのサービス」を提供してもらうという「ねじれ」が見受けられることが多い。つまり、媒体の調達手数料で企画・制作費の対価を賄っている構造である。広告主はこの「無料」「原価割れ」のサービスをもって「コスト面でも優れた調達をしている」と考えがちであるが、トータルで見たときに本当にそうなのか？　こうした費用と対価の関係を正確に検証している企業は少ない。
　また、これらの「無料」「原価割れ」サービスは固定費的な要素が強い上、広告のクオリティに直結することが多い。たとえばテレビスポットの出稿量を大きく減らした場合に、これらのサービスの水準はどのように担保されるのであろうか？　これまでのように広告費が増え続ける環境においては表面化しなかったものの、減少局面において「ねじれ」た状態のままでは、広告代理店から見て、収益が合わず、結果、広告のクオリティ低下のリスクも孕んでいると言えよう（**図表8-1**）。

図表8-1　サービスと対価のねじれ

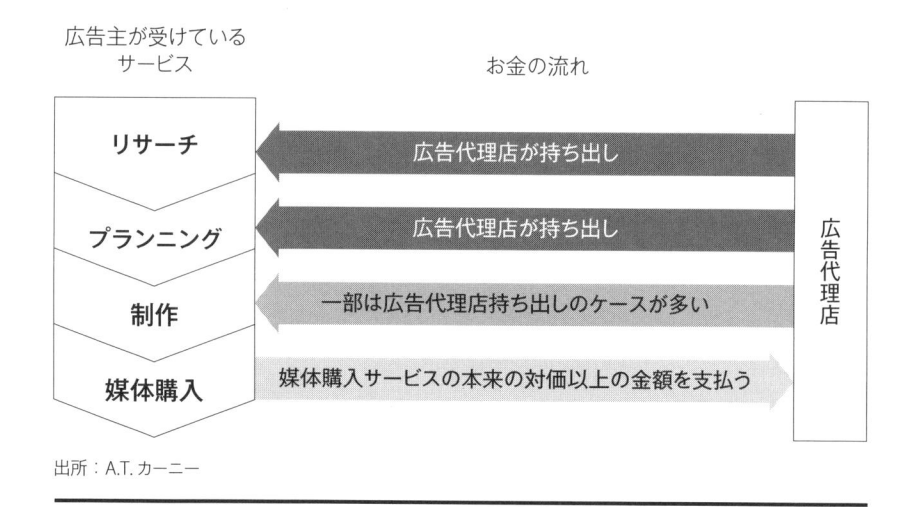

広告主が受けているサービス　／　お金の流れ　／　広告代理店

- リサーチ ← 広告代理店が持ち出し
- プランニング ← 広告代理店が持ち出し
- 制作 ← 一部は広告代理店持ち出しのケースが多い
- 媒体購入 ← 媒体購入サービスの本来の対価以上の金額を支払う

出所：A.T.カーニー

●──広告代理店への丸投げ

　一部の広告主では、メディア広告の担当部門がさまざまな施策の立案を広告代理店に丸投げしているケースも見られる。確かに広告代理店は広告・マーケティングのプロであり、広告主はそれらの知見を活用すべきだが、たとえばマーケティングの目的などは基本的に広告主がイニシアティブをもって決定すべきことである。「何をどこまでやってほしいか？　検討の際の判断基準は何か？」などを明確にしないと広告代理店側もその知見を発揮しようがない。

　またこうした「丸投げ」の結果として、メディア広告の調達部門が広告代理店と「馴れ合い」の関係になってしまうケースも多い。広告主と広告代理店はパートナーであり、信頼関係を構築することが必要だが、健全なパートナーシップと馴れ合いは峻別すべきであろう。

Section 2 業界分析

●——業界構造

　一般的に、各広告主は広告代理店を通じて各媒体の枠や企画・制作などのサービスを調達しており、メディア広告費の直接的な調達先は広告代理店となる。特に、企画・制作業務においては、マーケティング部門のパートナーとして幅広いサービスの提供が期待されていることが多い。国内の広告代理店は数千社に及ぶが、うち上位3社のシェアは5割近くに達する一方で、4位以下の企業のシェアは数％にとどまっており二極化している（**図表8-2**）。

　図表8-3にメディア広告の大まかな調達プロセスを示しているが、広告

図表8-2 広告の取扱量シェア

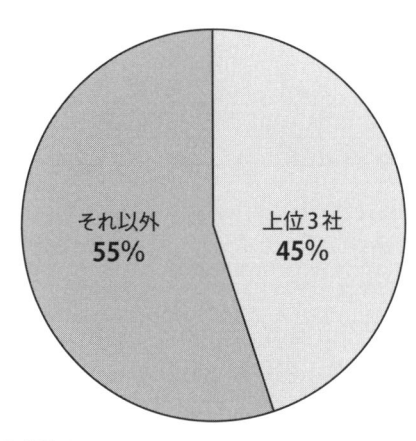

- それ以外 55%
- 上位3社 45%

注　：2006年の国内広告取扱量ベース。
出所：日経産業新聞編『日経市場占有率 2008年版』日本経済新聞出版社よりA.T.カーニー作成

図表8-3　メディア広告の調達プロセス

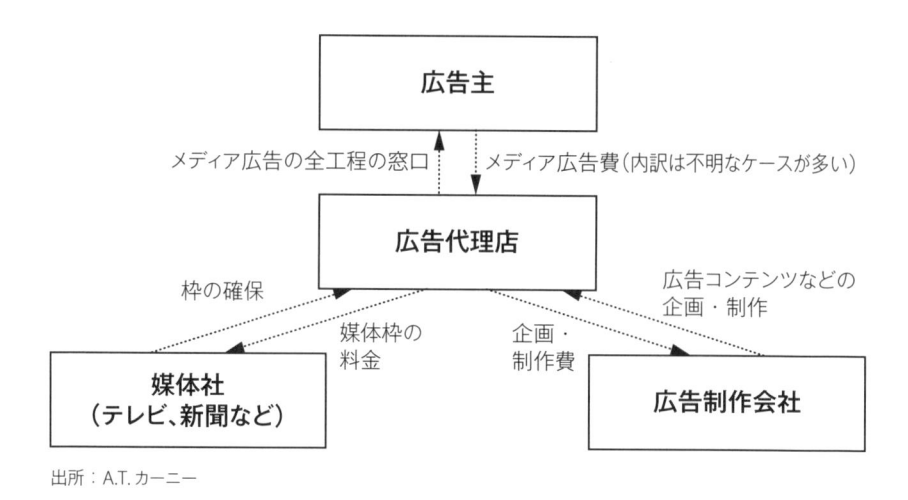

```
                        ┌─────────────┐
                        │   広告主    │
                        └─────────────┘
          メディア広告の全工程の窓口 ↑ ↓ メディア広告費(内訳は不明なケースが多い)
                        ┌─────────────┐
                        │  広告代理店 │
                        └─────────────┘
         枠の確保    ↙     ↑   ↑     ↘  広告コンテンツなどの
                  ↙  媒体枠の  企画・   ↘   企画・制作
                 ↙     料金   制作費     ↘
        ┌──────────────┐              ┌──────────────┐
        │    媒体社    │              │              │
        │(テレビ、新聞 │              │ 広告制作会社 │
        │    など)    │              │              │
        └──────────────┘              └──────────────┘
```

出所：A.T.カーニー

主の直接的な窓口を担っている広告代理店は、自社内のみならず制作会社を通じて広告やマーケティング活動全般を企画・制作し、媒体の枠はテレビ会社や新聞社などの媒体社から購入している

　媒体社としては、一般にマス4媒体と呼ばれるテレビ・新聞・雑誌・ラジオのほか、ポータルサイト（インターネット広告）、鉄道会社（交通広告）、ビルオーナー（屋外広告）などがあげられる。いずれも、広告主が直接媒体社と交渉の場を持つなどの接点は少なく、広告代理店を通じた枠とりや価格交渉が一般的である。特に、テレビスポット（番組の間に複数の時間帯・曜日を組み合わせ放送されるテレビCM）枠をいかに押さえるかが各代理店の腕の見せどころとされている。

　したがって、広告代理店は広告主と媒体社それぞれの「代理」として、双方の橋渡しの役割を担っている。ただし、これまではどちらかというと媒体社の「販売代理」、すなわちSupplier's Agent（サプライヤーズ・エージェント）としての立ち位置をとることが多かった。

●――取引形態

さて、広告主はこれらの枠の調達費用や各種サービスの対価を広告代理店に支払うのだが、その形態としては大きく四つの形態がある。

これまではグロス取引が最も一般的であったが、この取引形態は前述した「ねじれ」構造を持っており、取引の透明性も低いという問題を抱えている。グロス取引は依然として多くの企業で採用されてはいるが近年減少傾向にあり、代わってフィー報酬や、さらにはインセンティブ（成果報酬）を組み合わせた契約体系の比率が徐々に高まりつつある（**図表8-4**）。インセンティ

図表8-4　広告代理店との契約のあり方とそのトレンド

日本での採用状況（2002～2008年）

契約形態	説明	2002年	2005年	2008年
グロス取引	広告会社に支払うトータルの金額のみ広告主は把握している	66	60	55
コミッション取引	広告主は少なくともネットコスト（原価）と手数料の金額は把握	32	46	30
フィー報酬	代理店の作業コスト（主に人件費）に基づいて報酬を支払い、ネットコストも把握	3	14	20
インセンティブ（成果報酬）	KPIを設定し、目標達成度合に連動して報酬を決定	1	2	5

（単位：%）

※非公式で採用しているものも加えると実際は10％以上あり得る

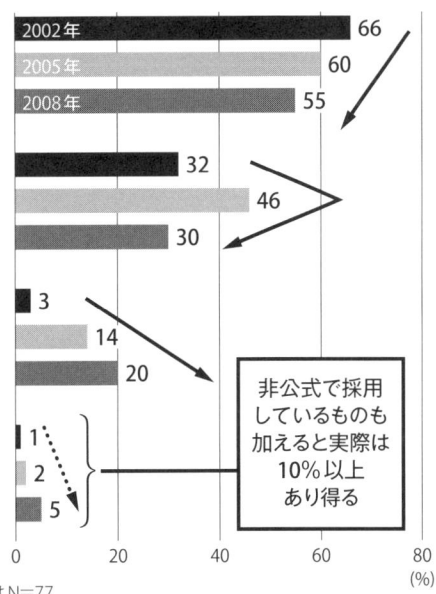

注：2002年はN=117、2005年はN=90、2008年はN=77
出所：社団法人日本アドバタイザーズ協会『月刊JAA』2008年9月号

ブを組み合わせる場合は、「いかに効率的にターゲット層にメッセージを届けられたか？」などをKPI（Key Performance Indicatorの略称。売上などの結果に至るまでの重要なプロセスを評価する指標）に設定して、その達成状況に応じて報酬を支払う仕組みなどが考えられる。こうした取り組みは外資系ばかりではなく、徐々にではあるが日本企業にも広がりつつある。

◉──市場規模・トレンド

　広告費全体は微増傾向にある。媒体別に見るとテレビが最も多いが、近年は減少傾向にある。一方で、インターネットやセールスプロモーション関連

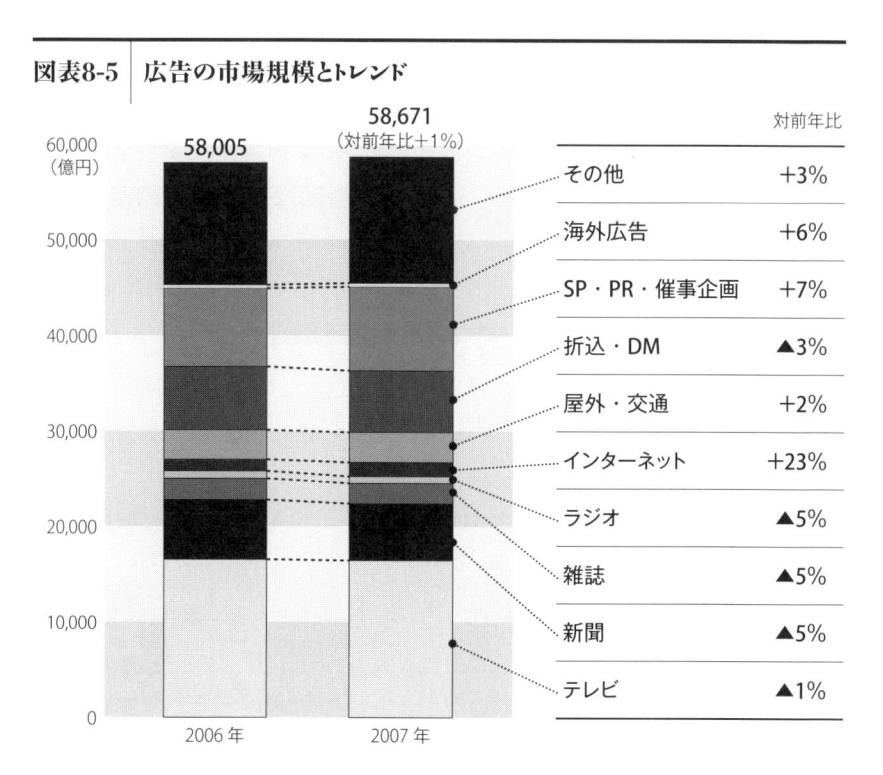

図表8-5　広告の市場規模とトレンド

媒体	対前年比
その他	+3%
海外広告	+6%
SP・PR・催事企画	+7%
折込・DM	▲3%
屋外・交通	+2%
インターネット	+23%
ラジオ	▲5%
雑誌	▲5%
新聞	▲5%
テレビ	▲1%

2006年：58,005（億円）
2007年：58,671（対前年比＋1%）

出所：経済産業省「特定サービス産業動態統計調査」2008年12月分を基にA.T.カーニー作成

の比率が大幅に伸びている（**図表8-5**）。テレビや新聞などの出稿が減っているのはその媒体に接する人・時間の減少、すなわち視聴時間や発行部数の減少が主な原因である。たとえばテレビに出稿している多くの広告主が重視する20～30代の女性のテレビの平均視聴時間は、10年前に比べて1日あたり10～30分減少しているし、新聞や雑誌も発行部数・販売部数の減少傾向が続いている。背景としてはインターネットの普及などによる娯楽や情報源の多様化があげられており、今後もこの傾向が続くとする見解が多い。

　このような消費者のマス媒体離れ、広告手段の多様化・高度化を背景に、広告代理店側には前述の販売代理（Supplier's Agent）から広告主の購買代理（Buyer's Agent）に重点を移す動きが見られる。広告主側にはこうした動きを捉えながら、広告代理店の知見を上手に活用することが求められる。ただし、そのためには広告やマーケティング活動の目的の明確化、広告代理店を客観的に評価する指標（KPI）の導入など、広告主側がイニシアティブをとって環境を整備する必要がある。これまでのような「丸投げ」「馴れ合い」の関係では広告代理店の知見をフルに活用することは難しいであろう。

Section 3　コスト構造・ドライバー分析

● ── 基本的なコスト構造

　コストは、リサーチ・プランニング・制作といったいわゆるブランド作業にかかるコストと、媒体購入にかかるコストに大別される。さらにブランド作業と媒体購入のそれぞれは、外部コストと内部コストに分けることができる（**図表8-6**）。一般に、媒体購入の外部コストが最も金額が大きい。

　媒体購入の外部コストはさらに単価と出稿量に分解される。多くの企業において最も金額の大きいのはテレビへの出稿であるが、テレビの媒体購入の

図表8-6　メディア広告費のコスト構造

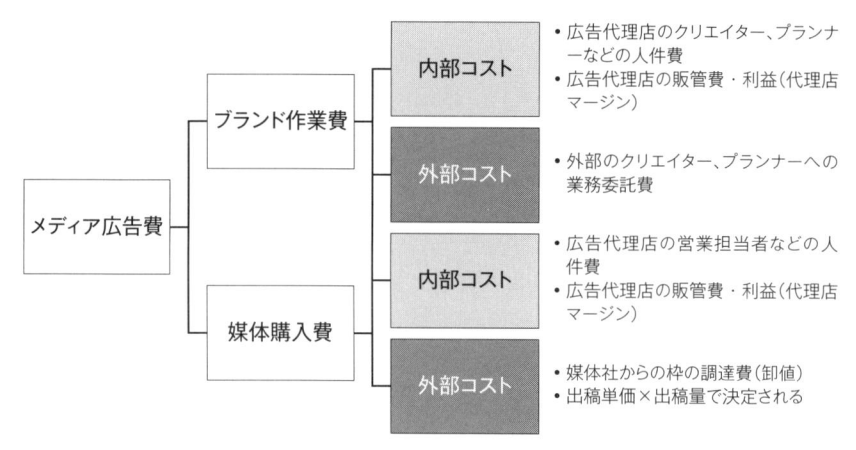

```
メディア広告費
├─ ブランド作業費
│   ├─ 内部コスト
│   │   ・広告代理店のクリエイター、プランナーなどの人件費
│   │   ・広告代理店の販管費・利益(代理店マージン)
│   └─ 外部コスト
│       ・外部のクリエイター、プランナーへの業務委託費
└─ 媒体購入費
    ├─ 内部コスト
    │   ・広告代理店の営業担当者などの人件費
    │   ・広告代理店の販管費・利益(代理店マージン)
    └─ 外部コスト
        ・媒体社からの枠の調達費(卸値)
        ・出稿単価×出稿量で決定される
```

出所：A.T.カーニー

単価と出稿量はGRP（Gross Rating Point）と呼ばれる指標をベースに決められることが一般的である。GRPは「延べ視聴率」の考え方であり、たとえば視聴率10%の時間帯に5本、8%の時間帯に10本のCMを流すとGRPは10%×5＋8%×10＝130%（GRP）となる。この考えをベースに、「1GRP＝○円」という形で単価（いわゆる「GRP単価」）が決まり、「来月は○局に○GRP出稿してください」といったやり取りがなされるのである

ただし、GRPベースでの発注や管理はいくつかの欠点を持っている。一つ目は値決めに使われるGRPは「想定値」であり、実際の値とのギャップ（アクチュアルダウン）が生じてしまうことである。確かに、実際にどのくらいの人が当該メディアに接するかは判断しにくいが、広告主としては実際の数値（Actual）で押さえておきたいところである。

二つ目は「世帯ベース」、すなわち「何世帯が見たか？」の考え方であり、「どの層が見たか？」が考慮されていないことである。当然ながら広告主にとっては、ターゲット層に確実に広告メッセージを伝えることが重要である。たとえば若い女性向けの化粧品のテレビCMを、中高年の男性向け番組でい

かに大量に流しても効果は上がらないであろう。このように、出稿する媒体に接する人のうち、自社のターゲット層がどのくらいを占めているか？（ターゲット含有率）という視点を組み込むことも重要である。

◉——価格決定のメカニズム

　最も金額の大きい媒体購入費（外部コスト）のうち、各媒体への出稿単価は、広告代理店と媒体社の交渉を通じて決定される。媒体により体系が異なり、たとえばテレビのスポットCMであれば全日、逆L、コの字などの出稿パターン（**図表8-7**）別のGRP単価、新聞であれば掲載面や位置の指定による段単価といった形で決定されることが一般的である。

　テレビにせよ、新聞にせよ、多数の広告主から出稿依頼を受ける媒体社からすると、人気の高い枠に指定されれば当然単価も高くする。したがって、たとえばテレビであれば指定の無い全日が最も安く、逆Lが最も高くなる傾向にある。ただし、同じテレビ局の逆Lを購買する場合でも、単価は広

図表8-7　テレビスポットの出稿パターン

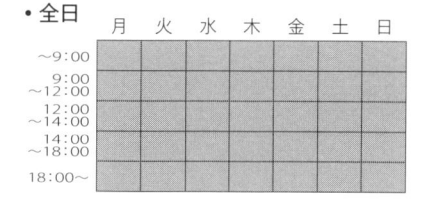

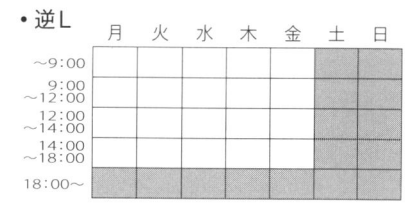

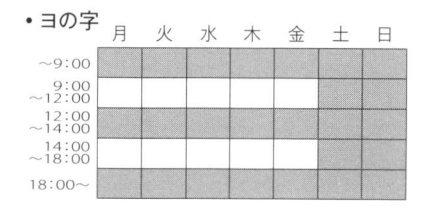

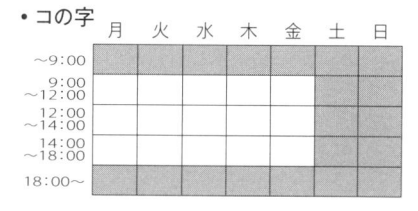

・全日

・逆L

・ヨの字

・コの字

出所：A.T.カーニー

告主によって異なる。その広告主の出稿量のみならず、過去の取引状態やステータスなどを加味して決められていると言われている。この辺りも広告主から「不透明」と言われがちな業界特性を窺うことができる。

　一方で、どの媒体にどのくらい出稿するかは基本的に広告主が決めることである。とはいえ、理論上の出稿パターンは無数にある。たとえばテレビスポットに限定しても、「どの局にどのくらいの比率で配分するのか？」「出稿パターンは？」といった検討が必要である。そもそも全体の媒体調達費に占めるテレビスポットの比率の判断も必要である。これらを広告主のみで行なうことは困難なため、多くの広告主は広告代理店のデータや分析機能などのサポートを得ながら検討を行なう。そして好ましい曜日・時間帯での出稿が可能になるよう、広告代理店を通じ、テレビ局に働きかける。こうした広告代理店の機能をフルに活用することも費用対効果を上げる上で極めて重要である。

　ブランド作業の外部コストについては、有名なクリエイターやプランナーへの業務委託費は個別性が高いが、アシスタント的なスタッフについてはある程度の相場価格があり、それに基づいて決められている。

　広告代理店の内部コストについては、ブランド作業・媒体調達ともに社内の担当者の人件費に販管費・利益を加えたものであるが、特にブランド作業の部分について注意が必要である。というのも、ねじれ構造ゆえに広告主から正当な対価が支払われていないことが多いからだ。プランナーやクリエイターへの人件費は固定費的な要素が強い一方で、出稿量が減ると広告代理店の対価がこれに連動し減少するため、十分な企画・制作費が支払われなくなりかねない。クオリティを継続的に担保するためにはむしろ増額すべきケースもある。逆に、媒体調達の部分については本来のコスト水準以上に支払われているケースが多い。

　これまで見てきたように、サービス（ブランド作業と媒体調達）、広告代理店の内部／外部費用の構造、対価のあり方の三つの視点からメディア広告費を理解することがポイントである。

Section 4　コスト適正化のフレームワーク

●──サプライヤーマネジメント

多くの企業においてメディア広告費の中で最も支払いが大きいテレビスポットについては、前述のターゲット含有率、アクチュアルダウン、広告代理店の内部・外部費用とその対価などについて、広告代理店を交えて改善していくことがポイントとなる。たとえばターゲット含有率は、**図表8-8**のような分析を通じて多数の選択肢から最適な枠のパターンをシミュレーションするのだが、机上の計算のみならず、それを実際に押さえられるか否かがポイントである。その他の媒体でも、枠が特定の広告代理店に紐付いていな

図表8-8　ターゲット含有率を通じたコスト適正化のイメージ

数値上の視聴率は同じだが……

時代劇X: 3%、22%
バラエティY: 19%、6%

ともに世帯視聴率 18%

■ 女性50歳以上の個人視聴率
■ 女性20〜25歳の個人視聴率

ターゲットへの到達効率には大きな差がある

- 時代劇XもバラエティYもGRP単価は同水準と仮定すると……
- 20〜25歳の女性をターゲットとする企業にとっては、バラエティYへの出稿効率は時代劇Xの6.3倍（＝19%÷3%）
- 50歳以上の女性をターゲットとする企業にとっては、時代劇Xへの出稿効率はバラエティの3.7倍（＝22%÷6%）
- 同様の考え方をテレビ局単位で行なうことで、スポット広告においても、自社のターゲットに最も効率的にコンタクトできる局の組み合わせをシミュレーションすることができる

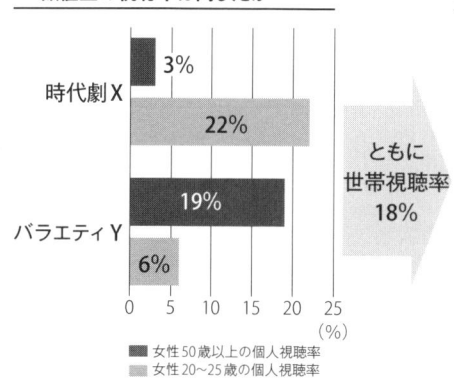

出所：A.T.カーニー

い場合は、同様のアプローチが有効である。

●──ユーザーマネジメント

そもそもテレビにどのくらいの費用を投下すべきか？　といった媒体種別の資源配分のあり方や、メディア広告費の総額については、やはり広告主側で主体的に判断すべきことである。あるいは、番組提供の広告や雑誌の一部枠への出稿のように特定の代理店に紐付いている場合も、同様に広告主側の判断が重要である。これらは仮に現在取引のある広告代理店に相談しても、十分なサポートを期待できないケースが多い。背景には、多くの広告代理店のビジネスモデルが媒体、とりわけテレビスポットの出稿量に依存したものであり、依然として前述のSupplier's Agentの体質が残っていることがあげられる。

往々にしてこうした広告主側の判断は過去の実績を踏襲するだけだったり、担当者の勘に依存したりすることが多いが、近年は定量的な分析手法が開発

図表8-9　出稿量最適化の主な手法

アプローチ	概要	前提条件・留意点
マーケティング投資効果分析ROMI	・販売数量を目的関数に、自社のマーケティング施策（メディア、PR、店頭販促、価格等）から、競合の施策・気候要因までの各要素がどのように影響しているかを定量的に把握する（多重回帰モデル） ・時系列で、販売と広告投下・販促施策の関係を把握できる	・説明力の高いモデルを作るための情報収集に期間を要す（特に競合・流通の施策等の情報） ・半年以上の期間を要す
マーケット・コンタクト・オーディットMCA©	・ブランドと消費者を結ぶさまざまなコンタクトポイントの「影響力」と「ブランドの差別化力」をスコア化し「ブランド体験スコア」を算出。個々のコンタクトポイントの投資効率を評価する ・コンタクトポイントの利き方には商品カテゴリー毎に特性あり	・市場調査の実施が必要 ・「ブランド体験スコア」とマーケットシェアの相関は85％程度 ・4〜5カ月の期間を要す
リーチ&フリークエンシー(R&F)分析 ※テレビのみ対象	・忘却効果も折り込んで、テレビ広告の最適なR&Fを定量的に把握 ・テレビスポットの過剰出稿抑止のガイドラインとする	・新商品・季節商品などの登場期の分析に有効 ・既存商品については、CM認知率を指標とする

注　：MCA© は Integration 社の商標登録。
出所：A.T.カーニー

図表8-10　ROMIの検討イメージ

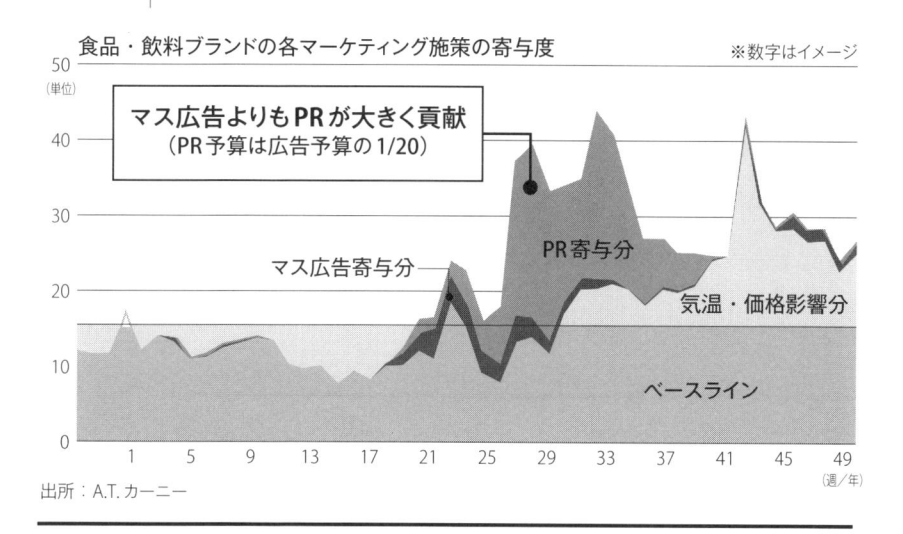

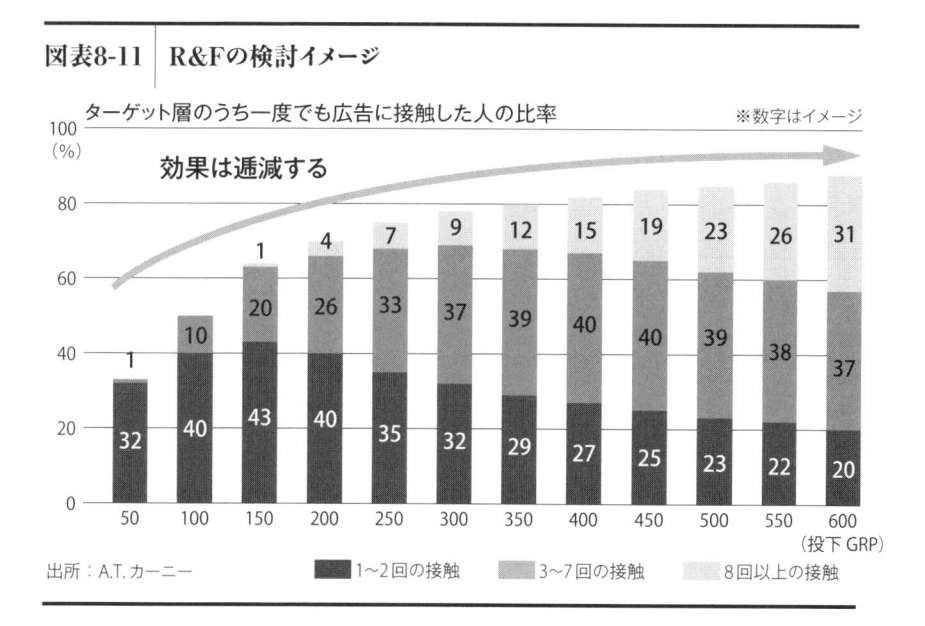

食品・飲料ブランドの各マーケティング施策の寄与度　　※数字はイメージ

マス広告よりもPRが大きく貢献
（PR予算は広告予算の1/20）

- マス広告寄与分
- PR寄与分
- 気温・価格影響分
- ベースライン

（縦軸：単位、0〜50／横軸：1, 5, 9, 13, 17, 21, 25, 29, 33, 37, 41, 45, 49 週/年）

出所：A.T.カーニー

図表8-11　R&Fの検討イメージ

ターゲット層のうち一度でも広告に接触した人の比率　　※数字はイメージ

効果は逓減する

投下GRP	1〜2回の接触	3〜7回の接触	8回以上の接触
50	32	1	–
100	40	10	–
150	43	20	1
200	40	26	4
250	35	33	7
300	32	37	9
350	29	39	12
400	27	40	15
450	25	40	19
500	23	39	23
550	22	38	26
600	20	37	31

出所：A.T.カーニー

されている（**図表8-9〜8-11**）。広告にはコンテンツのクオリティの影響が大きいことは事実だが、これらの手法を用いながらより定量的・客観的な意思決定を心掛けるべきであろう。

Section 5 実行上のポイント

◉広告代理店とのWin-Winな関係作りを目指す

　一方的なコスト削減は避けて、最終的には広告代理店とのWin-Winの関係構築を目指すべきであろう。広告代理店も適正な利益を確保できない広告主にリソースを投下し続けることは困難である。特に前述の「ねじれ」がある場合は、ブランド作業について適正水準の販管費や利益、必要経費はきちんと支払うべきである。もちろん、その一方で、たとえば媒体調達について過剰な利益があればそれは削減すべきだが、一方的なコスト削減はクオリティの低下を招き、売上に悪影響を及ぼしかねない。トータルでの適正化の視点を持つことが重要である。

◉代理店政策の見直しとの組み合わせ

　広告代理店とWin-Winの関係を作るには、広告主の意識のみならず広告代理店側にもBuyer's Agentとしての意識を持ってもらうことが重要である。そのためには代理店政策の見直しが必要となる。特に、評価・報酬制度と発注スタイルを見直すことで、広告代理店の行動様式をBuyer's Agentの立ち位置にシフトするよう促すとともに、コスト削減提案を引き出すことが期待できる。

　たとえば、媒体調達のスケールメリットを追求するCMB制（詳しくは**図表8-12**を参照）の導入、コストの内訳の詳細把握（グロス取引からの脱却）、KPIの設定・管理などが重要となる。

図表8-12　発注スタイルの方向性

	概要	メリット	デメリット
AE （アカウント・エグゼクティブ）	・ブランド別垂直統合 クリエイティブ作業・メディアミックス検討・媒体調達などをブランド単位で同一広告会社に発注	・広告会社／クリエイターの一貫した活用による広告効果の最大化 ブランド別に各媒体が集約され、メディアミックスを駆使した企画・実行が容易になる	・取引が不透明 ブランド作業の対価を媒体マージンで補う構造のままであるケースが多い
CMB （セントラル・メディア・バイイング）	・機能別水平統合 ブランド横断で媒体を調達する。クリエイティブなど企画・制作業務は必ずしも媒体調達会社に発注しない	・取引の透明化 媒体調達代理店はネット開示・フィー制が多い ・代理店マージン低減 代理店集約・作業工数に応じたフィーに移行、マージンは低下 ・媒体品質の向上 バイイングパワーが増し、含有率の高い枠の確保が容易化	・ブランド作業を担う代理店の動機付けが低下しかねない 実作業においてもメディアミックスを意識した上流作業が困難になる中、媒体調達による収益源が断たれる

注　：実際の運営においてはAEとCMBを組み合わせた形態もあり得る。
出所：A.T.カーニー

● **マーケティングの全体プロセスや体制の再構築も視野に入れた検討**

　広告取引は確かに専門性の高い分野ではあるが、売上・コストの両面で経営に与える影響が大きいため、聖域化せずに妥当性を常にチェックする仕組みが必要である。そのためには企画・管理部門も巻き込みながら、マーケティングの予算管理のあり方にまで遡って仕組みを検討すべきである。このようなプロセスや体制の整備の視点を欠いたままで改善を実現しても、それは一過性のものに終わる可能性が高い。

　また近年は持ち株会社形式で多数の事業子会社を傘下に持つグループが増えてきている。プロセス・体制の整備に際しては、グループ横断的な視点も欠かせない。

第9章 コスト削減プロセスにおいて求められるリーダーシップとプロジェクト運営

「こんなに下がるなんて、今まで一体何をしていたんだ?」

この何気ない上司の一言が、コスト削減が進まない組織文化を形成させ、改革が困難な高コスト体質を作り出してしまう。このような発言を聞いた部下は、削減の可能性を見出すことは自分の所属する組織の恥を表面化させるだけであり、ややもするとマイナスの評価を下されかねないという危機感を持ってしまう。その結果、いざ本気で抜本的なコスト削減に取り組もうとしても、「既に相当削減してきていますので……」という言葉と共に、一律2%から5%程度の削減案が出てくるのがやっという状況に陥るのだ。

こうなるといくら経営陣が号令をかけても、なかなか事態は打開できない。そして経営陣からは「うちの社員は本質を捉えて自分の頭で考え、抜本的な解決策を立案することがどうも苦手だ」といった発言が聞かれるようになる。このように、自らコスト削減が進まない組織文化を無意識に作りあげていることに気が付いていない経営陣は珍しくない。コスト削減は下げるための分析スキルや解決策の立案スキルだけでなく、長年にわたって作りあげてきた組織文化に対しても挑戦する必要があるため、従来の延長線の改善活動では限界を打破できないのである。

したがって、大きな削減効果を創出するには、強いリーダーシップのもと、専念できるプロジェクトチームを組成し、一定期間十分に体力を投下していく、プロジェクト仕立てでのコスト削減活動が有効である。本章では、この

プロジェクト活動におけるリーダーの役割とプロジェクト運営方法のポイントについて説明をしてみたい。

間接材の調達コストの削減においては、プロジェクトチームの組成、データの整備、削減余地の特定、交渉、定着という一連の活動を展開していく必要があり、各プロセスにおいてリーダーが果たすべき役割が大きく存在する。その役割を、リーダーが十分に理解して実践できるかどうかによって、見つけられるコスト削減余地の大きさや、見込んだ削減余地の実現率に差が生じる。また、数年後には日々の業務を通じて再び元の姿に戻ってしまう可能性もあり、定着させられるかどうかも、リーダーがどこまでを自らの役割として範囲設定するかによって大きく異なってくる。

本章ではコスト削減の一連のプロセスにおいてリーダーが実践するべき役割と、コスト削減活動の運営のポイントについて明らかにしたい。

Section 1　プロジェクト体制構築ステップ

◉──リーダーに求められるプロファイル

コスト削減プロジェクトの運営においてリーダーに求められるプロファイルは、下記の三つを有していることが望ましい。

1）限界を突破しようとする意志

これまでのコスト削減の限界を突破するためには、サプライヤーの動向を研究し、多角的な視点から分析し、粘り強く交渉していく強い意志が必要である。また、そうした意志をプロジェクトメンバーに対して鼓舞し続けることがリーダーには求められることを認識すべきである。

2）ユーザーマネジメントを実現する対峙力

仕様変更など業務に大きな影響を与えるユーザーマネジメントを実現するには、現場を説得していく必要がある。説得にあたっては社内のさまざまな論客に対して対立することを恐れずに徹底して議論を行ない、時には感情的な議論になりながらも、最後はあるべき方向に物事をまとめあげていくという対峙力が必要である。

3）コスト削減実績

チームメンバーを率いて現場を説得していくにあたり、リーダーがコスト削減の成功体験を持っていることは、これまでの限界を突破しようという意志と対峙力の支えとなる。もちろん、実績が無い人がリーダーになれないということではない。新たな限界を突破していく過程では、途中で成果が出せるのか不安になり、不安な中でチームを引っ張り続け、現場と対峙し続けることは容易ではない。それゆえに、こうした状況下での活動が期待できる原体験の有無に着目してリーダーを選任することが有効である。

●——チームの組成方法

チームメンバーの組成にあたっては、対象費目単位で責任分担を行なうことを前提に、各費目に関する業務を理解している人物（できれば発注していた経験がある人）を選任することが有効である。なぜなら、発注価格の重要な決定要因となっている"仕様"を理解していることが分析作業のスピードと品質、さらには削減余地を特定した後のユーザーマネジメントの成果を大きく左右するためである。

また、削減余地の特定から交渉までの一連の流れをスムーズに実現するには、余地の分析と交渉を実施する人物を一致させることも、有効な手段の一つである。日々の交渉担当者とは異なる人物が交渉を行なう場合は、サプライヤーに対して既存の担当者以上の緊張感を生み出し易い。したがって、交渉を担当する人物は必ずしも現在の発注者にこだわらなくても良い。

担当者と運営体制に加えて重要なのが、責任と権限である。削減対象となる費目は組織間を跨って括られて検討されることで、交渉する母数が増大し

図表9-1　プロジェクトチーム組成と運営のポイント

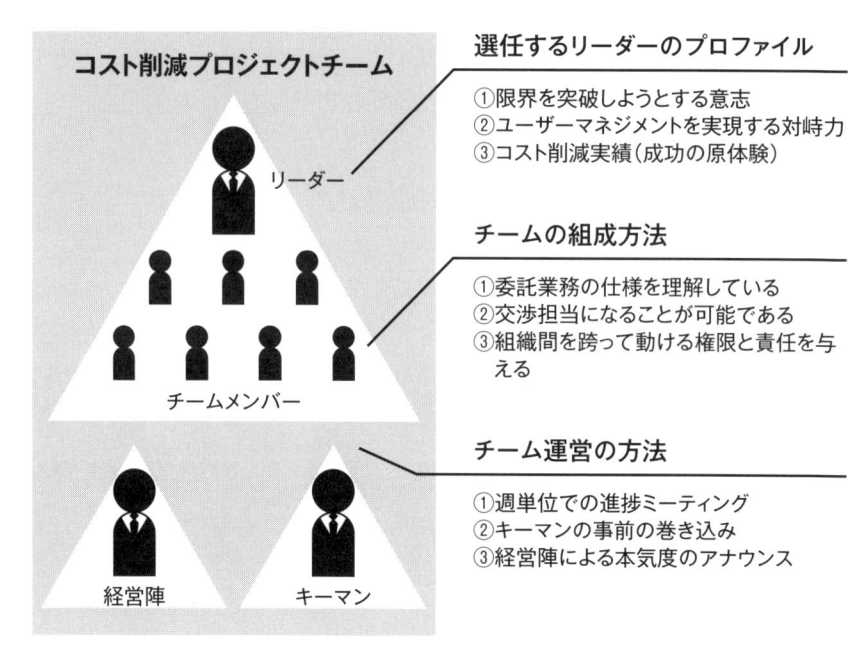

コスト削減プロジェクトチーム

- リーダー
- チームメンバー
- 経営陣
- キーマン

選任するリーダーのプロファイル
① 限界を突破しようとする意志
② ユーザーマネジメントを実現する対峙力
③ コスト削減実績（成功の原体験）

チームの組成方法
① 委託業務の仕様を理解している
② 交渉担当になることが可能である
③ 組織間を跨って動ける権限と責任を与える

チーム運営の方法
① 週単位での進捗ミーティング
② キーマンの事前の巻き込み
③ 経営陣による本気度のアナウンス

出所：A.T.カーニー

て交渉力が高まる。したがって、プロジェクトメンバーには費目ごとに組織を跨って分析と交渉に必要な責任と権限を委譲し、組織を縦横無尽に動けるようにしておくことが重要である。

●──チームの運営方法

　交渉フェーズはもちろんだが、削減余地を分析するフェーズにおいても、週単位で進捗を管理し、全費目の関係者が一堂に会して進捗を管理することが有効である。全体で集まることで、自分も他者に遅れずに削減余地を発見しなければという意識が高まる。進捗会議では「このようなところに削減余

地が潜んでいた」「このような分析の仕方が有効であった」といった報告が各担当者から行なわれる。意識が高まっているところで、互いの着眼点や分析アプローチが共有されることで、意識の高まりとスキルの成長が加速していく。

　交渉フェーズでは、見込んだ削減余地に到達するまでに、基本的に時間がかかるものである。この間、算定した削減余地の正しさを、分析した本人であっても信じ切ることに一抹の不安を覚えるものだ。不安に耐えて、信じて、時間を掛けて交渉していく過程で社内のキーマンから後押しが無い場合、担当者が耐え切れずに削減余地半ばにしてサプライヤーと妥協案を取りまとめてしまう危険性が高まる。したがって、分析フェーズからキーマンを巻き込み、プロジェクトの支援者にしておくことが肝要である。

　また、間接材コストの削減において手間がかかる工程は、実は情報の収集である。直接原価と違い、原価構造を捉え切れずに発注が行なわれていたり、委託作業の実績を細かく管理していないことが多くの原因である。

　削減余地を分析するためには、これまで管理してこなかった新たな情報の収集やサプライヤーへの情報提供依頼など、情報収集面での現場の協力が欠かせない。経営陣による本気度のアナウンスは、この手間のかかる資料提供に時間を投じる必然性を現場に与え、協力的な姿勢を作る意味で大変有効である。したがって意図的に定期的なアナウンスを実施することが望ましい。

Section 2　削減余地の特定ステップ

● ──経営陣による宣言

　冒頭でも述べたが、コスト削減が困難を極めるのは、大きな成果はこれまでの取り組みが不十分であったことの裏返しになってしまうことにある。そ

のため、実行に携わるメンバーは大きな成果が出ることを望まなくなり、削減できない理由ばかりが列挙された"言い訳プロジェクト"に終始してしまうことが少なくない。これがトップダウンでコスト削減に取り組み、精一杯号令を掛けてもなかなか成果が上がらない要因である。

　こうした状態に陥らないために、最初に経営陣が行なうべき行動は「過去は問わない」という評価姿勢を明確に宣言し、逆に本プロジェクトでの成果を評価する方針を伝え、現場を早い段階で安心させることである。

◉──削減余地を明確化することの徹底

　コスト削減活動にありがちなのは、数年に一度、恒例行事のように一律5％から10％といった少々頑張れば実現ができそうで、しかも妥当な水準に感じられる目標を根拠なく掲げ、サプライヤーに「協力してくれ」と一方的に依頼することである。こうした活動に終始した企業では、「無理な要求をした」「あのとき聞き入れてもらって借りを作った」という意識を現場に持たせてしまっているケースが少なくない。実はこの意識がその後のコスト削減の足かせとなっている。現場では優良なサプライヤーに対してはコスト削減協力へのお返しの意味も込めて、サプライヤーにとって"おいしい"仕事を発注することが多く、これを手始めに定量化できない貸し借りの関係がスタートするのだ。数年経つといくらの貸しと借りがあるのかがわからなくなる。そして、人事異動による担当者の変更が生じ、新たな担当者は「下手に取り組んで何かが出てきては困る」という思いにかられて"過去に世話になったサプライヤー"として聖域化する。こうしてサプライヤーの地位安定と取引価格の前年踏襲が行なわれるようになり、市場価格からの乖離が進み始めるのだ。

　このような状況に陥らないためにも、事前に削減余地を分析して各取引においてこちらが支払うべき妥当な金額と、相手が取ることが妥当な利益を見極めて、コスト削減を要請していくことは重要である。

　削減余地を事前にしっかりと分析することによって得られる効果はこれだけでない。実は、削減余地を理詰めで分析していくと、10％を遥かに超える余地が見出せる取引先や、費目が出てくることが少なくない。

一般的に多くの企業では一定のコスト削減努力をしてきていると思っているため、十数から数十％というレベルで削減が見込まれるなど、期待すらされていないのが通常である。それゆえに、下げ切ったという勝手な思い込みによって思考停止に陥るのではなく、ゼロベースで情報を収集し、「10％以上の余地を見つけるのだ」という気概を持って分析に挑むことが削減余地を創出するカギとなる。また、このようにして削減余地を明確化しているからこそ、交渉フェーズで委託先からさまざまな価格の根拠について説明を受けても、動じることなくじっくりと腰を据えて切り返していくことができる。

　リーダーは、事実と分析結果に基づいて削減余地を明確化してから交渉に入っていくことを現場に徹底させる必要がある。

◉──現場の視察だけではなく自ら分析を実践する

　委託業務内容を十分に理解し、現場でどのような業務がどの程度の難易度で行なわれているのか、委託作業内容の実態を把握できている企業は実は少ない。したがって、リーダーが自ら実際に委託している業務をつぶさに観察することは、削減余地の切り口を発見する第一歩として有効なアクションとなる。

　現場の発注担当者も委託業務内容を実際には見たことがなく、前任者の業務のやり方を引き継いでいるだけといった場合が少なくない。このような状況では発注担当者から提供された情報だけでは分析の精度が低下する恐れがある。しかし、直接足を運べば事実に立脚した分析ができるほか、現場を実際に見た上で話すことにより、リーダーの発言に対する説得力も高めることができる。

　その際、注意すべきポイントは、視察になってしまい、現場を労う声がけに終始し、陳情を聞く場にしないことだ。あくまでも、五感を研ぎ澄ませて経験値の豊富なリーダーが自らコスト削減の余地を発見していく実行の場として現場に出向いていくことが重要だ。

●──過去の取り組みと現場が感じている限界レベルの把握

「過去に10％取り組んでおり、もう余地はほとんど残されていないはずだ」「昨年5％の値下げ要請を受け入れてもらったばかりなのでこれ以上の削減は無理だ」など、プロジェクトを開始するとさまざまな声が現場では聞かれる。現場がコストを削減することが難しいと感じている理由を聞くことは、削減余地がどれくらい見込めるのかを判断する上で大変有効である。

間接材コストは5年くらい経過すると過去にどれだけ削減を行なっていても、さらに余地が見込める傾向があり、過去5年間で1割以内の削減実績しかない場合などは、ゼロベースで見直すことで、大きな余地が期待できる可能性を秘めている。

●──組織長の現場の掌握状況の把握

削減余地の大きさは「各案件を抱えている組織の長が、どれだけその案件のコスト削減に時間を割いてきたか？」によって大きく変化する。

一般的に、発注を実際に行なっている担当者は、組織長のチェック意識以上の目線を持って業務に当たってはいない場合が多い。間接材コストの管理は各部の本業ではないため、なるべく工数を掛けずに業務を行なおうという意識で取り組んでいることが最大の原因だろう。そのため、コスト削減よりも稟議の際に上司から指摘を受けない手続きの進め方に関心が高まってしまい、コスト削減のために業務を割こうという意欲が湧き難い。さらに、間接材コストの多くは自動更新型の契約形態であるため、問題が無く昨年と内容が同様であれば、稟議も素通りして固定費化が進行していく。

したがって、組織長がどこまで当該業務を理解して問題意識を持ち、関与しているのかを把握することは、削減余地が見込める可能性を判断する有効な材料となる。

●──委託先の状況認識と関係の把握

　多くの企業の発注現場では、サプライヤーの売上規模や利益率をまったく認識せずに、何年にもわたって重要な業務を委託し続けているケースが少なくない。中には自社に対する売上依存度が非常に大きいサプライヤーの営業利益率が、業界平均を大幅に上回っているといったことをまったく認識できていないことも珍しくない。また、こうした事実を知らずに、発注担当者はサプライヤーが中小企業であるという理由だけで、「値下げを要請したら潰れてしまうかもしれないので、これ以上のコスト削減を要請することはいかがなものか？」と、思い込みだけでコスト削減活動の是非を問う意見が出されることもある。サプライヤーに対する認識がこうした状況にある場合、割高な発注が行なわれている可能性は極めて高い。

　したがって、発注担当者がサプライヤーの経営状況をどれくらい理解しているかを把握することは、削減余地の当たりをつける上で有効である。また、「どれくらい丸投げ状態になっているか？」「サプライヤーに借りがありそうか？」といったことを把握し、サプライヤーの切り替えに対する抵抗感や難易度を把握しておくことも、実行に向けた準備材料として必要である。

●──相見積もり取得体制の構築

　最近は内部統制の強化により、発注に伴う相見積もりの取得が定着しつつあるが、相見積もりの形骸化も進行していると言わざるを得ない。多くは既存への継続発注を前提としており、相見積もり業者にとって提案準備が難しいスケジュールや、見積もりに必要な情報提供が不十分な状態での見積もり依頼も珍しくない。こうした相見積もりはまったく無意味であり、サプライヤーに対するプレッシャーが掛かることもなく、あくまでも社内手続きをやり過ごす対応にしかなっていない。

　したがって、コスト削減プロジェクトを立ち上げた場合には、相見積もりの取得を現場に任せてしまうことは危険であり、リーダーの指示のもとで、プロジェクトメンバーが主導して実施することが必要となる。

Section 3 交渉ステップ

●――交渉段階での担当者のリード

　交渉場面でよく目にする光景は、「……にすればできるはずでしょう」と相手より先にこちらから方法論を持ち出して削減を要求し、「……なのでできません」とサプライヤーからひたすらできない理由の説明が行なわれてしまうことによる行き詰まりである。このように、こちらが策を出せないので価格が下がらないという構図を描いてしまう担当者が少なくない。このパターンに陥る担当者に共通するのは、比較的優秀な社員に多く見られるということだ。優秀な社員ほど他社事例を研究したり話をしている中で問題点に気付くわけだが、やっかいなのは、思ったことを話してしまうことにある。
　したがって、リーダーは社員に対して自分が解決策を提示するのではなく、サプライヤーからの提案を引き出させるという基本姿勢を徹底させることが必要である。

●――交渉に必要な時間のコントロール

　価格交渉は基本的に1回では終わらない。なぜなら、サプライヤーはすんなり値下げ要求を認めてしまっては「今までの価格は何だったのか？」という価格の妥当性に対する不信感を生んでしまうことと、「言えばすぐに値下げに応じるサプライヤーだと思われて来年も同じことを要求されては困る」という心配から簡単には応じないのである。したがって、通常は2～3回は交渉を行なうことが常識的な回数になっている。
　しかし、削減要請が10％を超えてくると、そう簡単にサプライヤーも応じることはなく、ましてや20％、30％の要求を申し入れると両者が納得感を醸成しながら交渉を進めなければ、取引自体を相手が解消してくる可能性

も高まる。だが取引価格の妥当性を分析すると20％、30％を超える削減要請が妥当な取引も存在するわけであり、そうした状況下で交渉が失敗する大きな要因が「交渉に要する時間」の認識に潜んでいる。

　一般的な企業がこれまで行なってきた一律数％型の交渉は、自社が置かれている経営状況を説明し、ある程度の線で歩み寄っていくことを念頭において交渉がスタートできるため、両社が合意を形成していくための時間を過去の経験からも予測することができる。しかし、20％、30％を超える交渉を行なう場合は、「なぜそうした水準までこちらが妥協をせずに要求し続けるのか？」を相手にも納得感を持ってこちらの要求の意図を理解してもらう必要がある。

　これはサプライヤーの担当者が理解することはもちろんだが、担当者は自社に戻って稟議を上げて、場合によっては役員決済を取り付ける必要があることを踏まえておくべきである。つまり、説得を受ける先方の社内の議論まで見据えて交渉していく必要があるのだ。また、交渉そのものも、これまでの担当レベルではなく、決裁権を有するサプライヤーの経営陣にも交渉に出てきてもらうことが必要となる。そうなると徐々に交渉レベルを上げていくことになるため、交渉に要する時間はかなりのものとなる。

　それにもかかわらず、交渉担当者が成果を出すまでに与えられている時間、そして交渉以外に割り振られている定常業務量がこれまでと変わらない状況では、交渉に投じる時間が不足して成果を出すことなど到底無理な話である。

　リーダーは交渉に担当者が要する時間、さらには交渉担当者の上位者がその交渉に同席し、それをサポートするための時間まで見込んで交渉スケジュールを設定する配慮が求められるのだ。

　ここで改めて重要になるのが、削減余地を事前に分析し、あらかじめ交渉によって実現を目指す削減額を把握しておくことである。費目ごとに妥当な削減目標が定量化されているからこそ、事前にその費目に必要な交渉体力をリーダーも見込むことが可能となる。そして、実際に交渉に着手してからも、成果が出るまで当社の要求が不当ではないと信じ、時間がかかっても相手に粘り強く検討を要請し続けることができる。

　リーダーは交渉に必要な時間を過小評価してはならず、時間を確保できない状況下では交渉を行なってはならないのである。

◉──分析結果に対する理解の醸成

　実際に交渉がスタートすると、サプライヤーからは現状価格が妥当な理由を説明するための資料が大量に持ち込まれ、熱心に説明を受ける。基本的に、サプライヤーは現状価格の妥当性を主張し、「実は現状価格でも安く、できれば値上げをお願いしたいくらいである」という説明がなされるのが通常のパターンである。しかし、この"当たり前の切り返し"を受けると、交渉担当者は「自分の要請が誤っているのではないか？」という思いに駆られてしまうことが多い。ましてや、自分がこれまでそれなりに値下げを要請し、相手との取引期間も長く、担当者間ではそれなりの信頼関係が築かれていればなおさらである。それゆえに、削減目標に対しては、交渉担当者が、"要請することが妥当な金額である"と十分に信じ続けられる状態を作ることが重要である。

　しかし、この認識が不十分な企業が多く、削減余地の分析には時間をかけても、説明は上位下達型の全体説明会、もしくは、文書による通達等で済ませてしまい、削減交渉に挑ませてしまうことが少なくない。その結果、交渉担当者は自身が行なっている要請に理不尽を覚え、交渉開始後一定期間が経過してくると、削減要請を裏付ける分析結果よりも、サプライヤーから提示された分析結果を信じ始め、サプライヤーを擁護する発言が出始めるようになる。こうならないためにも、交渉担当者が削減を要請することへの納得が得られるように、分析結果は十分な時間をかけて説明しておく必要がある。

◉──経営層への圧力への対応

　交渉開始後に交渉がストップする典型的なケースは、サプライヤーが自社の経営陣にパイプを持っており、それを利用して経営層へ工作を行なって交渉をストップさせることである。

　現場のモチベーションが最も低下するのは、交渉が開始されてから政治的な理由によって一方的に中止されることである。途中で中止するようなことになるのであれば最初から取り組まない方が良く、リーダーはこうした事態

に陥らないように事前に手を打っておくことが求められる。具体的には、交渉に入る前に交渉幅が大きな費目を特定し、交渉において想定される経営陣への工作と、発生した場合でも交渉が進められるかどうか、事前に経営陣に判断を得ておくことが必要である。

第10章 コストセンター子会社への対応

　日本企業の多くは、その成長過程で多くの関連会社、子会社を設立し、本業の周辺業務、各種管理業務や福利厚生業務などを担わせ、事業運営にかかわるすべての業務を"身内"で固めるといった体制をとってきた。その底流

図表10-1　代表的なコストセンター子会社業務

本業の支援・周辺業務（例）	・情報システムの開発、運用、保守 ・設計図面制作／CADデータ入力 ・物流、倉庫オペレーション ・生産／制作の請負 ・設備の点検・メンテナンス、修理 ・社員研修 ・（特定業務に関する）人材の派遣
庶務・福利厚生関連業務（例）	・施設管理・警備、清掃、緑地管理 ・社員食堂・売店の運営 ・出張支援、旅行代理店業務 ・保険代理店業務

➡ 上記業務を主としながらもでもグループ外に販売先を広げることでプロフィットセンターとして自立した例は多い

出所：A.T.カーニー

には、付加価値の外部流出を抑制したり、余剰人員の受け皿の役割を担わせたり、といった目的に加え、あわよくば外部顧客の獲得による事業拡大という思惑があったと考えられる。そういった会社の中で、売上の大部分を親会社やグループ会社に依存する事業体はコストセンター子会社（機能子会社と呼ぶ場合も多い）と位置付けられる（図表10-1）。もちろんIT関連企業や物流関連子会社で多く見られるように、自立してプロフィットセンター化に成功した企業も多く存在する。

　本書で扱っている多くの費目はこういったコストセンター子会社からの調達となっているケースが多く、その調達コストの適正化の取り組みは全体のコスト削減を考える上でも非常に重要である。そこで、本章では、コストセンター子会社への対応について論じたい。

Section 1　コストセンター子会社活用のメリット・デメリット

　近年、事業の選択と集中の一環としてグループからの切り離しが行なわれてきているが、本業との関連性や雇用確保を重視し、グループ企業として抱えている場合も多く存在する。また、効率的なグループ経営の追求ということで、各グループ会社内に存在していた総務・庶務機能をシェアドサービス会社として切り出す動きも多い。こういった状況であるので、コストセンター子会社からの調達は今後も継続すると考えられる。

　このような、コストセンター子会社を活用するメリットとしては、特に本業に近い部分における業務の一貫性の確保であるとか、スピーディかつ柔軟な対応や、長期視点のもと設備や人員に対する投資も依頼することができるといった点があげられる。たとえば、ITにおける、グループ会社業務を熟知していることによる"痒いところに手が届く"的なシステム開発や、素早くかつ安価なプログラム修正対応、将来のトランザクション拡大を見越した

冗長性を持たせたネットワークやハードウェアの導入といったことを可能にしている。さらに、突然の破綻の心配がない取引先としての安心感や安定性も大きなメリットとしてあげられる。

一方、デメリットとしては、身内であるがゆえに委託内容が曖昧になったり、余剰人員の受け皿と利益補塡に代表される本体事業との複雑な補完関係のもと収支管理が甘くなるであるとか、適正価格（市場価格）でサービス提供されているかという牽制の視点が弱くなる、といった点があげられる。また、子会社側では黙っていても一定の仕事量が確保されているので、積極的にコスト削減による競争力を高める努力を怠り、高コスト体質のまま存続するという事態に陥りがちである。また、昨今の連結経営重視のもと、高値で

図表10-2　コストセンター事業における課題の事例

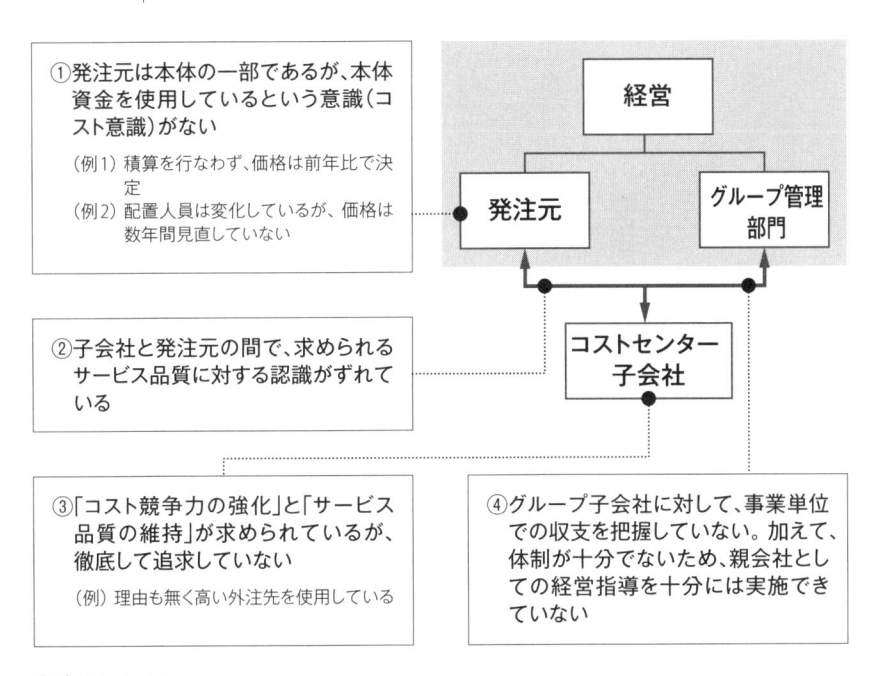

①発注元は本体の一部であるが、本体資金を使用しているという意識（コスト意識）がない
（例1）積算を行なわず、価格は前年比で決定
（例2）配置人員は変化しているが、価格は数年間見直していない

②子会社と発注元の間で、求められるサービス品質に対する認識がずれている

③「コスト競争力の強化」と「サービス品質の維持」が求められているが、徹底して追求していない
（例）理由も無く高い外注先を使用している

④グループ子会社に対して、事業単位での収支を把握していない。加えて、体制が十分でないため、親会社としての経営指導を十分には実施できていない

（図中：経営／発注元／グループ管理部門／コストセンター子会社）

出所：A.T.カーニー

子会社に発注していても連結で見れば同じであるといった考えは大きな誤りで、子会社側のコスト競争力強化を妨げることになる。

図表10-2はコストセンター子会社の管理で陥りがちな典型的な問題点を示した事例である。発注元、コストセンター子会社、その主管部門それぞれに問題を抱えているが、各ステークホルダーが無責任、無関心な状態に陥り、高コスト体質を放置したまま、惰性でそのコストセンター子会社を活用している姿を浮き彫りにしている。

さらに、コストセンター子会社からの調達が割高に陥りやすい原因の一つとして、先ほど述べたプロフィットセンター化への幻想がある。プロフィットセンターとして自立するために無理をして外部顧客の獲得に走るため、よ

図表10-3　コストセンター子会社の顧客別収支構造（イメージ）

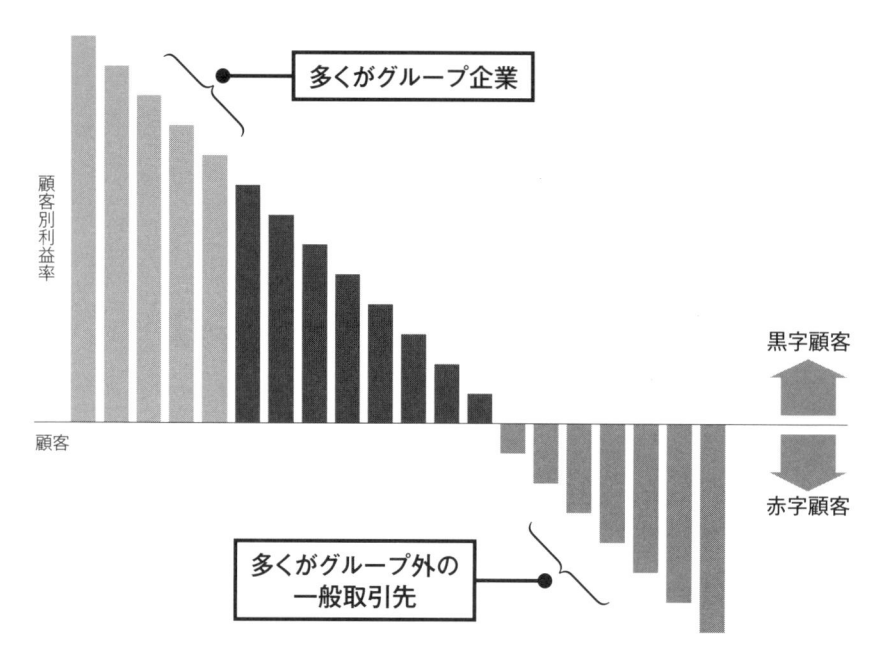

　　　　多くがグループ企業

顧客別利益率

黒字顧客

顧客

赤字顧客

　　　多くがグループ外の
　　　　一般取引先

出所：A.T.カーニー

く生じるケースとしては、その外部顧客との取引で赤字を出した分をグループ会社との取引で得た利益で相殺するというケースである（**図表 10-3**）。本体事業でそれなりの仕事をした後でコストセンター子会社に派遣され、トップは自分の城を築くためにも、親会社から一定の距離を保つという意味でも売上を拡大するために無理な受注や投資に走りがちとなる。

　このような収支管理の問題や割高に陥るといったデメリットを回避し、コストセンター子会社であることのメリットを活かし、そこからの調達をより意味のあるものに変えていくためには、そのコスト構造にメスを入れると同時に経営の意識改革、仕組み改革が必要となる。

Section 2　コストセンター子会社の評価と扱い方

●──コストセンター子会社評価の考え方

　コストセンター子会社評価における一つの軸は、コストセンター子会社自体の価格競争力である。外部サプライヤーからの購入費目と同様に、業務要件を明確にした上でコスト要素を積み上げ、原価推計による理論上の「あるべき価格」（擬似的市場価格）を明確化し、それとの差異測定等によって定量的に調達価格の妥当性を評価する。

　もう一つの軸は業務の代替性である。「業務品質を担保できる代替サプライヤーがいるかどうか」や、「本業でのバリューチェーンとの連携度合いや固有ノウハウの必要性」などで評価を行なう。

　価格競争力がない場合、代替性が高ければ一義的には撤退方針、代替性が低ければエコノミクスを改善する方針となる。一方、価格競争力があり代替性が高いケース、つまり世の中で汎用的に求められている業務の場合は、さらに効率追求をするだけでなく、外販を強化しプロフィットセンターとして

図表10-4　コストセンター子会社の評価マトリクス

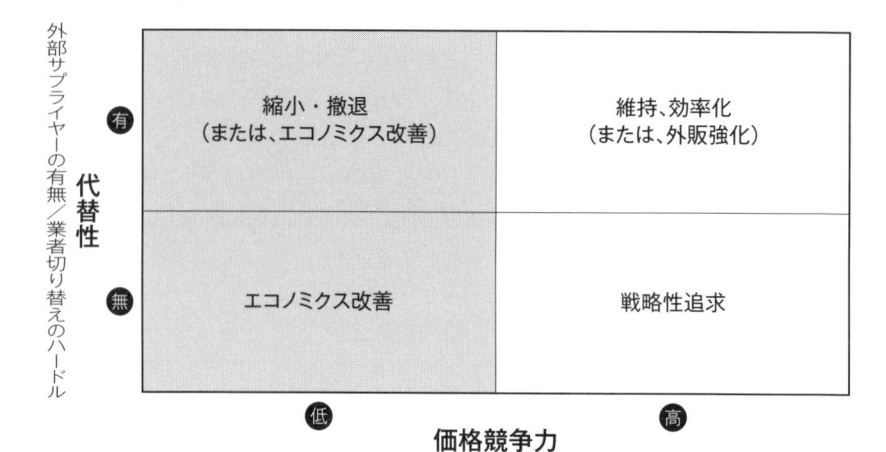

外部サプライヤーの有無／業者切り替えのハードル

代替性

	価格競争力 低	価格競争力 高
有	縮小・撤退 （または、エコノミクス改善）	維持、効率化 （または、外販強化）
無	エコノミクス改善	戦略性追求

価格競争力
市場価格と現状価格の比較（現状コスト水準）

出所：A.T.カーニー

図表10-5　代替性評価の事例

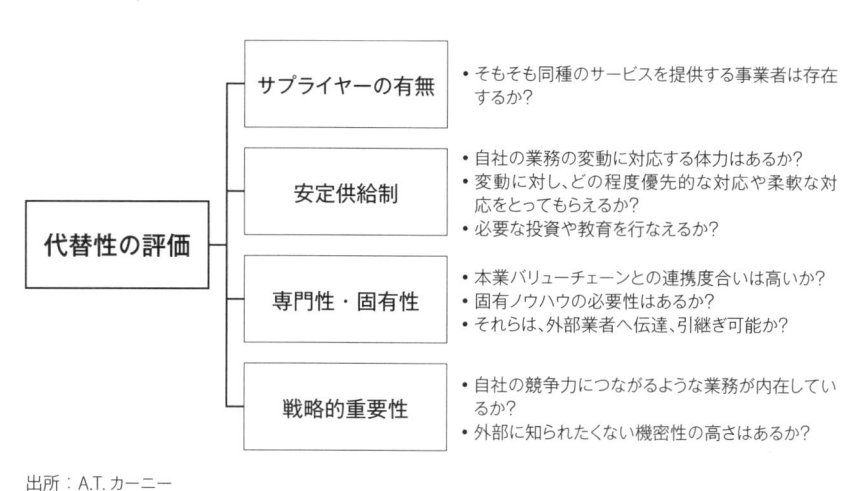

代替性の評価

- **サプライヤーの有無**
  - そもそも同種のサービスを提供する事業者は存在するか？

- **安定供給制**
  - 自社の業務の変動に対応する体力はあるか？
  - 変動に対し、どの程度優先的な対応や柔軟な対応をとってもらえるか？
  - 必要な投資や教育を行なえるか？

- **専門性・固有性**
  - 本業バリューチェーンとの連携度合いは高いか？
  - 固有ノウハウの必要性はあるか？
  - それらは、外部業者へ伝達、引継ぎ可能か？

- **戦略的重要性**
  - 自社の競争力につながるような業務が内在しているか？
  - 外部に知られたくない機密性の高さはあるか？

出所：A.T.カーニー

独立するということも可能となる（**図表10-4**）。それによりさらにコスト競争力を増すことができれば、グループにとって最高の状態である。コスト競争力があっても汎用的でない業務は、その戦略性、重要性をより高めていくことになる。

　コストセンター子会社を評価する場合において、代替性評価に関しては、慎重な判断が必要となるケースは多い。たとえば、メーカーにおける開発・設計のサポート業務などでは、その情報の戦略的重要性や専門性を鑑みると外部サプライヤーではなく、コストセンター子会社の活用の必要性が高くなる（**図表10-5**）。したがって、そのコスト競争力の確保は重要な経営課題であると言える。また、代替性があったとしても、雇用確保の観点から外部化を検討するに併せて割高要因を明らかにし、価格競争力を高めていく方策を検討することは必要かつ重要なステップである。

●──割高要因とその対応

　コストセンター子会社からの調達価格が割高であった場合、その要因は、①外注費等、外部からの再調達価格が割高になっている、②マージン（利益）部分が著しく高い、③自社内で付加価値をつけている内製作業費が割高となっている、の三要素に分類できる（**図表10-6**）。実際にはこれらの要素が複合して結果として割高となるケースが多いと考えられるが、本書では便宜的に、それぞれ独立したものとして扱う。

　「外部からの再調達価格が割高」となる原因としては、外部サプライヤーに対する管理レベルの低さが考えられる。親会社であっても、間接材コストに関しては調達価格が割高になっているケースも多いのであるから、専門の調達部門を持たない場合が大半である比較的小規模なコストセンター子会社となればなおさらである。したがって、通常の外部調達コストの削減手順を活用して適正化していくことで対応可能である。バイイングパワーの問題で調達価格が高止まりしているケースもあるので、親会社と一体となった対応も場合によっては必要となる。

　「マージン（利益）部分が過剰」となる原因としては、管理部門や営業部門が必要以上に重くコストがかかっていたり、場合によっては外部に対する低

図表10-6　割高要因の三分類とその対応

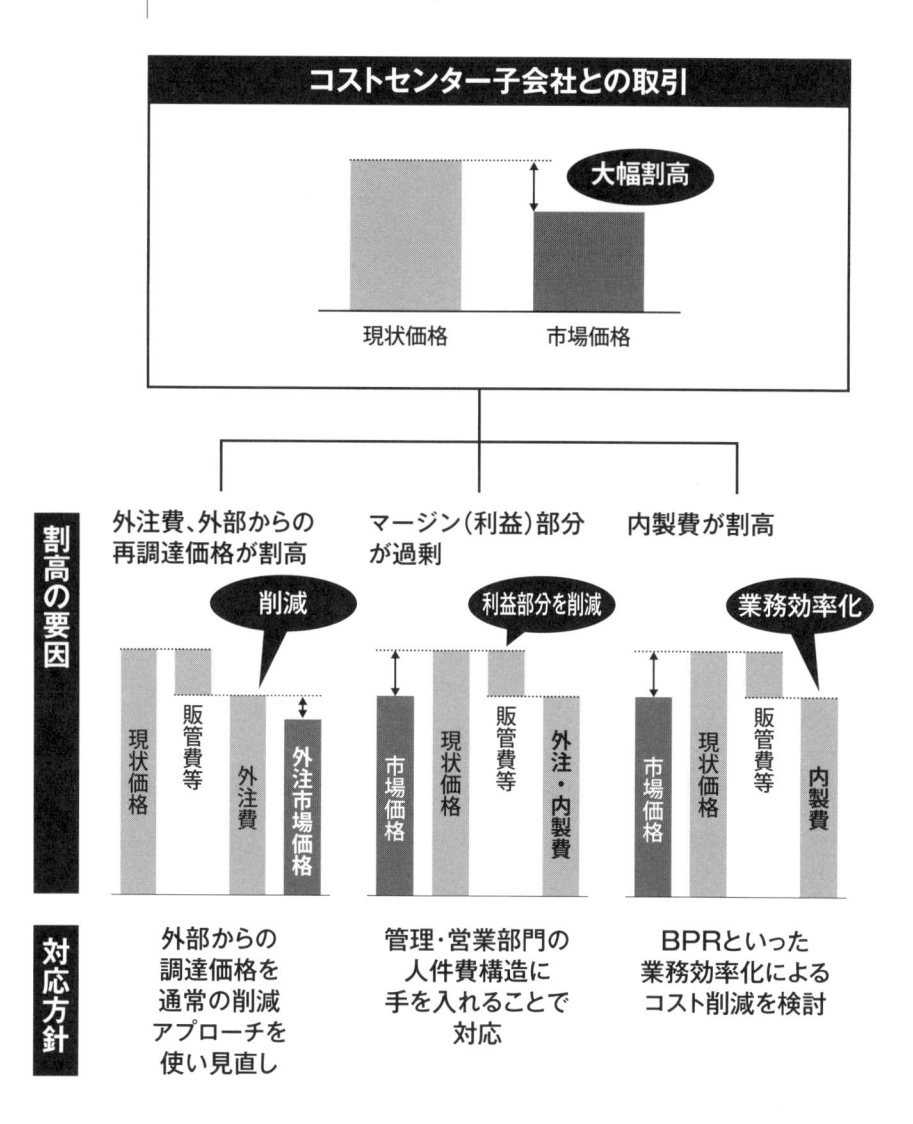

コストセンター子会社との取引

現状価格　市場価格　→　大幅割高

割高の要因

外注費、外部からの再調達価格が割高	マージン(利益)部分が過剰	内製費が割高
削減	利益部分を削減	業務効率化
現状価格／販管費等／外注費／外注市場価格	市場価格／現状価格／販管費等／外注・内製費	市場価格／現状価格／販管費等／内製費

対応方針

| 外部からの調達価格を通常の削減アプローチを使い見直し | 管理・営業部門の人件費構造に手を入れることで対応 | BPRといった業務効率化によるコスト削減を検討 |

出所：A.T.カーニー

収益ビジネスの穴埋めとして多めのマージンが取られている場合もある。また、明確に利益ゼロでよいと謳っていない限りにおいては、コストセンター子会社のマネジメントは自社に利益を確保すべく多めのマージンを取ろうとしがちである。マージンに関してはマネジメントに手を入れてマージン率を業界標準に設定するなど当該取引で過剰な利益を取れないようにし、価格の適正化を行なう。

「内製費が割高」となる原因としては、人件費単価が割高であったり、これまでの業務効率化の取り組みが不十分であることが考えられる。人件費に関しては、親会社の人件費に影響を受け、業界水準から逸脱していたり、出向社員を抱え構造的に高止まりしているケースが多い。業務効率に関しては、ある意味マネジメントの問題と言えるかもしれないが、親会社に比べ積極的に取り組む動機付けが薄いケースが多い。したがって主要業務、コスト要素ごとに生産性やコスト効率を把握し、競争水準へ高めていくための施策策定が必要となる。

Section 3　割高体質にメスを入れる

●——外部からの調達コストの適正化

外部からの調達コストは、これまで述べてきた調達コスト削減アプローチに沿ってコストを適正化していくことが基本となるが、その中で特に注意すべきポイントは二つある。

一つ目は、コストセンター子会社の場合、固定的な発注が多く見られるので、幅広にサプライヤー選定や相見積もりを入手し、必要に応じ積極的にサプライヤーの切り替えを検討していくことが必要である。サプライヤー切り替えに関しては、ユーザー部門である親会社側の意向が重要となるケースも

図表10-7　管理レベル向上のポイント

よく見受けられる課題	解決のポイント
①あるべき購買プロセスの定義・共有が不十分	購買プロセスに不可欠な活動を全業務、全社統一で定義し、共有し、人によるバラツキをなくす
②"誰が"購買活動をするのかの基準が定義されていない	集約効果とコミュニケーションコストの相対比較により、仕様の決定、業者選定、発注、モニタリングといったプロセスごとに役割を決定する
③価格・契約形態の定義・共有がされていない	業務別にガイドライン、ベンチマーク数値を決定し、最適な基準や手順への統一を図る

出所：A.T.カーニー

多いので両者共同で取り組むことも有効である。

　二つ目は、全般的な管理レベルの引き上げである（**図表10-7**）。視点としては、全社、全業務で一定の調達クオリティを保つために、プロセスを定義共有し、各プロセスを担う分担を明確にした上で、業務別に基準やベンチマーク値をあらかじめ定めておくことが有効である。

●──マージン（利益）部分の適正化

　前節で、「マージン（利益）部分が過剰」となる原因としては、管理部門や営業部門が必要以上に重たくコストがかかっているか、必要以上にマージンをとっているかのどちらかであると述べた。必要以上のマージンの是正については数字の調整だけであるので是正すればよいのであるが、いかにコストセンター子会社運営にインセンティブを持たせるかが重要である。

　一方、管理コストに関しては、コストセンター子会社の場合、コストをカバーする価格で親会社が調達してくれるので、管理・営業部門の肥大化が起

図表10-8　人件費抑制のための打ち手オプション

考えられるオプション	具体的内容(イメージ)	メリット	デメリット
自然減	定年・自己都合退職等による自然減を待つ（合わせて適正スペックの人材へ入れ替え）	誰も痛まない	コスト削減に時間がかかる
出向者戻し	親会社本体へ出向者を戻す	社員が痛まずコストセンター子会社の収益改善が可能	グループ全体のコスト削減にならない
出向者の転籍	出向者をコストセンター子会社社員とする。給与も同水準に合わせる	1名あたりでのコスト削減インパクトが大きい	退職金負担がかさむ 退職金を割増しし生涯賃金は保証すると、一時入れ替える負担が互いにかさむ
早期退職	早期希望退職を募り、人員自体を削減（合わせて適正スペックの人材へ入れ替え）	費用削減の即効性が大	一時的に退職金負担がかさむ モチベーション低下の恐れ大
昇給率の抑制	昇給率水準をできるだけ0%に近い水準にする（昇給率マイナスの場合もあり）	長期的な人件費抑制に繋がる	モチベーション低下の恐れあり
給与削減	給与テーブルを見直し、水準を引き下げる	費用削減の即効性が大	モチベーション低下の恐れ大（特に将来コアになる正社員）

出所：A.T.カーニー

こり、コストが大きくなりやすい。この問題に対しては、①出向者の受け皿機能の意味合いが強く、人余りがないか？　②内部営業に必要以上に工数をかけていないか？　③社員比率が高かったり、人員平均単価が高止まりしていないか？　の三つの視点で切り込むことが有効である。

①に関しては出向者の配置とその職務を丹念に押さえることで余剰があぶりだせるし、②に関してはそもそもコストセンター子会社ということでこういった無駄を省きコストを抑えることが価格競争力の源泉としなくてはいけない部分であるので、大幅なカットが必要である。営業機能が必要であれば子会社のマネジメント層自らが行なえばよく、そもそも、親会社・グループ会社に顔が利く層が行なう方が効率的である。③の人件費単価に関してはセ

ンシティブな問題であるが見過ごすわけにはいかない。出向者や親会社からの転籍者に、プロパー社員が入り混じり、賃金カーブがいびつな状態に陥ってしまっているケースが多い。平均賃金ベースで市場価格との乖離を評価すると同時に全体を引き下げるプランを立てていくことが重要である。

　全体を引き下げていく手段としては自然減や転籍推進、昇給率や給与の抑制までさまざまなオプションが考えられるが、さまざまな手を尽くして、当該コストセンター子会社の業界水準に賃金水準を正していくことが必要となる（図表10-8）。

　図表10-9はある子会社での事例である。年齢や経歴プロファイルにより給与・待遇は大きくばらついており、明確な賃金カーブが存在していないと

図表10-9　人件費抑制のための取り組み事例

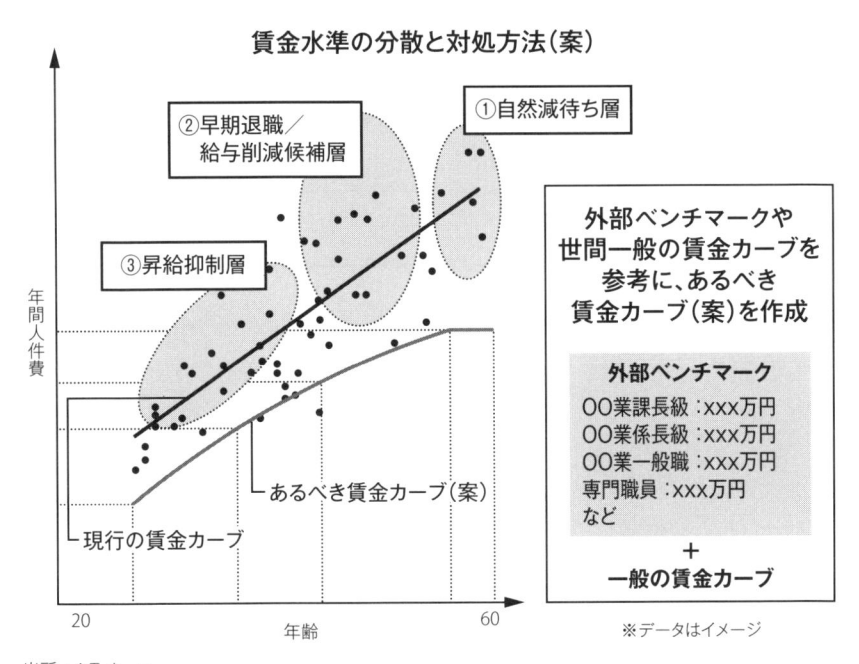

賃金水準の分散と対処方法（案）

- ①自然減待ち層
- ②早期退職／給与削減候補層
- ③昇給抑制層
- あるべき賃金カーブ（案）
- 現行の賃金カーブ

縦軸：年間人件費　横軸：年齢（20〜60）

外部ベンチマークや世間一般の賃金カーブを参考に、あるべき賃金カーブ（案）を作成

外部ベンチマーク
- ○○業課長級：xxx万円
- ○○業係長級：xxx万円
- ○○業一般職：xxx万円
- 専門職員：xxx万円
- など

＋
一般の賃金カーブ

※データはイメージ

出所：A.T.カーニー

いっても過言ではない。このような状態では、それぞれの年齢と賃金水準の状況に応じ対応を考えていくことになる。定年間近で割高な方に関しては退職による自然減を想定し、中高年で割高な方には、早期退職を促し、平均人件費の引き下げを進めるといった具合である。若年層の割高人員に対しては、昇給抑制あるいは、より責任の重い仕事についてもらうといった組み合わせで対処していくことが必要となる。

●──内製費の適正化

　内製業務自体の割高の要因は、大きくは人件費単価の問題と業務の生産性の問題に分けられる。人件費単価に関しては前述管理部門で示した手法と同様である。生産性に関しては、BPR（ビジネスプロセス・リエンジニアリング）の手法を用い競争水準へ高めていくための改善計画を策定する必要がある。生産性のバラツキの是正や、無駄なアウトプットの排除、業務分担の見直しや多能工化等による繁閑差解消やアイドルタイムの解消を実施する。

　図表10-10は工場内倉庫業務における稼働分析の事例と業務変動に対する対応例である。それぞれ業務の変動に合わせ人員配置を変動させているが、依然全体での稼働率は低い。こういったケースの場合、短時間シフトの導入や臨時要員の確保といった人員の変動費化の更なる推進や、多能工化による人員融通の強化、一部業務の山崩しによる負荷の平準化といった施策を用い稼働率を引き上げることで全体の生産性を高めていく。

　ここまで、外部調達費、マージン（利益）、内製費に分けてその割高感是正の処方箋を示してきたが、すべてに共通する課題が、マネジメントの問題である。積極的かつ自律的にマネジメント自身が割高感是正に取り組むようにコストセンター子会社のガバナンスを高度化していくことが最も重要である。

図表10-10a 業務効率化検討の視点―倉庫内作業における稼働分析例

製品出荷作業チーム

平均投入人員数	XX人工／日
稼働率平均	75%

木曜日が繁忙日
その他の平日は余裕あり

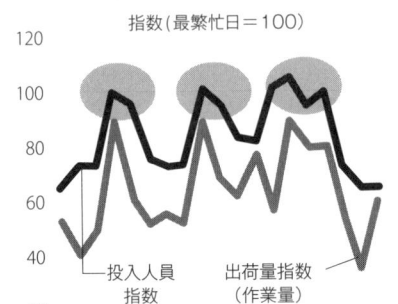

指数(最繁忙日＝100)

（投入人員指数、出荷量指数（作業量））

原材料受入作業チーム

平均投入人員数	XX人工／日
稼働率平均	60%

月初、月末が繁忙日。
月中は余裕あり

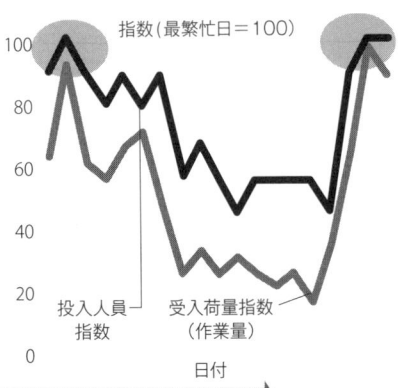

指数(最繁忙日＝100)

（投入人員指数、受入荷量指数（作業量））

← 工場のレイアウト上、作業が大きく2チームに分かれる →

出所：A.T.カーニー　　　　　　　　　　　　　　　　　　　※データサンプルはイメージ

図表10-10b 業務効率化検討の視点―業務量変動に対する対応の考え方例

要員の変動化

要員の変動化には複数オプション
- 臨時パートタイムを雇用
- 残業で対応
- 短縮時間シフトを適用
- 担当者の多能工化を進めて、部門間で応援を派遣

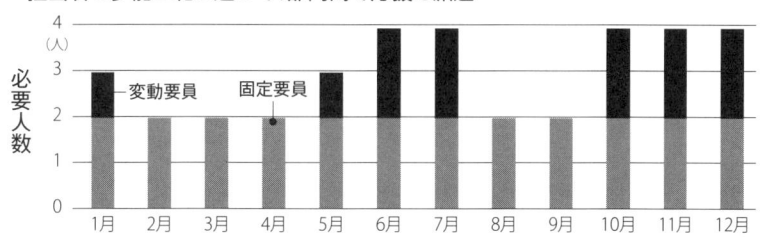

ピークの異なる業務の集約

業務量ピークの異なる業務を集約し、業務量を平準化
担当者の多能工化が前提となる。集約する各業務内容と、担当者のスキルの精査が必要

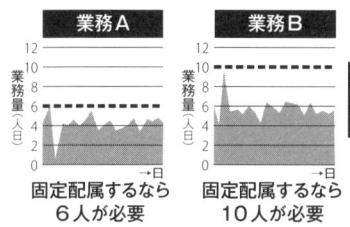

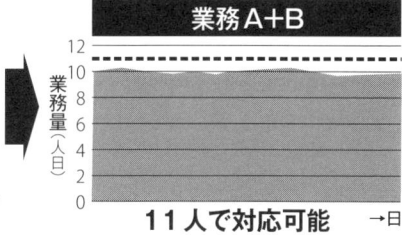

業務A：固定配属するなら6人が必要
業務B：固定配属するなら10人が必要
業務A+B：11人で対応可能

一部業務の時限変更

業務内容を詳細に分解。ピーク時に行なう必要の薄い業務は、閑散時に移管

必ずしもピーク日に行なう必要がない業務を洗い出し
平準化による効果

出所：A.T.カーニー

Section 4 コストセンター子会社のガバナンス

●——管理会計の高度化

　コストセンター子会社のガバナンスを考える上で、出発点となるのが管理会計の高度化である。前段で、グループ向けビジネスと外部向けビジネスで収益性に差があるケースが多いことを述べた。こういった状況をあぶりだすためには、管理会計を高度化していく必要がある。

　会社の規模が小さくなればなるほど、どんぶり勘定で内部取引と外販が混在していたり、管理部門や営業部門のオーバーヘッドコストを各事業に割り振っていない管理となっていることが多いからである。内部の管理部門のス

図表10-11　管理会計の高度化

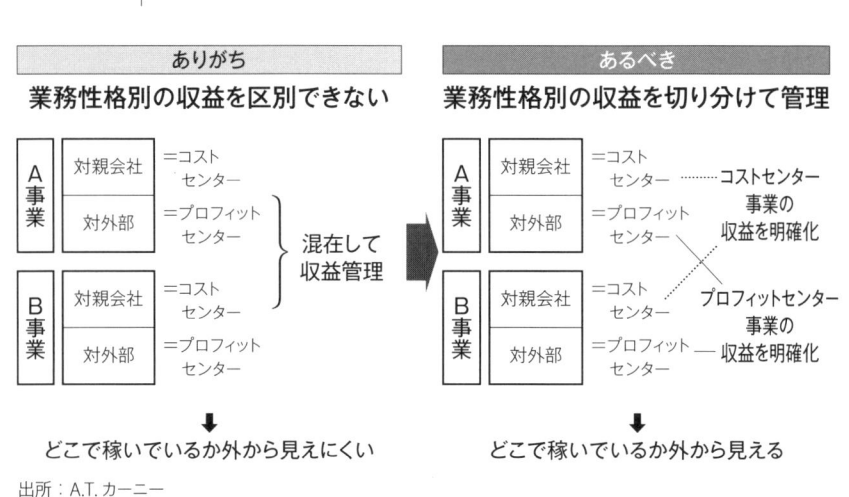

ありがち	あるべき
業務性格別の収益を区別できない	業務性格別の収益を切り分けて管理

A事業	対親会社 = コストセンター
	対外部 = プロフィットセンター
B事業	対親会社 = コストセンター
	対外部 = プロフィットセンター

混在して収益管理

→

A事業	対親会社 = コストセンター ……… コストセンター事業の収益を明確化
	対外部 = プロフィットセンター
B事業	対親会社 = コストセンター
	対外部 = プロフィットセンター ── プロフィットセンター事業の収益を明確化

↓
どこで稼いでいるか外から見えにくい

↓
どこで稼いでいるか外から見える

出所：A.T. カーニー

タッフは薄々感じていたとしても、各事業担当者の責任者や子会社のマネジメント、親会社の管理部門が共通の尺度で、どこでどう稼いでいる（損をしている）のかを可視化する必要がある（**図表10-11**）。

● ── ミッションの明確化

業務実態を可視化した次に取り組まなければいけない作業は、ミッションの明確化である（**図表10-12**）。コストセンター子会社の社長、あるいは、コストセンター機能の責任者に対しては、コスト極小化を明確なミッションとして定めるべきである。ミッションとして与えるものは前節で説明した割高体質の打破を先頭に立って実践していくことであり、外部調達費用の見直し、業務内容と給与水準のバランスの見直し、業務プロセスの見直し・生産性の向上を推し進めることである。

ここで注意しなくてはいけないのは、コストセンター子会社のトップに与えられるミッションは利益の極大化ではないということだ。当然、コストセ

図表10-12 コストセンター子会社に対するミッション設定

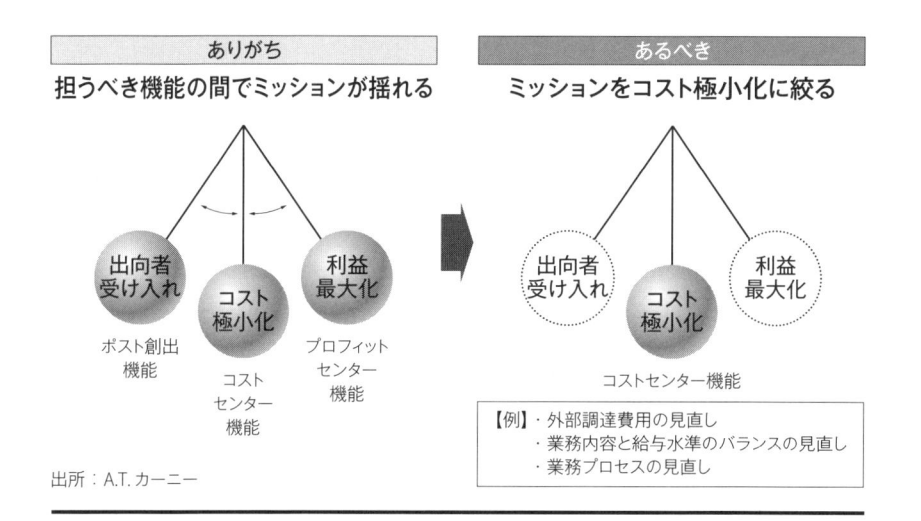

ありがち	あるべき
担うべき機能の間でミッションが揺れる	ミッションをコスト極小化に絞る

ありがち側：
- 出向者受け入れ（ポスト創出機能）
- コスト極小化（コストセンター機能）
- 利益最大化（プロフィットセンター機能）

あるべき側：
- コスト極小化（コストセンター機能）
- （出向者受け入れ、利益最大化は点線）

【例】
・外部調達費用の見直し
・業務内容と給与水準のバランスの見直し
・業務プロセスの見直し

出所：A.T.カーニー

図表10-13　コストセンターとプロフィットセンター事業分離管理の事例

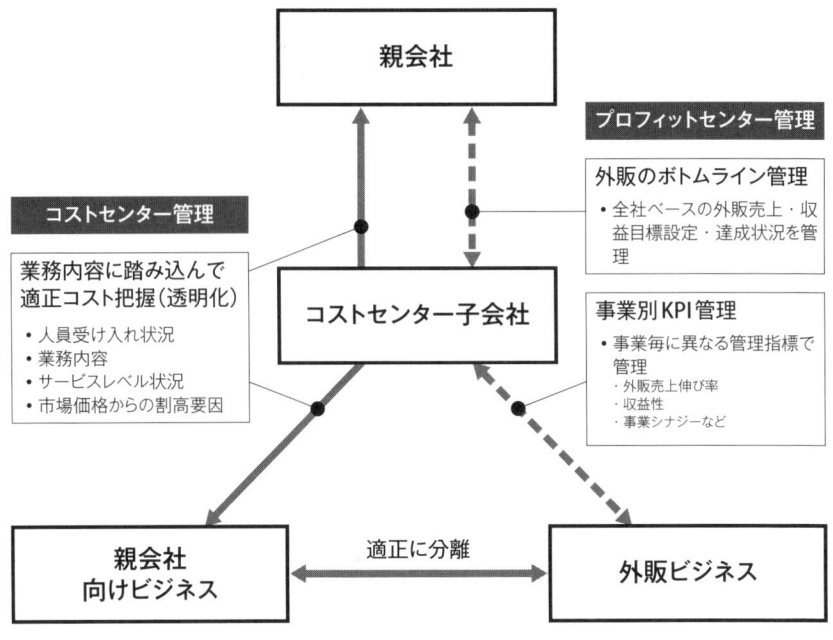

```
                        ┌─────────┐
                        │  親会社  │
                        └─────────┘
                          ↑    ↑
                          │    ┊
   コストセンター管理       │    ┊       プロフィットセンター管理

                                        外販のボトムライン管理
                                        ・全社ベースの外販売上・収
                                          益目標設定・達成状況を管
   業務内容に踏み込んで    ┌─────────┐       理
   適正コスト把握（透明化） │コストセンター│
                        │  子会社    │    事業別KPI管理
   ・人員受け入れ状況      └─────────┘    ・事業毎に異なる管理指標で
   ・業務内容              ↓       ↑       管理
   ・サービスレベル状況                     ・外販売上伸び率
   ・市場価格からの割高要因                 ・収益性
                                         ・事業シナジーなど

      ┌─────────┐    適正に分離    ┌─────────┐
      │  親会社   │ ←──────────→ │外販ビジネス│
      │向けビジネス│                 └─────────┘
      └─────────┘
```

出所：A.T.カーニー

ンター的部分と、プロフィットセンター的要素が混在している事業体では、それぞれ責任者を分け、コストセンター部門の責任者にはコスト極小化を課し、プロフィットセンター部門の責任者には利益の極大化ミッションを課すことになる。

　連結経営が定着してきた昨今の状況を考えると、ポスト創出や、余剰人員の受け皿といったミッションの出番は少ないと考えられるが、余剰人員は押し付けるものではなく積極的に活用していくものと発想を改める必要がある。

　図表 10-13 はあるメーカーでの子会社マネジメントの例である。この会社は、同種のビジネスラインにおいてコストセンター的要素とプロフィットセンター的要素を併せ持つが、それぞれのラインで明確に管理項目やKPI

図表10-14　コスト極小化をドライブさせる仕組みの考え方

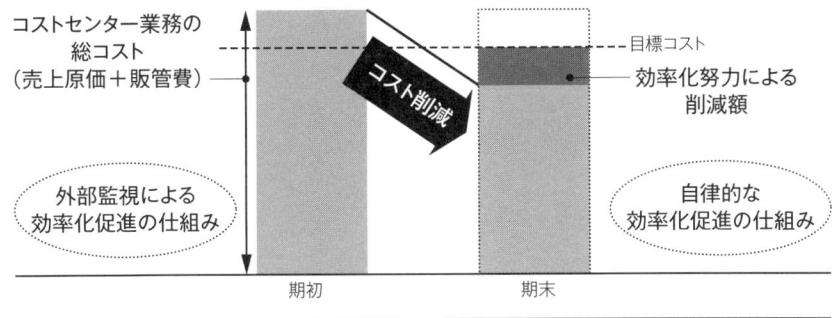

（図）
- コストセンター業務の総コスト（売上原価＋販管費）
- 目標コスト
- コスト削減
- 効率化努力による削減額
- 外部監視による効率化促進の仕組み
- 自律的な効率化促進の仕組み
- 期初／期末

	①効率化の進捗管理
方針	コスト削減額を最大まで高めるために、効率性の目標設定と実施管理を行なう
仕組みの内容	1）PDCAプロセスの確立 目標設定、計画確定、モニタリング、業績評価の各プロセスの確立 2）KPIの設定 計画の実施状況を計測するため一定の指標を設定

	②効率化インセンティブの付与
方針	効率化を促進するために、部外委託先努力によるコスト削減額をインセンティブ原資として活用する
仕組みの内容	インセンティブ付与ルールの設定 部外委託先の効率化努力により目標額を超過したコスト削減分の一部を、部外委託先にボーナス原資等のインセンティブとして配分するルールを設定

出所：A.T.カーニー

を区別して設定している。コストセンター部門に対する親会社の姿勢は、業務内容に踏み込んでその業務運営の妥当性を評価していく点にある。

一方プロフィットセンター部門に対しては、ボトムライン管理、つまりしっかりと利益を出せているかが、管理上最大の関心事になっている。

コスト極小化をドライブする仕組みに必要な要素は、そのミッションに応じた、適切な管理指標に基づく目標管理といった外部監視による効率化促進の仕掛けと、自立的な効率化を促す、効率化インセンティブの付与である（**図表10-14**）。外部監視による効率化促進の仕掛けは、効率化の進捗状況が、翌期の目標設定に反映されるPDCAの仕組みと、業務効率を的確かつ迅速に把握できる生産性指標（KPI）の設計が必要となる。PDCAのサイクルは、

業務の特性によって変える必要があるが、通常、効率化／コスト削減効果に与えるインパクトと KPI 自体の変動性により決定される。インパクトが大きく変動が大きいものは半期あるいは四半期単位で回していき、それ以外は1年単位での運用が現実的である。

インセンティブに関しては、その原資を目標コスト削減効果の超過部分とすることで発注元と受託側両者に Win-Win の関係を築くことができる。これは、第三者の外部業者に対しても通用する仕組みであるが、内部であるがゆえにお互い実態をありのまま共有し目標設定できるため、効率化をより促すことができる。

◉──ガバナンスを強化するための体制作り

コスト削減や業務効率化を推進する仕組みを整備した上で、最も重要な要素は、子会社のマネジメント人材そのものの問題である。プロフィットセンター子会社のリーダーが小さいながらも一国一城の主であるのとは異なり、コストセンター子会社の責任者は、大きな事業体の戦略参謀的な素養が求められる。コストセンターであるのに、戦略参謀とはいささか不釣合いな表現かもしれないが、その意味するところは次のとおりである。

まず、コストセンター子会社のマネジメントは自社の利益や自己の目標だけではなくグループ全体の最適化の視点を持つことが求められる。加えて、業務の仕組みや給与体系を変えていくことによるコスト削減を強力に推し進めるリーダーシップや総合力も求められる。また、出向社員の取り扱いや、自立的な効率化推進を継続させていくためにはプロパー社員の育成といった人事政策的な課題に対しても対応していく素養も求められる。このような高い視点が求められ、かつ、コストサイドといった後方からではあるが、全社の収益拡大に貢献が求められるという意味で、戦略参謀的という言葉を使ったわけである。

このように企業幹部として必要な要素の多くを求められるポジションであるがゆえに、人事ローテーションの一環として、中堅幹部の登竜門として活用していくことも、企業の人材育成という観点から重要な視点であると考える。

図表10-15　子会社のマネジメント人材選定上の課題

ありがち
片道切符で派遣

- 一国一城の主としてグループの視点が薄れがち
- 場合によっては対立も

あるべき
グループ全体の視点を持てる人材を配置

- グループ全体最適化の視点を常に持つ
- グループ全体の戦略策定会議への参画

出所：A.T.カーニー

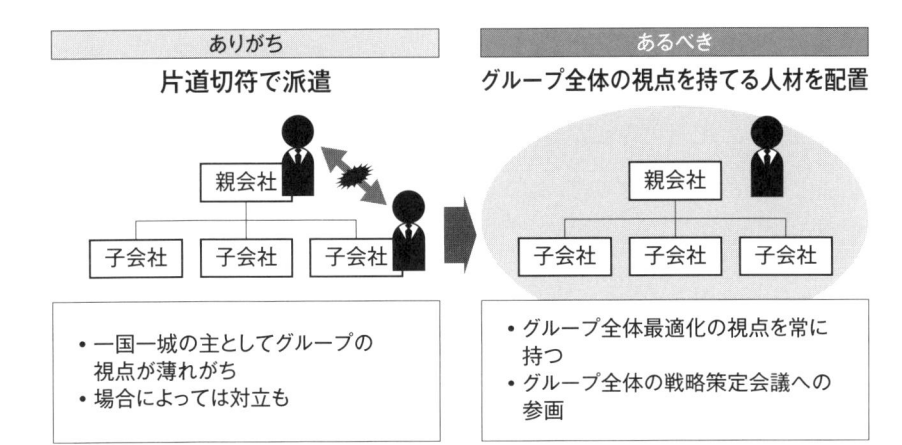

　グループ子会社のメリットである、スピード感や柔軟性、戦略的意義を確保しつつ、コスト競争力のあるコストセンター子会社に仕立てていくことは、単純な外部調達費用の削減以上の価値をもたらすはずである。ぜひとも読者の会社においても取り組んでいただきたいテーマである。

第11章 設備投資コスト適正化への適用

　これまで、定常的に支払いが発生する間接材コストの適正化について議論を進めてきたが、企業のキャッシュアウトフロー抑制の観点から、キャッシュアウトの柱である設備投資の適正化についても触れておきたい。

　企業の生産・営業・管理・研究開発などを支える固定資産の取得・拡大・維持のための支出である設備投資は、事業戦略遂行の必須条件となるような戦略的な案件が多いこと、1案件あたりの投資の金額規模が間接材コストの費目に比して大きいことが特徴である。現在の日本企業で、設備投資がキャッシュフローに占める割合は7割程度であり、減価償却費も年々増加の一途をたどっており、設備投資金額の適正化が企業運営のキャッシュフロー、損益両面の効率化に与えるインパクトが大きいことがわかる。

　この設備投資の支払内容を詳細に見ていくと、什器や機械などの設備機器や部材・部品の購入費、構造物やシステムの設計・構築にかかわる労務費、管理費に対する支払いで構成されている。したがって、設備投資の適正化でも、機器や材料の調達価格や設計・構築の工数や人工単価の適正化の積み重ねが必要であり、間接材コストで見てきたサプライヤーマネジメントやユーザーマネジメントなどの検討の視点、フレームワークや、サプライヤーとの交渉のポイントなどをそのまま適用することも可能である。

　ただし、設備投資と間接材コストには相違点がいくつかある。間接材コストの大部分は、通常の業務運営を支える経常的な費用であり、同様の仕様の

図表11-1 設備投資・減価償却費とキャッシュフローの推移(全産業)

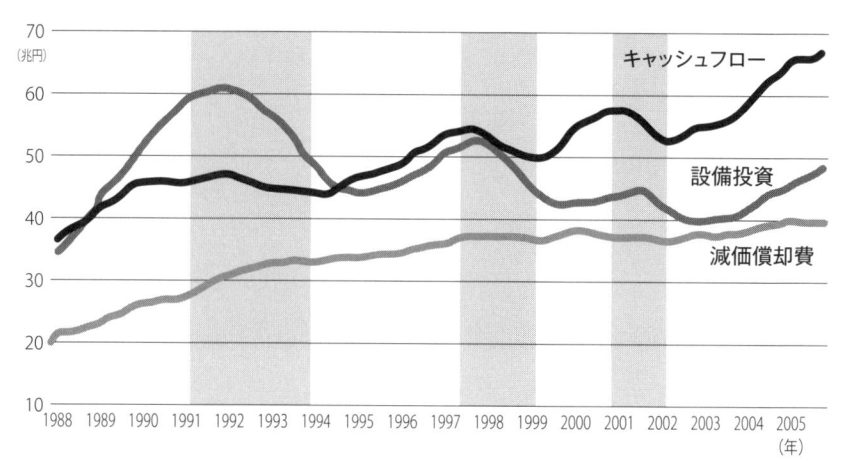

出所:経済産業省「産業活動分析」2006年、7〜9月期

　発注が継続的に行なわれるため、一度、コスト削減に成功すれば、削減効果が保証されやすい。一方、設備投資は、実施内容が毎回異なり、戦略性・個別性が強いため、コスト削減を一過性の取り組みにしないための仕掛けが間接材コスト以上に重要となる。
　また、設備投資、とりわけ新規投資は、事業戦略との関係が強いため、コスト適正化には、前提となる戦略の重要性や投資対効果の精査による投資の必要性評価が重要となる。さらに設備投資では発注先(サプライヤー)の数が限られていたり、発注先が戦略的なパートナーとなっており、サプライヤーのバーゲニングパワーが比較的強いケースが多く、コスト削減の実現に向けた交渉の難易度が間接材以上に高くなりがちである。

Section 1 設備投資コスト適正化の考え方

●──設備投資の各プロセス

　前記のとおり、設備投資コスト削減にあたっては、間接材コストの削減アプローチ（サプライヤーマネジメント、ユーザーマネジメントの視点。サプライヤー交渉のポイント）に加え、設備投資特有の対応も必要となる。これ以降、設備投資の意思決定から投資実行までの主なプロセスごとに、設備投資に特有な打ち手を中心に紹介していくが、その前に、設備投資の各プロセスを整理してみたい。

　まず、設備投資の詳細検討に入る前に、現有の設備の規模や性能が事業戦略・計画の遂行に十分かを検証し、増強や新設の投資の必要性が高そうな設備を洗い出し「①設備投資の必要性を事前チェック」する。

　これと並行して、「②全社の設備投資の基本方針」を定め、事業計画、収支・資金計画に基づいた当面の設備投資の金額の上限（枠）の水準や、戦略上優先させる重点投資領域を定め、設備投資計画の骨格を描く。

　次に、「③個別投資計画を策定」する。個別投資計画では、投資の必要性と目的、設備の概要（種類・性能・規模・立地など）、必要投資金額、投資の期待効果、そして、代替案との比較結果などを盛り込み、投資の必要性と投資効果を可視化する。このプロセスが曖昧だと、以降の投資案件の評価や投資結果の振り返りができなくなってしまう重要なプロセスである。

　個別案件がそろったところで、設備投資の基本方針を参考にしつつ、「④個別投資案件を評価・絞り込み」、設備投資計画を投資案件レベルで確定させる。ここでは、投資案件の評価・絞り込みの基準を具体化し全社で共有することが重要である。

　以上の①〜④の設備投資案件の選定プロセスは、間接材コスト削減アプローチで言うユーザーマネジメントに相当し、投資の必要性や効果を検証し、

図表11-2　設備投資の各プロセス

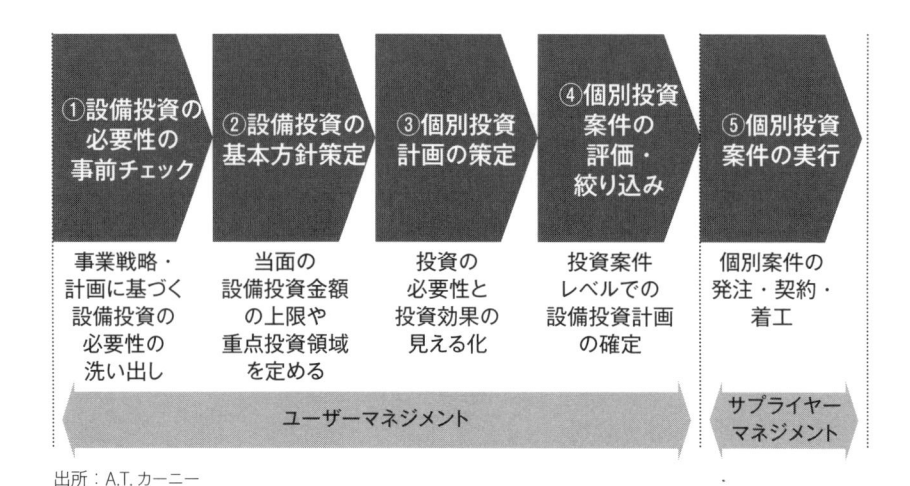

①設備投資の必要性の事前チェック	②設備投資の基本方針策定	③個別投資計画の策定	④個別投資案件の評価・絞り込み	⑤個別投資案件の実行
事業戦略・計画に基づく設備投資の必要性の洗い出し	当面の設備投資金額の上限や重点投資領域を定める	投資の必要性と投資効果の見える化	投資案件レベルでの設備投資計画の確定	個別案件の発注・契約・着工
←──────────── ユーザーマネジメント ────────────→				サプライヤーマネジメント

出所：A.T.カーニー

投資そのものの抑制を行なう。

投資案件が定まったところで、「⑤個別投資案件の実行（発注、契約、着工［購入］）」に移る。このプロセスは、間接材コスト削減でのサプライヤーマネジメントに相当し、サプライヤーとの交渉により投資金額を抑制する。ただし、冒頭で述べたとおり、設備投資は、案件毎に発注内容が異なるため、見積もり精度の向上などのプロセスやインフラ上の対応が重要となる。また、サプライヤーのバーゲニングパワーが強いケースが多いため、より綿密に交渉戦略を立てる必要がある。

それでは、各プロセス毎に設備投資コスト抑制の打ち手を詳しく見ていこう。

Section 2 設備投資各プロセスのコスト抑制策

◉──「①設備投資の必要性の事前チェックプロセス」におけるコスト抑制

　設備投資計画の詳細検討に入る前に、既存設備の能力やキャパシティが事業戦略・計画実行に十分かを検証し、新たな設備の導入や既存設備の能力増強などの必要性を洗い出すが、前提となる事業戦略・計画そのものの妥当性も検証する必要がある。事業計画が販売執行上の意図から実現可能性の低いストレッチ目標となっている場合には、実現可能性の高い保守的なシナリオに置き換えた上で投資の必要性を検証しなくてはいけない。将来の業績の不透明性が高くシナリオを描けない場合もあるが、投資計画の検討に向けていくつかのシナリオを想定するようにする。

　また、設備対応以外の代替案との比較を行なうことで投資の必要性の吟味も徹底したい。一見、設備の増強が必要と思われる場合でも、外部への委託や、業務プロセスの改善や製品仕様の共通化などの代替案の採用により、設備投資を行なわないで済むケースもある。

　このように、設備投資ありきで詳細を検討する前に、設備投資の必要性と代替案との比較検証を徹底的に行なうべきである。その際、設備対応の実施可否の外形基準（経営への一定以上のインパクトがある場合のみ、設備投資の検討を行なうなど）を決めておくことも有効な打ち手である（**図表11－3**）。

　また、順当に設備の増強・新設の必要性が高い、となった場合でも、どの程度の投資とするかの詳細検討を行ない、「やりすぎ」を回避する必要がある。たとえば、故障・事故予防のために、大々的に予防設備を導入したものの、実際に故障・事故が発生しているのは、ごく一部の特定箇所のみで、投資の大半はそもそも必要がなかった、というケースもある。これは目的に対して盲目的に投資を行なってしまった「やりすぎ」の例である。さまざまな切り口で必要性の度合いを詳細に把握し、必要な箇所に必要な投資を行なうこと

図表11-3 設備投資実施の外形基準の考え方

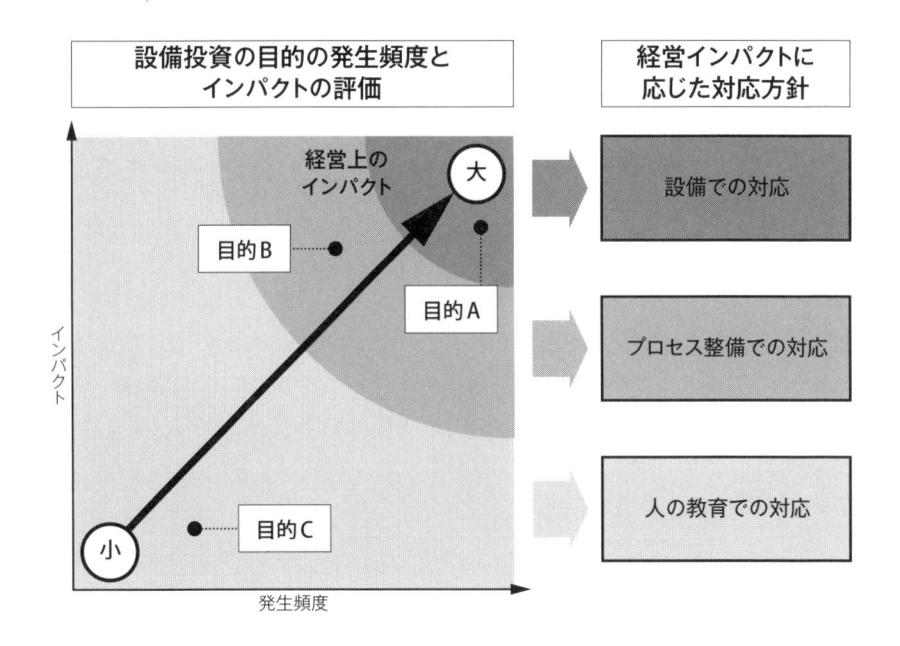

設備投資の目的の発生頻度とインパクトの評価

(縦軸：インパクト、横軸：発生頻度)
- 経営上のインパクト
- 目的B
- 目的A（大）
- 目的C（小）

経営インパクトに応じた対応方針
- 設備での対応
- プロセス整備での対応
- 人の教育での対応

出所：A.T.カーニー

が重要である（**図表11-4**）。

　また、戦略・計画実現に必要な設備投資を行なうだけの収益・キャッシュフローを見通せないことが判明することも多い。その場合には、戦略・計画そのものの見直し（下方修正や戦略規模の縮小、実施タイミングの後ろ倒し）も含めた抜本的な投資コスト抑制策の検討が必要となる。

　以上、設備投資コスト抑制での「投資の必要性」や「やりすぎ」の事前チェックの重要性を述べてきたが、この判断が難しい例として設備の更新投資があげられる。設備（固定資産）は老朽化するため、事業継続には新たな設備への更新が必要だが、いつ、何を更新するかの判断が合理的に行なわれていないケースが目立つ。

図表11-4 電力会社における更新投資の優先順位付け海外事例

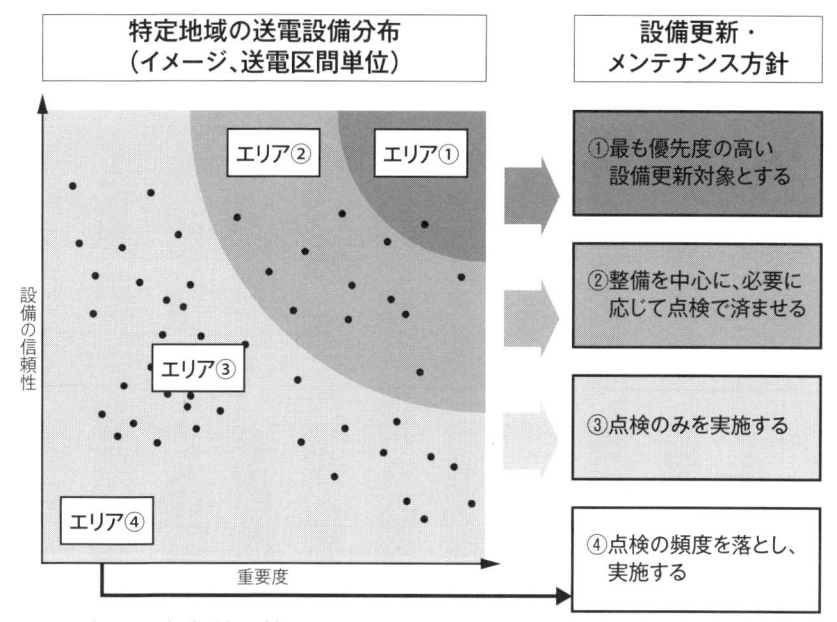

特定地域の送電設備分布
（イメージ、送電区間単位）

縦軸：設備の信頼性
横軸：重要度

- エリア①
- エリア②
- エリア③
- エリア④

設備更新・メンテナンス方針

① 最も優先度の高い設備更新対象とする
② 整備を中心に、必要に応じて点検で済ませる
③ 点検のみを実施する
④ 点検の頻度を落とし、実施する

重要度、信頼性に基づく設備更新・メンテナンス方針導入により2割程度のコスト削減を達成

出所：A.T.カーニー

　更新投資が設備投資に占める割合は、企業によって異なるものの、製造業では設備投資の2割（**図表11-5**）、非製造業では3割程度で、年々その割合は増加してきている。歴史のあるインフラ産業だと設備投資の大部分が更新投資、ということもあり、投資コスト抑制における更新投資の適正化の重要性は高い。

　更新投資コスト抑制の重要性や判断の難易度は高まっているが、実際の更新投資の判断基準を見ると、その妥当性が十分に検証されていないケースが多い。たとえば、当面の更新コストの抑制の意識ばかりが強く、とにかく更新投資は先送りして、故障のたびに補修してしのげばよい、という判断を行ない、経営リスクが高まってしまっているケースもあれば、故障リスクを極

図表11-5　投資目的別構成比の推移（製造業）

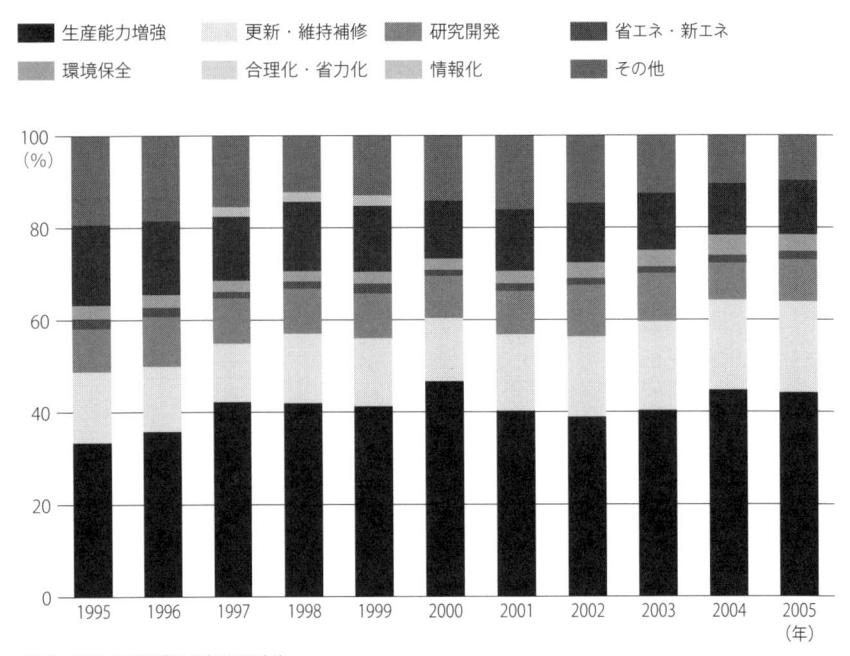

■ 生産能力増強　　□ 更新・維持補修　　■ 研究開発　　■ 省エネ・新エネ
■ 環境保全　　　　□ 合理化・省力化　　■ 情報化　　　■ その他

出所：経済産業省「設備投資調査」

端に避け、メーカーの言い値の短めの期間での設備を更新し続けているケースもあり、何らかのロジックや判断基準に従って、更新投資の必要性判断ができているとは言い難い場合が多い。そこで、更新投資の必要性の判断の考え方を紹介しておく。

一般に、設備・機器の故障率は、初期故障の時期を経て、一旦安定し（偶発故障期）、その後、磨耗故障が発生し始め、故障率が急速に高くなるが、更新は、この磨耗故障期に入ったところで行なわれる（**図表11-6**）。ここで問題となるのは、どの程度の故障率になったタイミングで更新するのが経済的に妥当なのか、である。設備・機器を早めに更新することは、故障率と修繕コストを下げ、生産・営業活動の安定性を高めるが、一方で、更新投資コ

図表11-6 設備の故障率の推移（バスタブ曲線）と一般的な更新推奨時期

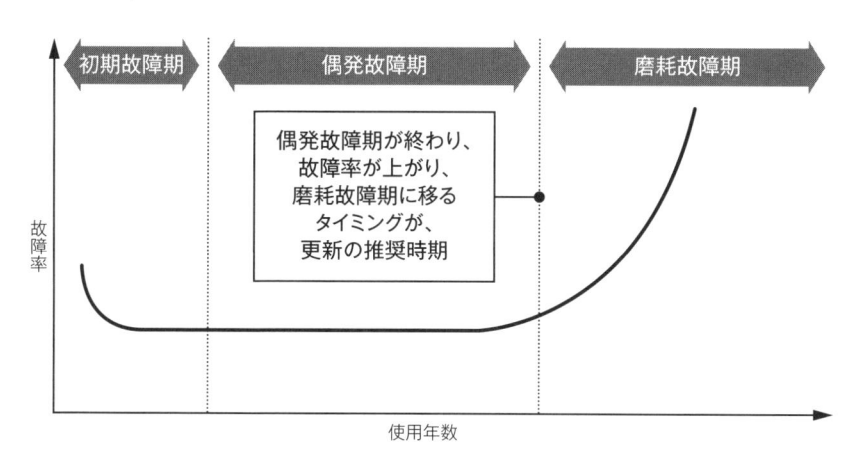

初期故障期　偶発故障期　磨耗故障期

偶発故障期が終わり、
故障率が上がり、
磨耗故障期に移る
タイミングが、
更新の推奨時期

故障率

使用年数

出所：A.T.カーニー

ストの増大にもつながる。したがって、設備更新は、この修繕コストと更新投資コストとを合わせたトータルコストが最も低くなるタイミングで行なうのが理想である。（**図表11-7**）。

　しかし、前述のとおり、トータルコスト最小化という発想で更新時期を決定しているケースは少ない。先に述べたケースは極端な例としても、多くの企業では、会計上の減価償却期間の終了時点、既存の社内更新ルール（これの根拠がよくわからなくなっているケースが非常に多い）、メーカーや業界推奨の更新期間などを拠り所としながら更新時期を決めているのが実態で、自社のトータルコストが最小化されているかまで検証できているケースは少ない。

　その理由としては、そもそもトータルコスト最小化という発想が無いというものから、考え方は理解しているが、実際の故障率データを収集する行動ができていないだけ、といったケースまで、さまざまであるが、更新投資の妥当性の検証が不十分な可能性は高い。読者も、ぜひ、ご自身の会社での状況を一度確認していただきたい。

　設備の更新を担当する保守部門には、余計なリスクを取ってまで更新投資

図表11-7　保守コスト(故障対応コスト)と更新投資コストのトータルコスト最小化

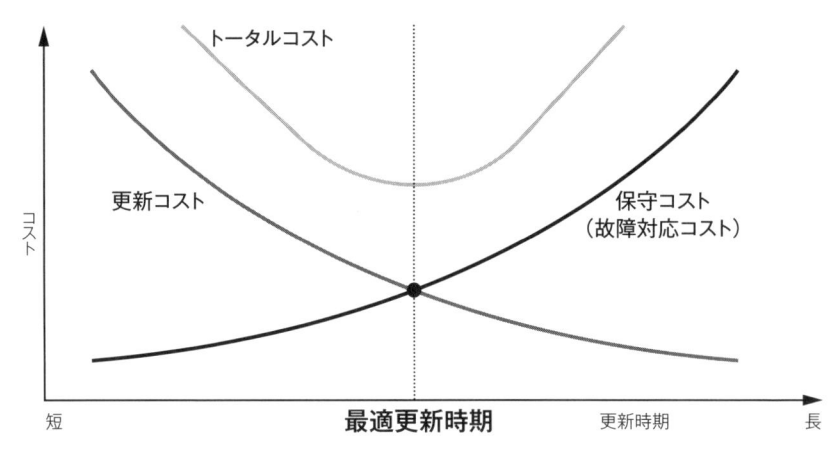

[図：縦軸「コスト」、横軸「更新時期（短〜長）」。更新コストは右下がり、保守コスト（故障対応コスト）は右上がり、トータルコストはU字型で、両者が交わる点が「最適更新時期」]

出所：A.T.カーニー

を抑制することへの抵抗は大きいのが自然だが、故障率データの蓄積やメーカーや業界団体からの入手により、自社にとっての最適な更新期間が何時なのかを検証し、更新投資を適正化していただきたい。

　また、設備更新は、事業継続を前提としているが、当然ながら、事業を継続しない場合には、更新投資そのものが不要となる。したがって更新投資についても、更新ありき、で議論を進めるのではなく、必ず、事業そのものの継続の必要性について検討をまず行なってほしい。

◉──「②設備投資の基本方針策定プロセス」でのコスト抑制

　ここまでで、戦略や計画実行上の必要性が高い投資案件が洗い出される。会社の業績が良くキャッシュフローが潤沢だったり、設備投資案件そのものが少ない場合には、これらのすべての投資案件への投資が可能となる。しかし、多くの場合、すべての投資案件（仮に、すべての投資の想定リターンが十分に高いものばかりだとしても）を無条件に実施できるだけの収益、資金量、リスク

バッファーの余裕は無いため、設備投資の選択と集中が必要となる。設備投資の基本方針はその選択と集中の方向性を具体的に示すものであり、投資案件の絞り込みとその後の具体投資計画策定には不可欠なものである。

この基本方針では、設備投資の金額の上限（枠）と戦略上優先させる重点投資領域（投資目的［新規、更新、合理化など］、具体機能、地域など）の設備投資の基本骨格を示す。

ここで、設備投資の金額枠は、今後の投資に必要な金額水準に加え、自社の収益力の見通しと達成すべき収益目標、他社比較なども考慮して設定する。さらに、複数の事業を行なっている場合には、各事業で同様の検討を行なうと共に、会社としての事業ポートフォリオ戦略を踏まえ、事業ごとの投資金額（枠）を設定する必要がある。また、重点投資領域は、各事業の事業戦略や事業ごとの投資枠などを参考に大まかに絞り込んでいく。

なお、これらの投資方針は、全社企画部門がイニシアティブを取り、各事業の企画部門との協議を経て策定していくのが一般的で望ましい姿である。各事業部門は、策定された基本方針に従い、個別投資案件の選定と投資計画の策定を行ない、全社の投資計画策定へとつなげていくのである。

◉──「③個別投資計画の策定プロセス」でのコスト抑制

次に、各事業部での個別投資計画の策定プロセスを見てみる。ここでは、次の「個別投資案件の評価・絞り込みプロセス」で必要となる情報をしっかり整備し、個別の投資計画を策定することがポイントとなる。

個別投資計画では、設備投資の目的、必要性とその根拠、対応のデッドライン、対象設備の種類・要求される仕様、必要投資金額、投資の期待効果、代替案（スペック、設備投資以外での対応の可能性）などを織り込み、投資の概要と必要性・効果を可視化し、事業内外の関係者と共有化できるようにする。

このうち、必要投資金額は、初期の投資金額だけではなく、その後の更新投資や保守・修繕の概算コストを考慮したライフサイクルコストを使うことが望ましい。設備投資の対象は、建物から、製造設備、ソフトウエアまで多岐にわたるが、初期投資以降の追加コストがほとんどないものから、初期投資は小さいがその後の更新や保守・修繕に掛かるコストが非常に大きいもの

までさまざまである。したがって、当面の初期投資額だけを見ていては、長期的な会社のコスト負担を見誤ることとなる。

　また、ライフサイクルコストの検討と併せ、設備投資の期待効果の定量化も行なう。生産能力増強投資や合理化・省力化投資は、収益効果の定量化が比較的行ないやすく、ROI（投資対利回り）やNPV（正味収益現価）などの投資効率のモノサシの適用が比較的容易である。一方、顧客サービス向上や、環境・安全等の規制に対応した設備投資は、売上増やコスト改善との直接的な関係がわかりにくいため、投資効果の定量化は難しい。しかし、そういった場合でも、投資目的ごとに投資の必要性やその効果の大小を表す適当な評価軸をいくつか選び出し、各評価軸の達成度合いをスコアリングすることで、投資効果の大小を擬似的に定量化し、案件の重要性を相対比較することが可能となるのである。

　また、この個別投資計画の策定のタイミングで、各担当部門に、常に代替案と比較検証することを徹底させたい。新たな設備の仕様を検討する設備・技術担当者は、ユーザーへの要望に極力応えようとすることから、設備のスペック（機能や規模など）に余裕を持たせたり、新たな技術の採用に積極的な傾向があるが、いずれも投資コストの増大につながる。投資申請では、代替案の提示を必須要件とし、投資設備の仕様についてユーザー部門や収益管理担当部門の第三者チェックを実施するなど、過剰スペック抑制のための仕掛けを投資計画策定のプロセスに作り込んでしまうことが重要となる。

◉──「④個別投資案件の評価・絞り込みプロセス」でのコスト抑制

　設備投資の案件候補が出揃ったところで、案件の投資優先順位を付ける。設備投資は相当の金額を投入する以上、収益向上・改善により資本コストを上回るリターンが得られることを確認した上で実行されるのが原則である。したがって、案件の評価の尺度としても、投資対収益が最も相応しい。

　ここで投資対収益の尺度といっても、実にさまざまな種類のものがある。たとえば、投資効率を示す尺度としては、ROI、IRR（内部収益率）、回収期間法などが広く使用されており、収益額そのものを表す指標としては、NPV、EVA®（経済付加価値）などがある。各企業がさまざまな収益指標を採

用して、事業収益や投資収益を管理しているので、設備投資の収益性の測定も、既に各企業で採用されているものを活用するのがよい。

　本書では、これらの収益指標の一つひとつの概念や特徴についての詳細な解説は行なわないが、設備投資コストの抑制に向けてのポイントをいくつか紹介しておきたい。

　まず、投資案件の絞り込みには、「収益額」指標よりも「投資効率」指標が相応（ふさわ）しい（収益額指標だと、投資対収益率が低くても、投資規模が大きい案件の優先順位が高くなる）。また、経営環境が不透明な場合には、前述のIRRやNPV、EVA®などの将来キャッシュフローを単純に割り戻す一連の収益指標には限界があるので注意が必要である。

　このIRR、NPV、EVA®などの将来キャッシュフロー割引に基づく一連の評価手法では、最も可能性が高い環境シナリオを前提に設備投資の計画を立て、将来キャッシュフローを想定し、現価に割り戻して大小を評価する。しかし、現実の投資行動は、将来の環境変化が不透明な段階では、事前調査や将来の設備拡張に向けた環境整備などの事前準備的な投資にとどめ、その後環境が整った段階で本格投資に踏み込み、環境が整わなければそのまま投資を中止する、というように環境変化に応じ柔軟に変わるため、単純な将来キャッシュフローの割引だけでは正当に評価できないことが多い。

　このような環境変化に応じて投資行動が柔軟に変わるような場合の評価には、証券投資のオプション評価の考え方を取り入れた「リアルオプション評価」という考え方が有効である（証券投資におけるオプション評価では、将来、自らが有利な状況にあるときだけオプションの権利を行使し、それ以外では行使しないという柔軟性の価値［＝オプション価値］を評価する）。本書ではリアルオプションの詳細説明は割愛するが、生産設備の拡張計画のケースを用いて、その考え方だけ紹介しておく。

　図表11-8のとおり、このケースでは、需要シナリオがいくつかある中、ベストシナリオを前提としてキャパシティを一気に拡張するプランと、需要動向を見つつ、3段階に分けてキャパシティを拡張するプランの投資効率を比較する。ここで、検討の前提として一気にキャパシティを拡張するプランの投資金額は100億円だが、段階拡張プランの累計投資金額は120億円となるとする。また、単純化するため、収入は考えず、投資コストだけを評価

図表11-8　複数将来シナリオ下でのキャパシティ拡張計画

将来シナリオと二つのキャパシティ拡張プラン

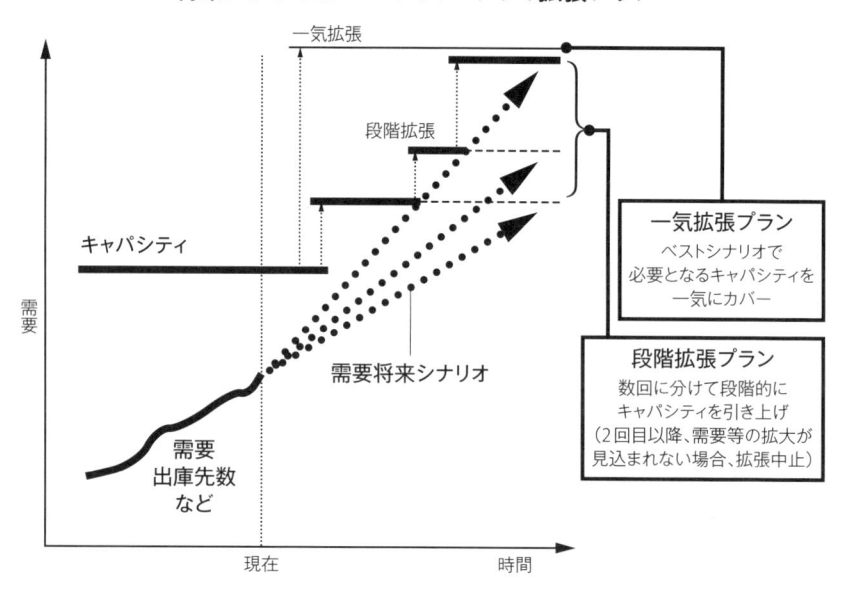

縦軸：需要（需要、出庫先数など）
横軸：時間（現在）

- 一気拡張
- 段階拡張
- キャパシティ
- 需要将来シナリオ

一気拡張プラン
ベストシナリオで必要となるキャパシティを一気にカバー

段階拡張プラン
数回に分けて段階的にキャパシティを引き上げ
（2回目以降、需要等の拡大が見込まれない場合、拡張中止）

出所：A.T.カーニー

する。

　この場合、ベストシナリオを前提としたNPV法では、総投資額が100億円で済む一気拡張プランが総投資額の少ない効率的な投資と判断される。しかし、一気拡張プランには、需要下振れ時に無駄なキャパシティを抱え込み採算が悪化するリスクがある。一方、段階拡張プランは、最終的にベストシナリオとなった場合の累積コストは高いが、需要下振れ時には、それ以降の設備投資を中止することが可能であり、無駄な投資を抑制できるメリットがある。しかし、NPV法ではこういった投資の柔軟性を反映できないのである。一方、リアルオプション評価では、想定されるシナリオごとの発生確率と必要投資額を考慮するため、投資の柔軟性を織り込んだ評価を行なうことが可

一気拡張プランの投資額

```
                          アップ(50%)    ┌ 100億円
        需要アップ(50%)   ┌ 100億円 ─┤
                        │          └ 100億円
                        │  変化なし(50%)
100億円 ─┤
                        │  アップ(50%)    ┌ 100億円
        需要変化なし(50%) └ 100億円 ─┤
                                     └ 100億円
                          変化なし(50%)
```

一気にキャパシティを拡大するため、その後の需要変動にかかわらず設備投資現価は一定

設備投資現価 100億円

段階拡張プランの総投資金額

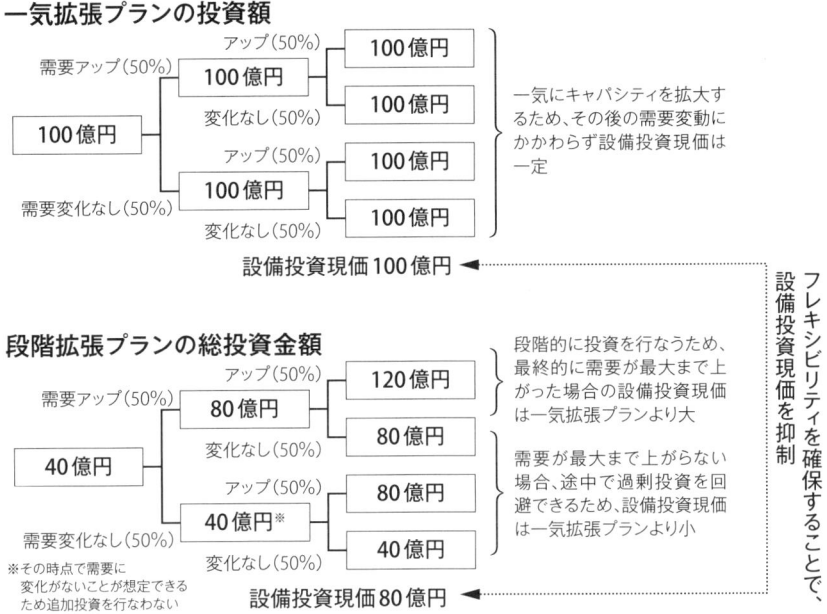

```
                          アップ(50%)    ┌ 120億円
        需要アップ(50%)   ┌ 80億円 ─┤
                        │          └ 80億円
                        │  変化なし(50%)
40億円 ─┤
                        │  アップ(50%)    ┌ 80億円
        需要変化なし(50%) └ 40億円※ ─┤
                                     └ 40億円
                          変化なし(50%)
```

※その時点で需要に変化がないことが想定できるため追加投資を行なわない

段階的に投資を行なうため、最終的に需要が最大まで上がった場合の設備投資現価は一気拡張プランより大

需要が最大まで上がらない場合、途中で過剰投資を回避できるため、設備投資現価は一気拡張プランより小

フレキシビリティを確保することで、設備投資現価を抑制

設備投資現価 80億円

能となる。

　図表11-8にシナリオごとの投資金額と発生確率を考慮した評価結果を示しているが、期待総投資額は、段階拡張プランの方が、一気拡張プランより20億円少なく効率的な投資であることがわかる。この20億円が投資の柔軟性の価値、すなわち、リアルオプションの価値となるのである。

　以上のように、投資評価においては、投資対効果を適切に定量化することで、客観的に評価を行なうことが基本である。しかし、前述のとおり、売上増やコスト削減に直接結びつきにくい設備投資も多い。たとえば、経済産業省が用いている設備投資の目的別分類には、生産能力増強（新規、既存拡張）、更新・維持補修、研究開発、環境、合理化・省力化、情報化、その他とさま

ざまな目的があるが、そのすべてが売上増、コスト削減の収益改善を直接狙ったものとは言えない。たとえば、「環境」目的の投資は、環境に関する世論、規制、法令などの外部からの要請への対応の必要性から行なわれていることが多く、収益改善・向上を狙ったものというよりは、外部要請対応（による減収リスク抑制）のための設備投資と考えられる。同様に、「その他」と括られている顧客・社会の安全性の向上目的の投資や、従業員の労働環境改善に向けた設備投資も同様に、外部要請対応の投資といえる。

このように、投資優先順位判断にあたっては、投資採算性や期待収益額といった定量評価のみで評価することは難しく、目的毎にその狙いや必要性の尺度をいくつか設定した上で、投資目的内での優先順位付けを行ない、その後、全体での優先順位付けを行なっていくのが自然である（なお、投資目的ごとにその狙いが異なるため、投資の優先順位評価の軸や基準も異なる）。

現実の投資判断では、これらのさまざまな尺度を暗黙のうちに設定し、案件の必要性や効果を判断し、優先順位付けをしているのである。問題なのは、これらの評価の尺度が明らかになっておらず、組織の間で共有できていないケースが非常に多いことである。その結果、個々人で重視する尺度が異なっていたり、極端な場合、尺度そのものがまったく異なっており、組織としての投資の意思決定がスムーズに行なわれず、業務の非効率が発生したり、最悪のケースでは、やらされ感、そして、相互不信につながることも起こりうる。

とりわけ、評価尺度のうち何を重視して優先順位付けをするかは、個人のバックグラウンドや現在の組織のミッションなどに大きく影響を受ける可能性があるためなかなか想定しにくい。したがって、投資目的や案件評価尺度に対する「組織としての」重視度を、統計処理などを活用して定量化する必要がある。

●──「⑤個別投資案件の実行プロセス」でのコスト抑制

以上、設備投資の必要性の検証から優先順位付け・絞り込みまで、設備投資で特に留意すべきユーザーマネジメントの打ち手を紹介してきた。次に投資実行段階における、サプライヤーとの交渉、契約、発注、管理におけるサ

図表11-9　設備投資コストのサプライヤーマネジメントの視点

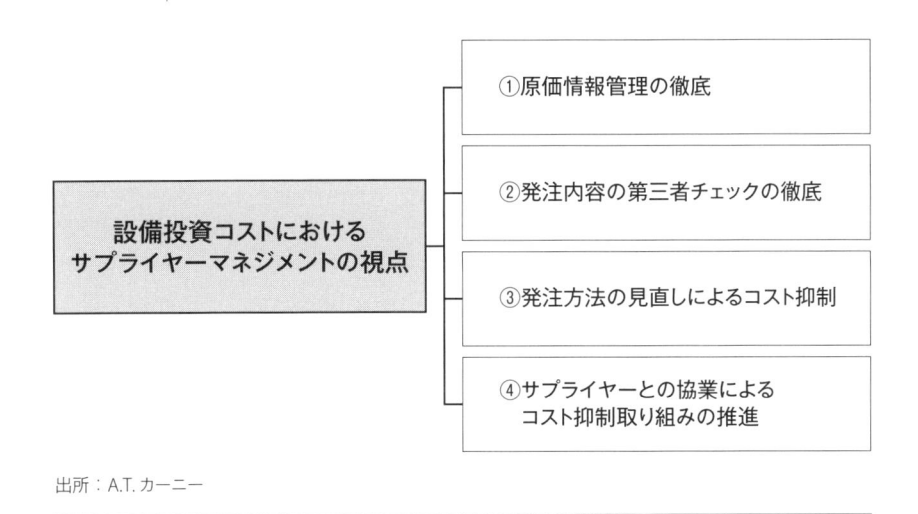

設備投資コストにおける
サプライヤーマネジメントの視点

- ①原価情報管理の徹底
- ②発注内容の第三者チェックの徹底
- ③発注方法の見直しによるコスト抑制
- ④サプライヤーとの協業による
コスト抑制取り組みの推進

出所：A.T.カーニー

プライヤーマネジメントの打ち手を見ていきたい（**図表11-9**）。

　基本的には、ベンチマーク比較や原価推計といった間接材コストにおけるサプライヤーマネジメントの手法の適用が可能だが、間接材コスト費目に比べて、設備投資の発注内容は個別性が強く、また、発注規模も大きいため、ベンチマーク比較や原価推計もより複雑・高度になっていく。

　また、間接材コストと異なり設備投資を発注できるサプライヤーの数が限定されていたり、戦略的なパートナーとなっているケースも多く、サプライヤーのバーゲニングパワーが比較的強いことも設備投資の特徴であり、サプライヤーとの削減余地実現に向けた交渉の難易度が高くなる。

　これらの相違を踏まえると、①原価情報管理の徹底、②発注内容の第三者チェックの徹底、③発注方法の見直しによるコスト抑制、④サプライヤーとの協業によるコスト抑制取り組みの推進、などが重要となってくる。

1）原価情報管理の徹底

　まず、原価情報管理では、原価推計の基礎となる、発注設備ごとの利用部

材・機器や発注業務の構造を把握し、それぞれの基本単位の単価の情報（基本工数、人工単価の市場価格やサプライヤーの実績値）を組織的に蓄積し、定期的に洗い替えることが必要である。設備投資の発注は毎回仕様が異なるケースが多いため、これらの設備投資の基本の部材価格、工数、人工単価の実態を常に把握し、社内で共有されていることが、サプライヤーの提示する価格の妥当性の確認とコスト抑制に不可欠である。

　しかし、設備投資発注後の設備投資の管理状況を見ると、品質・納期面での管理が中心で、発注したコストの妥当性の確認のためのサプライヤーの業務実態の把握などのコスト管理面での取り組みが不十分なことが多い。もし、社内で基本の工数や単価について、見直しが長い間行なわれていないものがあれば、要注意である。その見直しが行なわれていない期間に、サプライヤーは経験を蓄積し、設備構築業務を効率化し、新たな技術の採用が抜本的に業務効率化や原価削減を可能としていることもある。結果、社内で利用している諸単価はサプライヤーの実態単価より随分高く、割高な発注を続けていた、というケースが多いのである。

　また、社内の設備投資に基準単価の一斉見直しを行なったとしても、その取り組みを一過性のものに終わらせてはいけない。定期的に基本工数・単価の妥当性を確認するようなプロセスを投資管理の中に組み込むことが、設備投資のコスト抑制効果を持続するためには不可欠なのである。

　ただし、設備投資は、発注内容が複雑、あるいは、個別性が強いために、コスト構造に関する情報の入手が難しく、上記のように、発注業務の業務・原価構造を正確に把握できず、コスト積み上げによる適正価格を知ることができないというケースもある。このようなケースでも、いくつかの発注実績のデータを基に、価格とスペックの関係を統計的に分析し、妥当な価格水準を算出することは可能である。

　ここで、重要かつノウハウが必要となるのが、スペックのどれが価格に関係するかを選定することである。統計的に処理して、最も説明力の高いスペックを選ぶ、ということも可能だが、やはり、特定スペックが価格に影響を与えるロジックを理解した上で、特定スペックを抽出するのが効率的である。

2) 発注内容の第三者チェックの徹底

設備投資の必要性や仕様の確認の徹底については、既に述べたが、具体的な設計や工程設計などの見直しにより、同一の仕様のもとでも、投資コストを大きく削減できるケースがある。しかし、現実には、設計担当者の設計・工程設計を上役がチェックしている程度なのが実態である場合が多い。とりわけ、投資規模が大きい案件については、外部専門家に、コスト抑制の観点からの詳細設計や工程設計の第三者チェックを依頼することも有効な打ち手である。

3) 発注方法の見直しによるコスト抑制

前述のとおり、設備投資ではサプライヤーのバーゲニングパワーが強いため、発注方法もより工夫した打ち手が必要となる（もちろん、間接材コスト同様、サプライヤーとの粘り強い交渉を重ね、サプライヤーの矛盾点をついていくことは重要）。

発注の打ち手としては、最も基本的な発注の集約や共同化によるバイヤーのバーゲニングパワーの強化に加え、材・工の分離発注による競争環境の醸成がある。逆に、サプライヤー管理の省力化などの観点から、本来、別々に発注可能なものを、一つのサプライヤーにまとめて発注しているケースは多い。こういったケースで取りまとめサプライヤーの切り替えは難しいときでも、材料や機器の発注とそれ以外の工事の発注を分離することは可能であり、分離発注により、それぞれのパーツでのサプライヤーの競争を醸成し、投資コストの抑制につながるケースも多々ある。また、市場の需給関係などを見据えた適切なタイミングでの発注も投資コスト抑制にとって有効である。

4) サプライヤーとの協業によるコスト抑制取り組みの推進

サプライヤーのバーゲニングパワーが強い場合には、サプライヤーとあえて敵対関係を作る必要は無い。むしろ、そういったサプライヤーが有する専門知識、競争環境の見通し、そして、エンドユーザーのニーズに関する情報を活用し、サプライヤーを巻き込みながら、ともに効率化の取り組みを推進するのが最も着実な進め方である。この共同関係の構築には、コストパートナーシップ、バリューパートナーシップという二つのアプローチが存在している。

コストパートナーシップでは、サプライヤーとの協業を通じて、コスト抑制に取り組む。具体的な打ち手としては、新たなサプライヤーの発掘とパートナーシップの下でのサプライヤーの育成、既存サプライヤーの効率化支援、サプライヤーとのコスト抑制に向けたアイデアの共同研究などがある。

　このコストパートナーシップの成功のカギは、協業を行なうサプライヤーを絞り込み、コスト抑制を早期に実現することで、サプライヤーの協業への取り組み意欲を維持し続けることと、コスト抑制効果のサプライヤーとの分配である。また、コストパートナーシップの考え方は、サプライヤーのバーゲニングパワーが強い場合のみ適用するものではなく、サプライヤーのバーゲニングパワーが低い場合でも適用可能である。このコスト抑制に向けたパートナーシップの概念をより積極的に取り入れ、サプライヤーも含めたトータルでの競争力強化を目指していくべきである。

　このコストパートナーシップの発想をさらに付加価値向上に活用し、収益改善を実現しようとするのが、バリューパートナーシップの考え方である。前述のとおり、サプライヤーには、付加価値向上に必要な専門知識や業界動向、そして、顧客の動向についての知見を有している可能性が高く、その知見を有効活用していくべきなのである。

　バリューパートナーシップの成功に向けては、コストパートナーシップと同様、手を拡げすぎない、付加価値向上の結果のプロフィットのシェアの仕組みの整備が必要である。

第12章 カウンターソーシング

　前章までは材を調達する顧客側の視点からコスト削減を実行するための方法論について解説をしてきた。本章では、視点を転じて、材を供給するサプライヤー側の視点から、コスト削減の圧力に抗しながら、いかに営業取引を維持・拡大していくかの方法論「カウンターソーシング」の主要な論点を示すことにする。

　調達コスト削減においては、サプライヤーの価格を無理やり下げるのではなく、サプライヤーが適正な利潤を確保した上で「市場価格」まで価格を低減し、結果としてコスト削減に結びつけることが重要であることは既に述べた。サプライヤーも妥当な利益を得、自社もコストを低減するという双方にとってWin-Winの関係を構築し、継続的な取引関係を維持することが本来的な狙いである。

　このような目的を実現するためには、発注側だけでなく、サプライヤーとしても、取引先とWin-Winの関係を築いていく努力が大変重要となる。取引先からのコスト削減圧力に飲み込まれるのではなく、サプライヤーとしての付加価値を上げて取引先にメリットを提供し、サプライヤーとしても妥当な価格水準を維持する活動が必要なのである。

　本書の締めくくりとなる本章では、最後にサプライヤーの立場に立って、取引先顧客からのコスト削減圧力にいかに対峙していくべきなのか、すなわち「カウンターソーシング」について述べることとしたい。

また「カウンターソーシング」は、間接材に対する取り組みだけでなく、製造直接材についても通用する概念であるので、間接材・直接材の両方を包含する考え方としてご紹介する。

Section 1　調達活動の高度化とカウンターソーシング

　今日の顧客は、全社的な体制を築いて、さまざまな視点からのコスト削減の可能性について詳細な分析・検討を進めている。その結果、サプライヤーには用意周到なコスト削減要請がもたらされることになる。このような昨今の調達活動を古き良き時代の調達活動と比較してみると、大幅に高度化していることに改めて気付かされる。そして、顧客の調達活動の高度化と同時に、サプライヤーも大きな変革に直面していると言える。ここでは、このような調達活動の高度化を具体的に見てみることにする。

　図表12-1は調達の高度化を大きく製品情報、プロセス、ヒトの三つの分野で捉えたものである。分野ごとにどのような変化が起きつつあり、それを受けてサプライヤーはどう変わる必要があるのかを概観してみよう。

◉──求められる製品情報における変化

　まずは製品情報という視点で見ると、かつては製品本体の性能や仕様が顧客の最大の関心事であり、顧客への情報提供も標準的な製品カタログを準備するだけで十分であった。顧客は製品自体の確保を中心とする手配業務をすることが最大のミッションであった時代である。このため、この時代の調達活動は手配購買などと揶揄されることが多い。

　ところが、最近の顧客は、製品本体の初期導入コストのみを気にするのではなく、製品本体の生涯を通じたライフサイクルコストやその後の更新のた

図表12-1　調達活動の高度化

これまでの調達活動	変化の領域	これからの調達活動
・製品の仕様を重視 ・標準的な製品カタログ	製品情報	・多様な要素の総合評価 　・ライフサイクルコスト、初期費用 　・価格、品質、サービス ・カスタマイズされた実績情報（RFI）
・提案内容はサプライヤー次第 ・ほとんど修正のないまま締結へ ・サプライヤーのペース ・複数の散在した契約	プロセス	・明示的な提案依頼項目（RFP）を作成 ・代替案の提案は必須 ・顧客のペース ・包括的な契約
・部門間で判断が交錯・対立 ・サプライヤーとの営業取引	ヒト	・部門横断的な購買チーム ・サプライヤーとの取引を聖域なく評価し、総合判断

出所：A.T.カーニー

めのコストなど、製品を導入した結果、トータルで発生するコストを非常に気にするようになってきている。また、コストだけでなく、製品自体の品質や付帯サービスの有無や水準など多面的な要素を総合評価する傾向にある。言わば、戦略購買へと移行しつつある。

このため、製品選択の意思決定に際しても、顧客は多様な情報を必要とすることになる。その結果、かつてのような標準的なカタログ情報に加えて、顧客の状況に応じた多様な情報を実績情報依頼（RFI）という形でサプライヤーに求めることは珍しくない。しかも、サプライヤーの実績情報の提供の仕方次第では、選考の次のステップに残れないこともありえる。サプライヤーにおいては、常に、顧客からのRFIを予想した実績情報を蓄積し、適切に提供していくことが競争上も求められている。

◉──プロセスにおける変化

プロセスという視点で見るとどうだろうか？　かつては、新規案件の調達

先を決める際には、顧客による明確な範囲設定はなく、サプライヤー主導での提案がされるまで待ち、これをベースとしていたのではないだろうか？　言わば、サプライヤーへのお任せの提案を求めていたのが実情であり、一度サプライヤーからの提案を受領すると、提案内容について大きな変更が議論されることもないまま、サプライヤーのペースで検討が進み、締結に至っていた事例が散見される。また、サプライヤーとの契約も、案件ベースでの契約が集積した結果、同一サプライヤーや同一品目に対して異なる契約が多数存在する状況になっている。

　このような、かつてのサプライヤーのペースでの意思決定プロセスに対して、今日では、これを顧客のペースでの意思決定に変革しようとする試みが数多く見受けられる。すなわち、新規案件についてサプライヤーに期待する業務範囲、仕様、その他のサービスレベルを網羅的にまとめた提案依頼項目（RFP）を作成するのは一般的になってきているし、それに加えて、サプライヤーの専門知識、創意工夫を取り入れるために、サプライヤー独自の代案の提案も義務付けられる傾向にある。

　今日では、顧客は事前に明確な判断基準を持ち、複数のサプライヤーへ声をかけ、比較検討し、その中で、有効な代案があれば、当初のRFPを修正しながら顧客にとって最適の仕様を作り込んでいく。そして、最適化された仕様に対して、最も競争力のあるサプライヤーを選定することになる。かつての意思決定のプロセスと比べると主導権は顧客へと移行してきていることがわかる。

　さらには、かつては同一サプライヤーや同一品目に対して複数の契約が存在していたことは前述のとおりだが、今日では、顧客の交渉力を最大化すべく、少数の包括的な契約により顧客に有利な取引条件を引き出している例が多い。

●——ヒトに関する変化

　ヒトの視点についてはどうだろうか？　かつては顧客企業でも購買部門と事業部門が独立に意思決定をするため、決定内容に相違が生じることも少なくなかった。また、厳しい取引条件を引き出そうにもサプライヤーとの営業

取引関係を背景とした条件交渉の聖域化が障害となることが多かった。

　今日では、顧客企業では部門横断的な調達チームが編成され、全社最適な視点での意思決定が迅速に決定されるようになりつつある。また、営業取引などが存在するサプライヤーについても、個々の取引でどれだけ有利な条件で獲得しているのか、多面的に棚卸しを行なうことが一般的になってきた。その結果、全体として総合評価することで、検討の聖域がなくなり、サプライヤーにとっては人的・営業的関係を活用して新規案件を獲得するのは難しい状況になってきている。

　このように、調達活動の高度化を概観してきたが、製品情報、プロセス、ヒトの分野での顧客の要求や行動様式に大きな変化があることが確認された。サプライヤーにとっては、このような変化をきちんと認識した上で、顧客からのソーシング（調達）要請に適切に対応したカウンターソーシングを行なうことが極めて重要になってきている。カウンターソーシングの巧拙により販売数量・収益水準が大幅に変化する状況にあると言える。

　このような環境の中、サプライヤーに求められる基本戦略としては、まずは、サプライヤーから見たときの顧客の優先順位付けと、取引数量や提供サービスに応じた価格設定が重要となってくるのである。

Section 2 ｜ カウンターソーシングにおける三つのアプローチ

　顧客の調達活動の高度化により、調達コスト削減活動「ソーシング」のサプライヤーへの圧力は高まるばかりである。これに対し、サプライヤー側では短期的で防衛的な取り組みが必要となるが、これに加えて、中期的に事業効率を強化したり、事業戦略そのものを見直すことも必要となる。**図表12-2**は、顧客の「ソーシング」に対して販売数量や収益を防衛・拡大していくための「カウンターソーシング」において考えられる三つのアプローチを示

図表12-2　カウンターソーシングの三つのアプローチ

顧客のソーシング活動を乗り越えて生き残り・成長を目指すには？

受動的アプローチ
顧客から既に要請された調達の見直し・コスト削減にいかに対応すべきか？

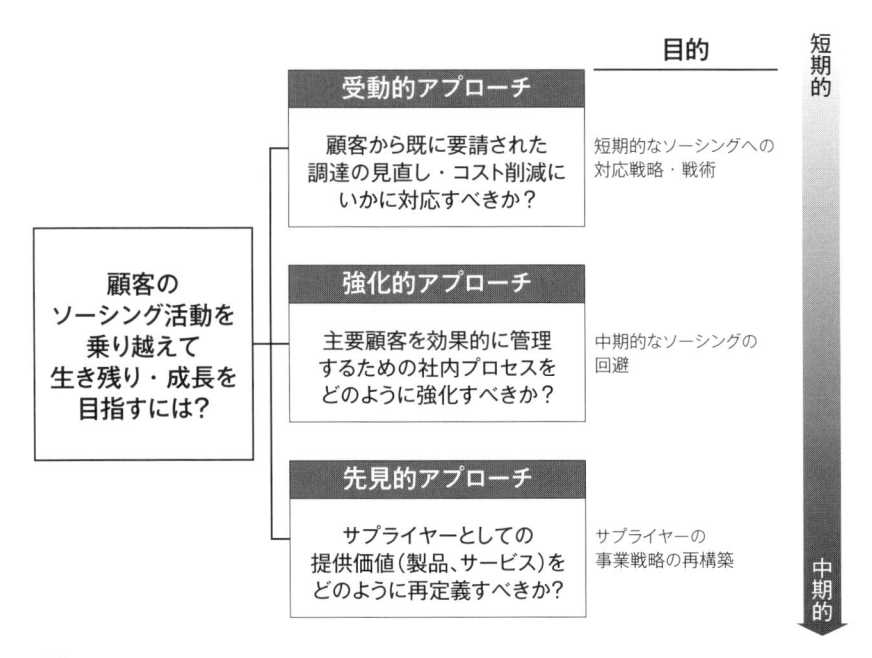

目的：短期的なソーシングへの対応戦略・戦術

強化的アプローチ
主要顧客を効果的に管理するための社内プロセスをどのように強化すべきか？

目的：中期的なソーシングの回避

先見的アプローチ
サプライヤーとしての提供価値（製品、サービス）をどのように再定義すべきか？

目的：サプライヤーの事業戦略の再構築

（短期的 → 中期的）

出所：A.T. カーニー

している。

　ところで、取引の見直しやコスト削減要請である「ソーシング」の対象となってからでは、防衛的な取り組みは手遅れではないかと考えられがちであるが、必ずしもそうではない。前述のように顧客の調達に関する意思決定は高度化しているし、対象品目における競合の特性・水準を認識した上で、顧客の状況に合致する提案をきっちりと行なうことで、自社のポジションを高めることも可能である。もちろん、期待どおりの提案形式とならない場合には取引の継続すら危ぶまれる。顧客からRFPを受領した後でも、その対応次第で、自社の売上・収益水準がプラスにもマイナスにも大きく変化し得るのである。

●──受動的アプローチ（短期防衛的な取り組み）

　このため、短期防衛的な取り組みとなる受動的アプローチでは、顧客で展開される「ソーシング」活動に対し、顧客や競合の状況を踏まえて、短期的な「カウンターソーシング」戦略・戦術を立案し、実行していくこととなる。その結果として、RFPに対する勝率の向上、既存のシェアの防衛・向上、新規ビジネスの獲得などを狙う。また、顧客の交渉力を背景とした単価改定交渉のみならず、協働プロセス改善などを通じた顧客とサプライヤー間でのトータルなコスト削減提案による有利な関係構築も目指していく。

●──強化的アプローチ（中期体質強化の取り組み）

　サプライヤーが「ソーシング」活動の対象となる以前に、極力、既存顧客との関係性の強化を図ることにより「ソーシング」の回避を狙うアプローチである。簡単に言うと、重要な顧客に対しては相応の経営資源を投入して、長期的な関係を図るアプローチである。不思議に聞こえるかもしれないが、実際のところ、顧客の重要性をきちんと分析、管理しているサプライヤーは数少ないのが現状である。ちなみに、ここで言う「重要性」とは、現在の売上だけではなく、収益性、将来の成長性、技術・経験の蓄積など多様な要素からなる。このため、これらの要素を組織的に総合的に集積し、評価することが難易度を上げているのだろう。

　このアプローチの第一歩としては、顧客の重要性を把握・評価する仕組みを作ることである。そして、主要顧客に対して、単なるモノの供給にとどまらず、顧客の事業環境に即した製品、付帯サービス、プロセスの提案を重点的に行なうことで、顧客から見たときのサプライヤーの価値を向上し、顧客との長期安定的な関係を構築していく。モノの価格のみならず、プラスアルファの価値を提供できるパートナーになれるかどうかがポイントとなる。

● ── 先見的アプローチ（戦略的再構築の取り組み）

　顧客と長期安定的な関係性を構築するにしても、顧客から見たときの調達材の特性・重要度が汎用的なものであれば、そのような取り組みは有効ではあるが、実現には困難が付きまとう。このため、先見的アプローチとは、顧客の事業が置かれている経営環境や戦略的方向性を理解した上で、顧客にとって汎用的ではなく、より高い付加価値を生む事業エリアにサプライヤーがシフトしていくことを試みるアプローチである。言わば、サプライヤーの事業戦略の再構築を行なうものである。

　サプライヤーにとって基盤となる顧客や技術を見極めた上で、それぞれの基盤に対して競争力のある製品・サービスの開発・提供を行なっていく。既存事業を抜本的に見直し、コスト構造や価格設定戦略をゼロベースで変革するとともに、サプライヤーの事業の根幹となる提供価値についても再定義を行なうことが必要となる。

Section 3　調達材の特徴とカウンターソーシングの考え方

　材の特性によっても、カウンターソーシングの対応は異なる。**図表12-3**はストラテジックソーシングのダイヤモンドである。対象となる材を顧客から見たとき、ダイヤモンドの左半分のようにサプライヤー間の競合などを背景に交渉力を十分行使できるものであるのか、ダイヤモンドの右半分のように現時点での競争環境は限定的であり、サプライヤーとのプロセス・関係性の改善まで踏み込むものであるのかで大まかな方向性は異なる。

図表12-3　調達材の特性とカウンターソーシングの考え方

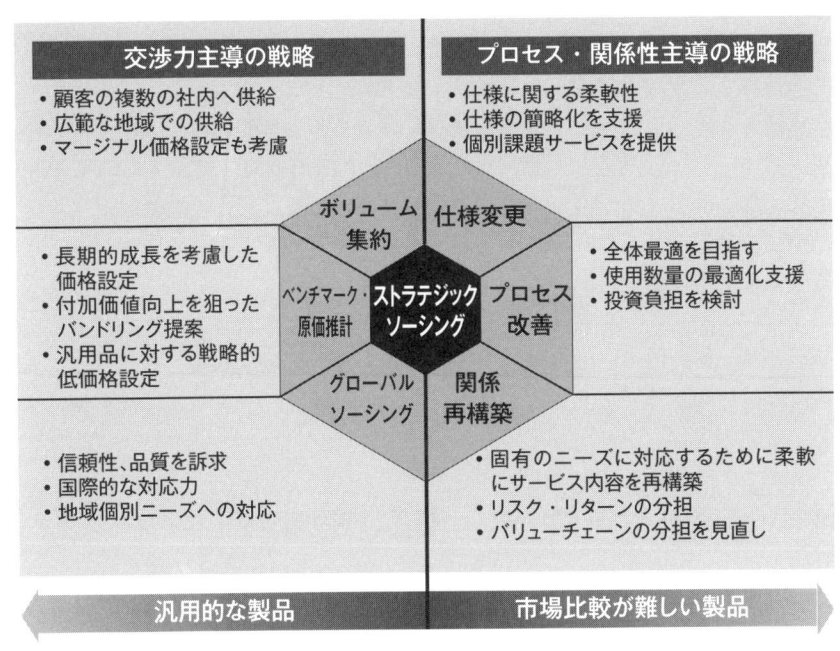

交渉力主導の戦略
- 顧客の複数の社内へ供給
- 広範な地域での供給
- マージナル価格設定も考慮

プロセス・関係性主導の戦略
- 仕様に関する柔軟性
- 仕様の簡略化を支援
- 個別課題サービスを提供

- 長期的成長を考慮した価格設定
- 付加価値向上を狙ったバンドリング提案
- 汎用品に対する戦略的低価格設定

- 全体最適を目指す
- 使用数量の最適化支援
- 投資負担を検討

- 信頼性、品質を訴求
- 国際的な対応力
- 地域個別ニーズへの対応

- 固有のニーズに対応するために柔軟にサービス内容を再構築
- リスク・リターンの分担
- バリューチェーンの分担を見直し

（六角形図：ボリューム集約／仕様変更／プロセス改善／関係再構築／グローバルソーシング／ベンチマーク・原価推計　中央：ストラテジックソーシング）

← 汎用的な製品　　　市場比較が難しい製品 →

出所：A.T.カーニー

◉──汎用的な製品に対するカウンターソーシング

　主として汎用的な製品を対象とする交渉主導のソーシング活動は、ダイヤモンドの左半分に対応して、ボリュームの集約、見積もり・ベンチマーク比較、グローバルソーシングの三つの基本的なアプローチから構成される。顧客としては当然、このような提案がサプライヤーから提案されることを期待しているはずであるので、これらの視点から、いわゆる「買い方の改善」による削減提案を豊富に盛り込む必要がある。

　ボリューム集約の視点から、この取り組みに対応していくためには、サプ

ライヤーとしては顧客社内の組織体制を理解した上で、可能な限り部門横断的に受注ボリュームを集約し、地域についてもできるだけ広範な地域を対象とすべきである。そして、そのときの価格設定は、稼働率に余裕がある状況であれば限界コストのみをカバーするような限界的な価格設定も含めて戦略的に検討すべきである。

　見積もり・ベンチマーク比較の視点からは、市場で一般的に入手可能な汎用品については低価格を提示しながらも、収益を確保しやすいその他の高付加価値な品目も含めたバンドリング策が有効となる。また、数量が増大するにつれて単価が低減されるような、売上の成長を加速するようなスキームの導入も考えられる。

　グローバルソーシングの視点からは海外供給能力を高めるのは当然のことであるが、新興市場での調達材と比較したときの品質・サービスにおける比較優位性は強調すべきである。また、地域毎に異なったニーズも有り得るので、個別地域対応も重要となる。

◉──市場比較が行ないにくい製品に対するカウンターソーシング

　市場比較が可能な汎用的な品目と異なり、市場比較が難しい比較的特別な製品を対象とするプロセス・関係性改善主導でのソーシング活動は、ダイヤモンドの右半分に対応する。具体的には、製品仕様改善、協働プロセス改善、関係再構築の三つの基本的なアプローチから主として構成される。この場合、競争上、サプライヤーは比較的有利な立場にいると考えられるが、これらの視点を踏まえて、顧客に対して付加価値のある提案を行なっていかないと、長期的安定的な取引関係は期待できないだろう。

　製品仕様改善の視点からこの取り組みに対応していくには、顧客の製品仕様の簡略化の取り組みをサポートするなど顧客に対して提案活動を行ない、サプライヤーとして柔軟な対応ができることを示すことが有効である。

　協働プロセス改善の視点からは、顧客とサプライヤーに跨る(またが)すべてのプロセスを通じてコストを最小化していく姿勢を基本とし、歩留まりの改善など顧客の使用数量を低減するための支援や、プロセス改善を行なうための投資を行なっていくことが有効である。

関係性の再構築の視点からは、顧客ニーズに対応すべく、提供する製品やサービスを柔軟に組み合わせたカスタマイズされたソリューションを提供したり、バリューチェーン上の役割分担の見直しを行なうことが求められる。さらに、必要に応じてこのような関係性再構築による投資リスクとコスト削減効果を分け合うような魅力的なスキームの提案も有効と考えられる。

Section 4　カウンターソーシング：受動的アプローチ（短期防衛的な取り組み）

　短期防衛的な取り組みとなる受動的アプローチの検討ステップについて考えてみる。大まかな流れは**図表12-4**のとおりであり、六つのポイントがある。

◉——顧客の調達効率化への取り組みを予見する

　ある日突然、顧客から調達の見直しの要請が来るといっても、その予兆は必ずあるものである。調達組織体制の変更や実績情報（RFI）の請求件数などに留意していれば、ある程度は予測可能である。特に留意すべきポイントとしては調達組織体制の変更に伴い、調達の意思決定者が変わることである。意思決定が社内に分散する事業部門から一元的な購買部門に移るような動きが認められた場合には、営業提案も各事業部へのカスタマイズ提案から全社標準化を目指す提案によるコスト効率化が期待されているということだろう。

◉——顧客の調達ニーズとソーシング戦略を理解する

　調達の見直しの要請（RFP）を受領した場合にも、まずは、顧客の調達ニーズと戦略を、対象品目の特性や競争環境から想定しておくことが重要である。

図表12-4　受動的アプローチの六つのポイント

実施ステップ	留意点
①調達活動のモニタリング	・調達組織の変更はあるか？　意思決定者は変化したか？ ・企業情報の照会（RFI）は増えているか？
②調達ニーズとソーシング戦略の理解	・顧客の目的な何か？（コスト低減、品質改善、サービス向上） ・顧客のソーシングアプローチは何か？（交渉vs.パートナーシップ）
③提供価値や競合との相対的地位の分析	・顧客との取引データは整備されているか？ 　・この顧客の収益の合計の水準は？　本来あるべき水準は？ 　・競合対比、我々の競争ポジションはどうか？
④クリエイティブかつ柔軟なオプションの策定	・どの価格水準でオファーすべきか？　どこでやめるか？ ・製品と価格以外で何を提供できるか？ 　・ユーザーマネジメント、実行支援、トラブル対応
⑤交渉戦略の構築・実行	・交渉チームの体制は？ ・役職レベルは？
⑥円滑な実行の担保	・実行体制は？ ・移行業務の進捗管理、当初目標に対する業績管理は？

出所：A.T.カーニー

　対象品目について顧客が持つ意味により、調達ニーズは単なるコスト削減だけでなく、品質の改善や付帯サービスの改善なども考えられる。また、前述のように、顧客のソーシングアプローチとしては、汎用品を対象の中心とする交渉力主導のアプローチと、特殊品を対象の中心とするプロセス・関係性の改善主導のアプローチが有り得る。このようにして考えると顧客の大まかなアプローチは概ね推定可能なのである。

◉──顧客が求める提供価値や競合との相対的地位を分析する

　サプライヤーとして顧客からの取引見直し要請への対応を考える前に、サ

プライヤーにとっての顧客の意味合い、および、その反対の見方である、顧客から見たときのサプライヤーの価値などについて事実確認をすべきである。

　まずは、当該顧客との取引がデータとして集計可能かどうかがポイントとなる。取引全体としての売上や収益水準、本来あるべき水準と比較してどうか、将来性はどうか、など複数の視点での事実確認が必要である。

　また、当該顧客から見たときのサプライヤー自身の位置付けを知ることも重要である。当該顧客におけるシェアや付帯的に提供されているサービス、そして品質全般などの顧客からの評価、顧客が認識しているサプライヤーの提供価値と競合との優位性を確認しておく必要はあるだろう。

◉──顧客に対してクリエイティブかつ柔軟なオプションを策定する

　交渉戦略を合理的に構築するためには、まずは、顧客とサプライヤー双方から見たときの事実認識を客観的に押さえた上で、具体的な提案内容を検討することになる。前述のとおり、当該顧客の重要度が把握できれば、どの価格水準で提案すべきか、どこでやめるかの判断が明確にできる。また、当該顧客によって認識されるサプライヤーの提供価値や競合と比べたときの比較優位性により、製品や価格以外の面で提供すべき提案内容の判断も可能となる。たとえば、製品仕様の最適化の支援や技術的課題解決のための検討支援なども提案内容の一部として有効と考えられる。

◉──交渉戦略を構築し、実行する

　交渉体制も重要なポイントである。顧客はサプライヤーが全社的な取り組みの中で最善の提案を持ってくることを期待しており、部門横断的な交渉・意思決定の体制を構築しておくことが必要である。営業部門が分散するのであれば、それを束ねることが必要だが、価格以外のプロセス改善的な提案も含まれるのであれば、技術や生産、物流部門なども巻き込んだ部門横断的な体制が必要である。そして、機能的な部門の集約に加えて、顧客の交渉窓口が経営上層部に及んだときに向けてサプライヤー側の役員レベルの担当・参画も必要となる。

◉——円滑な実行を保証する

　最後に、交渉合意事項の実行があるが、仮に不利な結果に終わったとしても、合意事項の早期実現などを通し、顧客の期待を上回り、関係強化を目指すことも可能である。したがって、実施体制や責任、進捗管理などを社内で明確化することで確実な実行を担保することが重要となる。

　このような六つのポイントに留意しながら、顧客からのRFP対応を進める必要がある。実際には、RFPへの対応は顧客側とサプライヤー側で同時

図表12-5　受動的アプローチにおけるRFP対応へのステップ

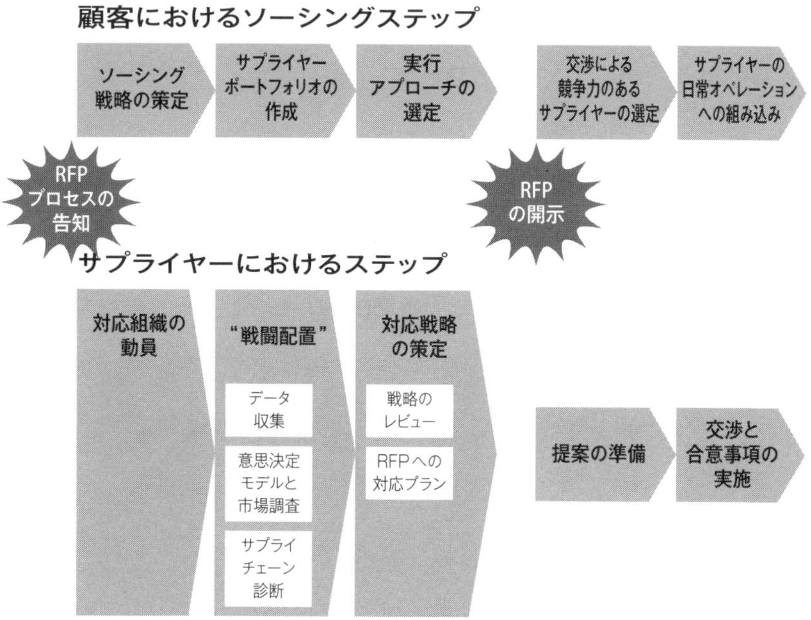

顧客におけるソーシングステップ

ソーシング戦略の策定 → サプライヤーポートフォリオの作成 → 実行アプローチの選定 → 交渉による競争力のあるサプライヤーの選定 → サプライヤーの日常オペレーションへの組み込み

（RFPプロセスの告知）　（RFPの開示）

サプライヤーにおけるステップ

対応組織の動員 → "戦闘配置"（データ収集／意思決定モデルと市場調査／サプライチェーン診断）→ 対応戦略の策定（戦略のレビュー／RFPへの対応プラン）→ 提案の準備 → 交渉と合意事項の実施

出所：A.T.カーニー

進行になる。**図表12-5**は顧客側とサプライヤー側で同時進行で進むRFPを巡るステップである。顧客側もサプライヤー側も時間的な制約の中で最大限の成果を上げようと必死に活動することになる。この一連活動の巧拙は、前述のような実施項目を社内の総力を結集してダイナミックに推進していく強力なプログラムマネジメントが必要になるのはおわかりのとおりである。

Section 5　カウンターソーシング：強化的アプローチ（中期体質強化の取り組み）

顧客による「ソーシング」を回避するためには、サプライヤーは顧客の事業における課題を理解した上で、それらの課題をサプライヤーからの調達活動によりいかに解決の支援ができるのかを示していくことが重要である。そして、顧客に対して新たな付加価値を提供することで顧客からパートナーとして認知されることを目指す。このためには、サプライヤーは現状の顧客ポートフォリオや営業プロセスを棚卸しして、付加価値を最大化するためのスキルや仕組みを中期的な取り組みとして整備することが必要となる。

●──サプライヤーへの三つの期待

図表12-6は、顧客のサプライヤーへの期待と、サプライヤーにおいて求められる取り組みを整理したものである。究極的には、顧客は自身の事業の収益の維持・拡大を目指しているわけで、その目的に合致するサプライヤーを高く評価し、パートナーとして安定的な取引関係を期待することになる。顧客のサプライヤーへの期待は大きく三つあると言える。

1）コンサルティング営業による付加価値の向上
一般に、サプライヤーの営業活動を見てみると、顧客に選ばれるパートナー

図表12-6　顧客の期待に対する主要な取り組み分野

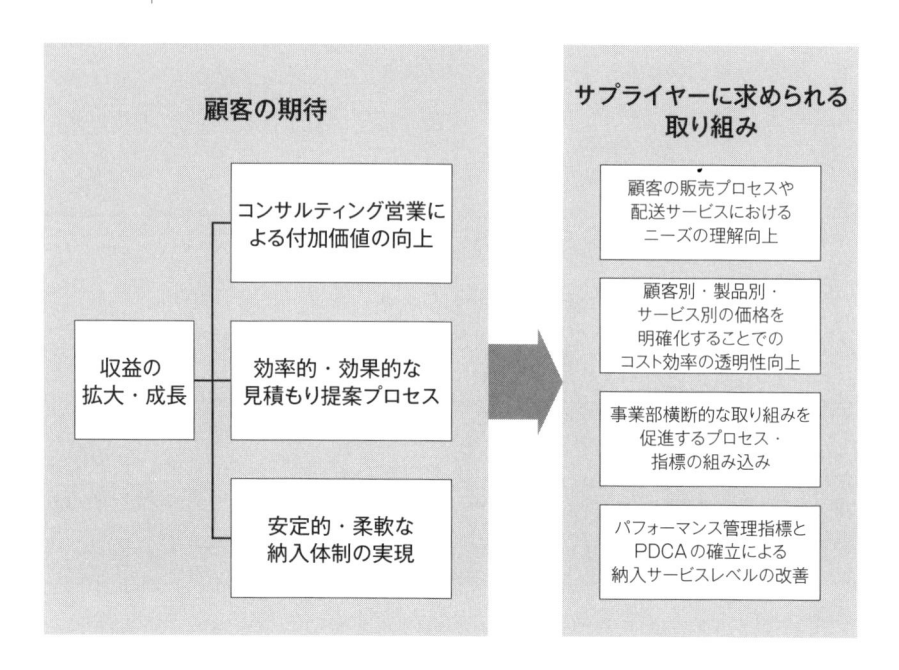

顧客の期待
- 収益の拡大・成長
  - コンサルティング営業による付加価値の向上
  - 効率的・効果的な見積もり提案プロセス
  - 安定的・柔軟な納入体制の実現

サプライヤーに求められる取り組み
- 顧客の販売プロセスや配送サービスにおけるニーズの理解向上
- 顧客別・製品別・サービス別の価格を明確化することでのコスト効率の透明性向上
- 事業部横断的な取り組みを促進するプロセス・指標の組み込み
- パフォーマンス管理指標とPDCAの確立による納入サービスレベルの改善

出所：A.T.カーニー

になるために必ずしも全力を尽くしているわけではなさそうである。たとえば、顧客のサプライチェーンに関する状況がきちんと把握できていないために、引き合いや営業段階で顧客ニーズに対して適切な助言を提供することができていない場合がある。顧客のサプライチェーンを踏まえた提案ができれば、製品のミックスが改善され、販売数量が増加し、顧客満足度が向上することも可能となる。

サプライチェーンの例は一例であるが、顧客の事業を十分に理解した上での、営業段階におけるコンサルティング型付加価値提案はサプライヤーへの重要な期待である。

2）効率的・効果的な見積もり提案プロセス

　また、RFPへの対応プロセスを見てみると改善の余地が大きそうである。たとえば、複数の事業部や複数の地域に跨る案件の場合で、実態に即したコスト情報や顧客の本当のニーズが整理されていないため、サプライヤーにとっても適切な経営判断が困難な状況となっている。また、他部門との連携を容易にする情報システムのサポートが不十分であるために、与えられた時間内で十分な検討を行なうことができないのである。その結果、本来は収益的に魅力的な案件に対して、割高に価格設定して失注したり、魅力的でない案件に対して、割安に価格設定して受注することで赤字が拡大したりということが起こっている。

　このため、サプライヤーと顧客の両者にとって、経営判断の精度を上げることが可能な効率的・効果的な見積もり提案プロセスが求められているのである。

3）安定的・柔軟な納入体制の実現

　多くの事業体では、価格面の評価を除くと、受発注プロセスや配送サービスの評価が購買を意思決定する際の最も重要な要素となっていて、品質評価を上回るほどである。実際のところ、顧客の生産ラインでは、所定の計画生産量を維持するために、サプライヤーに柔軟な供給体制が期待されている。多くの顧客にとって、調達品確保のための手配業務は複雑で煩わしく、また、納期も長すぎると認識されている場合も多い。

　サプライヤーによる安定的で柔軟な供給体制が実現できれば、価格が競合並みであれば、取引先切り替えのリスクを大幅に低減できる可能性がある。

◉──サプライヤーとしての四つの取り組み

　このように、顧客から見たときのサプライヤーへの期待は三つあることがわかったが、サプライヤーはこれに対していかに取り組むことが求められるのであろうか？　四つの大きな分野で、取り組みが必要とされている。

1) 販売・配送プロセスにおけるニーズの把握

　販売・配送サービスに関する顧客ニーズの把握は極めて重要と考えられる。このため、多くのサプライヤー企業で作成されているであろう、顧客別の年次販売促進計画（アカウントプラン）の中で、販売・配送サービスに関する顧客ニーズの把握を重点管理事項として明確化し、それへの対応も計画に織り込むことが必要である。そして、RFPの検討の中でも、販売・配送業務に関して、顧客ニーズに応じてサービスを拡充したり、絞り込むことを検討すべきである。加えて、重要な配送条件やサービス要素を明確化して、それらに対する達成度合いの実績管理を行ない、一定のサービスレベルの実現を担保することが必要である。

2) コスト構造の透明化・可視化

　コスト構造の透明化、可視化への取り組みの優先順位も高い。特に、顧客別・製品別・サービスレベル別など多面的な視点でのコストの可視化は価格設定の最適化のための前提となる。このため、顧客別の年次販促計画の中で、顧客から要求されているサービスレベルとそのためのコストを的確に把握し、販売方針や売上構成比率を最適化することが必要となる。

　コスト構造が透明化、可視化されれば、現行のRFPプロセスの対応スピードや精度を大幅に改善することができ、経営判断の高度化が可能になる。また、納入条件に関しては、サービスの費用対効果を把握することで、顧客に対して期待品質を維持しながらコスト削減の提案をすることも可能となる。

3) 事業部門横断的な取り組みを促進する仕組み

　組織横断的な取り組みを促進するプロセスや指標の取り組みも重要である。
　正確な原価管理の仕組みやプロセスが整備されていれば、事業部門横断的な引き合いに対しても、全社としての製品や地域を跨るスケールメリットを適切に判断できる。そして、RFPプロセスはより効果的なものになるし、事業部門横断的なスケールメリットを実現すべく、事業部門間での共通化が自発的に促進されることになるだろう。その結果として、供給体制でも合理化、安定化が進むことが期待される。

4）業績管理指標とPDCA

　納入サービスレベルにおける業績管理指標の導入とPDCAのサイクルの確立も極めて重要である。サプライヤーの納入能力に対する顧客の期待は大きく、提案内容どおりの条件での納入をきめ細かく管理、提供することが必要である。業績管理指標の導入とPDCAサイクルの確立により、より信頼性の高い配送能力が可能となり、顧客ニーズに合致した改善提案を行なうことができる。また、配送コストと関連付けることで顧客の真の収益性も把握可能となり、RFPプロセスにおける意義も大きい。業績管理指標とPDCAの確立による配送能力の向上は顧客のロイヤルティを向上し、販売を拡大するためのカギとも位置付けられる。

Section 6　カウンターソーシング：先見的アプローチ（戦略的再構築の取り組み）

　これまで、短期的なRFP対応、中期的な提案能力・業務品質の向上により、対「ソーシング」耐性を向上する取り組みを解説してきた。三つめのアプローチとしては、中長期的に顧客の事業環境を見極めた上で、サプライヤー自身の事業戦略を再構築することが考えられる。

　図表12-7はケイパビリティ・マップと呼ばれるもので、事業を構成する機能要素（ケイパビリティ）を事業全体に対する貢献（横軸）と今後の技術革新の見込み（縦軸）の観点から整理する枠組みである。このケイパビリティ・マップを顧客企業に用いれば、事業の機能要素ごとの相対的な位置付けにより、顧客の将来的な調達方針を推定することができる。

　顧客企業としては、自身の事業価値を向上する上で必要ではあるが、決定的な要素でもなく、また、将来の技術革新に関しても、要素単体として圧倒的なワールドクラスとなりえる見込みがないものであれば、外部調達を考えるというのが一般的であろう。図表中の左下の部分がこれに相当する部分で

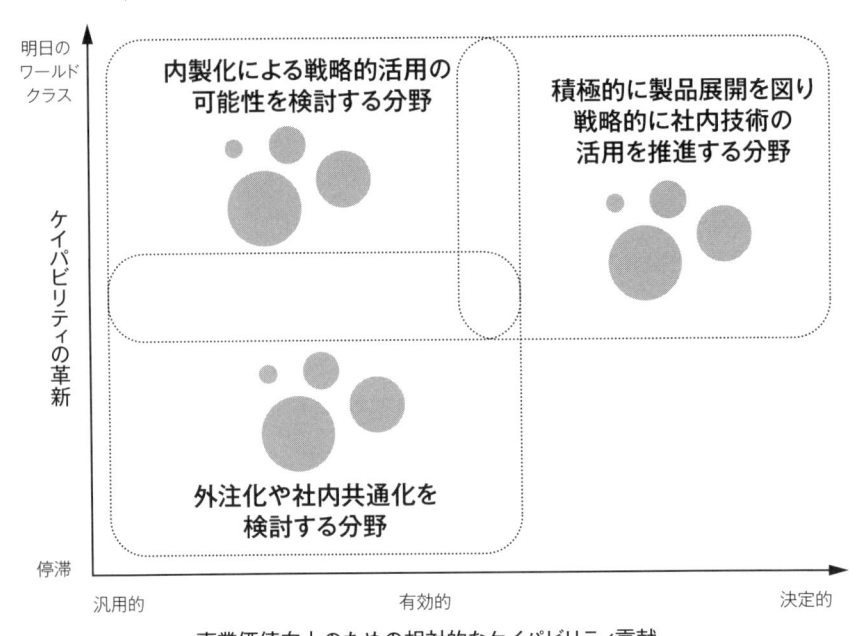

図表12-7　ケイパビリティ・マップ

縦軸：ケイパビリティの革新（停滞 → 明日のワールドクラス）
横軸：事業価値向上のための相対的なケイパビリティ貢献（汎用的 → 有効的 → 決定的）

- 左上：内製化による戦略的活用の可能性を検討する分野
- 右上：積極的に製品展開を図り戦略的に社内技術の活用を推進する分野
- 下（中央）：外注化や社内共通化を検討する分野

出所：A.T.カーニー

ある。

　一方で、事業価値の向上に対して決定的な要素であり、また、技術革新の観点からも要素単体として世界市場を制するデファクトスタンダードとなれる可能性がある場合には自社内で技術開発を図り、社内展開を促進することになるだろう。図表中の右上のエリアである。

　大きな方向性としては、左下については外部活用、右上については内部競争力強化ということになるのだろう。しかし、微妙な判断が必要なのが、顧客自身の事業価値を決定的に向上するほどのものではないが、機能要素単体として見れば今後の技術革新次第では世界制覇も視野に入るような機能要素である。左上の部分がこれに該当する。ここについては、顧客企業は自身の

事業基盤を確認しながら、選択的に内製化のための判断・投資をしていくことになり、その他の部分については外部活用へ、という判断になる。サプライヤーとしては、このエリアで顧客企業との役割分担を見極め、積極的に外部活用を提案し、引き受けるといったことは営業的に有効である。

ケイパビリティ・マップの説明でおわかりいただけたと思うが、顧客企業の機能要素をマッピングすることで顧客企業の今後の調達の方向性を推定することが可能であり、それを踏まえたサプライヤー自身の戦略を再構築することが可能となる。今度はケイパビリティ・マップを使って、サプライヤーとして取るべき戦略方向性を見てみることにしよう。

図表12-8はケイパビリティ・マップから得られるサプライヤーの戦略にかかわる示唆を示したものである。顧客に認識されているケイパビリティ・マップ上の位置付けにより、サプライヤーの提供する製品・サービスの戦略方向性はある程度規定されることになる。

まずは、左下の①の部分であるが、ここについては、顧客の事業価値向上において汎用的であり、かつ、今後の技術革新も大きく見込めないものなので、スケールメリットを中心としたコスト削減を顧客へ提供することが求められている。一般に、RFPによる競争的なソーシング活動が最も活発に行なわれる部分である。

次に、中央下の②部分であるが、顧客の事業価値向上においてそれなりに有効的かつ技術革新的には安定期に入っているものである。この分野においては、価格的な要素以外にも、顧客とのプロセス・関係の構築によるコストの全体最適が見込める部分である。顧客の事業特性を踏まえた最適な提案ができれば、単なる価格を超えた、安定的な関係構築が期待できる部分である。

さらに、左上の③の部分であるが、顧客の事業価値向上において決定的な要素ではないものの、重要かつ、要素単体として今後の技術革新次第では大きな市場が見込める可能性があるものである。前述のとおり、顧客企業では選択的に社内の取り組みとしてこの分野に取り組んでいくことになるが、同時に、役割分担ができる外部調達先も併せて必要となる。したがって、顧客企業にとって、新規取り組みとなる分野で役割分担の協議ができるサプライヤーが強く求められることになる。ここにサプライヤーとしての事業成長のチャンスがあると言える。

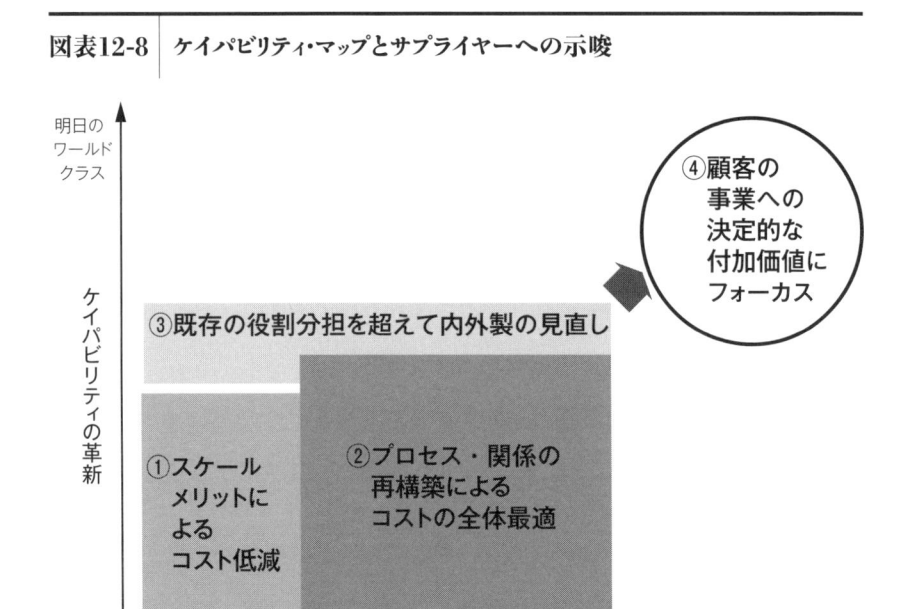

図表12-8 ケイパビリティ・マップとサプライヤーへの示唆

縦軸：ケイパビリティの革新（停滞〜明日のワールドクラス）
横軸：事業価値向上のための相対的なケイパビリティ貢献（汎用的〜有効的〜決定的）

① スケールメリットによるコスト低減
② プロセス・関係の再構築によるコストの全体最適
③ 既存の役割分担を超えて内外製の見直し
④ 顧客の事業への決定的な付加価値にフォーカス

出所：A.T.カーニー

　最後に、右上の④の部分である。顧客の事業価値向上において決定的な要素であり、要素単体としても技術革新により世界市場を制することが可能な部分である。一般的には、この部分では顧客企業は内部で競争力強化を目指すものではあるが、サプライヤーによる貢献も可能な分野でもある。

　サプライヤーとして成功すればリターンも大きく、顧客とサプライヤーの真のパートナーシップを実現するものでもある。サプライヤー企業にあっては、自社における技術の蓄積状況や顧客ポートフォリオ、ブランドなどの視点から自身の事業基盤を振り返り、この右上の部分に戦略的に取り組む果敢なチャレンジを期待したいものである。

Section 7 まとめ

　顧客からの「ソーシング」圧力に対して、いかに「カウンターソーシング」で対応するかという視点で、対応の方法論を概観してきた。調達材の特性や競争環境で大まかな基本方針は決まり、特に差別化の難しい汎用的な品目では厳しい競争にさらされることになるのは事実である。しかし、限られた時間の中で的確に RFP 対応ができるサプライヤーのみが存続できるわけであり、受動的アプローチで見たように、短期的な RFP 対応にも改善の余地があり、厳しい競争環境の中でも勝率を高め、収益を確保することは可能であるのは前述のとおりである。

　しかしながら、サプライヤーとして望ましいのはコスト削減の RFP が来ない状況を作ることであり、そのためのいくつかのアプローチを論じた。まずは、強化的アプローチであるが、汎用的な顧客対応を脱して顧客固有の事業ニーズに特化したサービス提供を行なうことで顧客と安定的な関係を構築することが可能である。供給する製品は同じでも、営業段階や供給段階などでさまざまな付加価値を付ける余地があることやそのために必要となるサプライヤー社内の体制などについて議論した。

　そして、サプライヤーの戦略として究極的に意識しなければならないのは先見的アプローチである。交渉力については、サプライヤーの工夫の余地も多くある一方、事業領域の取り方で大まかには、ある程度決まってしまうのも事実である。サプライヤーとしては、顧客の事業環境や方向性を把握した上で、汎用品として扱われない、ユニークな競争力のある製品・サービス分野を開拓・提供していくことが必要である。先見的アプローチでは事業領域の取り方について議論した。

　カウンターソーシングとして提示した三つのアプローチは、時間軸的にも短期、中期、長期と計画・実行サイクルが異なるものである。したがって、このうち、一つだけやれば十分というわけでなく、多面的な組み合わせが必

要となるものである。このため、サプライヤーの販売戦略としては、製品分野ごとに上記の三つの観点での取り組みが検討されていなければならない。この取り組みを怠れば、汎用品としてのRFP対応の悪循環に陥りかねない。その一方で、大局的な見地から自身の事業環境を把握し、必要な対策を打つだけの猶予も通常はあるわけで、まさにサプライヤーの経営者の手腕の見せ所である。

●──結び

　本書では、短期間に大幅なコスト削減が可能な「残された領域」である「間接材」に焦点をあてて、そのコスト削減のポイントやアプローチを説明してきた。加えて、子会社からの調達における考え方や設備投資におけるコスト削減手法、さらには、調達コスト削減の対抗手段としてのカウンターソーシングまでテーマを拡大して述べた。本書の最後として、今まで説明してきた内容が経営・戦略上どのような意義・意味合いを持つかを考察してみたい。

　もちろん、最初の意義は、「企業のコスト競争力強化」への寄与である。本書の冒頭に述べたように、間接材のコストインパクトは大変大きい。企業のコストに占める割合が大きく、削減余地も大きく見込めるので、間接材コストを削減し、継続的にコストを低減し続ける仕組みを作り込むことは、企業のコスト競争力に不可欠と言える。事業成長を図るにしても、まずは筋肉質の企業体質を確立しなければ、売上が伸びても利益が出ない構造に陥る。また、事業における価格戦略の自由度を高めるためにも、コスト競争力の強化は基本であり、間接材のコスト削減は非常に重要なポイントとなる。

　加えて、設備投資におけるコスト適正化・削減で説明したように、間接材のコスト削減のアプローチは設備投資のアプローチにも多く当てはまる。「設備投資の必要性のチェック」から「個別案件評価・絞り込み」のステップまでは、ユーザーマネジメントの視点が必要となり、「個別案件の実行」のステップにおいては、サプライヤーマネジメントの視点でのベンチマークや原価推計のアプローチが効果を発揮する。設備投資は、間接材以上に企業における大きなコスト項目であるが、間接材コスト削減の考え方とアプローチを理解することは、企業の設備投資計画の効果的な策定と効率的な実行にも大いに役立つと考える。

　そして、間接材のコスト削減アプローチの理解は、あるべきグループ経営の確立にもつながる。既に述べたように、日本企業の多くは、コストセンター子会社を複数抱えており、モノ・サービスの多くは、これらコストセンター子会社から調達されている。そして「連結で考えれば、子会社が利益を確保しても同じなので、割高でもかまわない」という経営認識の誤りや、「コス

トセンター子会社であるにもかかわらず、利益増加を追求する」という子会社の目標設定・業績評価方法の間違えなど、グループ経営管理のあり方に問題があるケースが非常に多い。

グループ子会社の経営管理においては、プロフィットセンター子会社は企業価値創造を尺度としてその事業成長を業績評価の基準とすべきであるが、コストセンター子会社の場合は、本体の一部と捉えて、利益ではなくコスト競争力を評価尺度とすべきである。外部から調達する場合の方が割安であれば、本来的にはコストセンター子会社を保有する意味は無く、選別を視野に入れる必要がある。間接材のコスト削減は、外部から購入しているモノ・サービスの割高是正にとどまらず、子会社価格の割高評価を通して、グループ子会社経営の変革のスタートを意味するのである。

また、本書のカウンターソーシングで述べたように、特にBtoB企業における営業戦略とは、顧客の調達戦略をよく理解し、打ち手を打つことに他ならない。顧客の調達戦略と自社のポジションを理解しつつ、いかにしてスイッチングバリアーを高めるかが求められる。そして顧客に提供する付加価値を高めつつ、価格での勝負を避け、プレミアム価格での受注がゴールとなる。

本書を通して、調達コスト削減のアプローチを理解することは、裏をかえせば、顧客の調達戦略を理解することにつながり、有効な営業戦略・アカウントプランの構築の参考になると考える。

最後に、企業が成長を図る上で、自力での成長だけではなく、M&A、すなわち、企業買収による成長は欠かせないものとなってきている。日本企業がグローバルでの競争に打ち勝つためにも、M&Aによる競争力強化と事業成長は不可欠と考える。

そのような中で、買収企業とのシナジーを早期に創出できる能力の獲得はますます重要となっており、そのためにも、効果的なコスト削減プロセスを確立した調達機能の構築は不可欠である。M&A推進のプラットフォームとして、スケールメリットを享受し、効果的なコスト削減が推進できる調達インフラは必須なのである。したがって、本書で述べたアプローチの理解と実践は、日本企業のM&A戦略の成功確率を高めるためにも欠かせないと言える。

このように、本書で説明してきた内容は、単にコスト削減という枠組みを

超えて、日本企業が競争力を持ち、グローバルで勝ち残っていくためにも不可欠であると確信している。本書を通して日本企業の競争力強化に少しでも寄与できれば大変幸いである。

執筆協力

野田　武（のだ　たけし）
A.T. カーニー　パートナー。東京大学工学部卒、同大学院工学系修士課程修了、ペンシルバニア大学ウォートン経営大学院修了（MBA with Distinction）。大手エンジニアリング・建設会社を経てA.T. カーニー入社。

糸田　哲（いとだ　さとし）
A.T. カーニー　プリンシパル。東京工業大学工学部卒、東京工業大学大学院理工学研究科経営工学専攻修了。神戸製鋼所を経てA.T. カーニー入社。

溜田　信（ためだ　まこと）
A.T. カーニー　プリンシパル。東京大学工学部卒。IBM、EDS、Microsoftを経てA.T. カーニー入社。

笹俣　弘志（ささまた　ひろし）
A.T. カーニー　プリンシパル。京都大学工学部原子核工学科卒、コロンビア大学経営大学院修了（MBA）。プロクター・アンド・ギャンブル・ファー・イーストインク（現プロクター・アンド・ギャンブル・ジャパン）を経てA.T. カーニー入社。

小崎　友嗣（こざき　ともつぐ）
A.T. カーニー　マネージャー。東京大学工学部計数工学科卒、カーネギーメロン大学経営大学院卒（MBA with University Honors）。日本生命保険相互会社を経てA.T. カーニー入社。

國分　俊史（こくぶん　としふみ）
A.T. カーニー　マネージャー。早稲田大学大学院公共経営研究科修了。富士総合研究所（現　みずほ情報総研）、トーマツ コンサルティング（現　デロイト トーマツ コンサルティング）を経てA.T. カーニー入社。

中村　宏（なかむら　ひろし）
A.T. カーニー　マネージャー。東京大学経済学部卒。富士銀行（現　みずほコーポレート銀行）を経てA.T. カーニー入社。

監修者紹介

A.T. カーニー
1926年に米国シカゴで創業されたグローバル戦略経営コンサルティング会社。あらゆる主要産業分野のグローバル最大手から各国大手企業を中心顧客とし、多様な経営課題に対して戦略策定から実行支援まで一貫したコンサルティングサービスを提供している。現在では世界35カ国に拠点を有している。

編著者紹介

栗谷　仁（くりや　ひとし）
A.T. カーニー　パートナー。早稲田大学法学部卒、ハーバード大学経営大学院修了（MBA）。大手電気メーカー・医療機器メーカーを経て A.T. カーニー入社。
オペレーショングループのリーダーとして、コスト削減、業務改革、営業力強化、サプライチェーン改革、企業再生、事業戦略、グループ経営改革、組織変革など、幅広い領域において企業の収益拡大・競争力強化を支援している。

最強のコスト削減

2009年4月16日　第1刷発行
2018年10月16日　第6刷発行

監修者　A.T. カーニー
発行者　駒橋憲一

発行所　〒103-8345　東京都中央区日本橋本石町1-2-1　東洋経済新報社
　　　　電話　東洋経済コールセンター03(5605)7021
　　　　　　　　　　　　　　印刷・製本　ベクトル印刷

本書のコピー、スキャン、デジタル化等の無断複製は、著作権法上での例外である私的利用を除き禁じられています。本書を代行業者等の第三者に依頼してコピー、スキャンやデジタル化することは、たとえ個人や家庭内での利用であっても一切認められておりません。
Ⓒ 2009〈検印省略〉落丁・乱丁本はお取替えいたします。
Printed in Japan　　ISBN 978-4-492-55640-5　　https://toyokeizai.net/